Crotón
VIAJE AL MÁS ALLÁ

por
Artur Tadevosyan

Traducción: Mariana Ojanguren

© 2020 por Artur Tadevosyan
Primera traducción al español-2022

Todos los derechos reservados. Ningún fragmento de este libro, parcialmente o en su totalidad, puede ser reproducido, transmitido o utilizado en cualquier formato o por cualquier medio, electrónico, fotográfico ni mecánico, incluyendo fotocopiado, grabado, ni por ningún sistema de almacenamiento ni recuperación de información, sin previo permiso por escrito de Ozark Mountain Publishing, Inc., excepto por breves citas incorporadas en artículos literarios y reseñas.

Para permisos, seriación, condensación, adaptación, o para nuestro catálogo de otras publicaciones, favor de escribir a Ozark Mountain Publishing, Inc., P.O. Box 754, Huntsville, AR 72740, ATTN: Departamento de permisos.

Datos de catálogo en publicación de la Biblioteca del Congreso
Artur Tadevosyan - 1963-
Título original: *Croton* by Artur Tadevosyan

Crotón: VIAJE AL MÁS ALLÁ por Artur Tadevosyan
   Perdido, solo y confundido, conoce a Crotón. Crotón abre los ojos de Henry ante toda la belleza de esta nueva realidad y todo lo que le espera por descubrir.

1. Canalización 2. Guías espirituales 3. Consciencia 4. Metafísica
I. Tadevosyan, Artur, 1963 II. Metafísica III. Guías espirituales IV. Título

Número de tarjeta de catálogo de la Biblioteca del Congreso: 2022933626
ISBN: 978-1-950639-10-6

Traducción: Mariana Ojanguren
Diseño de portada: Victoria Cooper Art
Libro configurado en: Times New Roman
Diseño de libro: Nancy Vernon
Publicado por:

PO Box 754, Huntsville, AR 72740
800-935-0045 or 479-738-2348; fax 479-738-2448
WWW.OZARKMT.COM
Impreso en los Estados Unidos de América

Gracias a todas las almas que compartieron sus historias a través de mí. Les dedico este libro y todos los libros siguientes. Gracias por elegirme.

*Crea recuerdos que merezcan resistir,
la prueba del tiempo y la atemporalidad de las virtudes.
Si bien los recuerdos son todo lo que nos llevaremos,
y lo que dejaremos atrás cuando nuestro tiempo termine.*

Agradecimientos

Quisiera expresar mi profunda gratitud a mi hija, Eva Tadevosyan, por comprometerse ella misma ante la inmensa tarea de transferir mis garabatos indescifrables a inglés legible. Su dedicación y sacrificios, así como su toque gentil ante casi cada oración, hicieron posible este libro.

Un agradecimiento especial para mi alma gemela, mi esposa, Grace, por ser una oyente atenta y muy paciente ante lo que fuera que necesitara leerle, y por creer e intentar sacarle sentido a mis escritos.

A mi hija, Diana, por su apoyo y por darme el empujón que necesitaba para compartir esta historia.

Quisiera agradecer a Bridget Lötz, el alma más valiente que he conocido personalmente. Gracias por creer en este libro y brindarme esperanzas más allá de mis expectativas.

Gracias a mi editorial, Ozark Mountain Publishing, por creer en mí y elegirme para compartir mi historia con el mundo.

Finalmente, mi mayor aprecio para ti, mi lector, por escoger este libro entre otros tantos millones y permitirme invitarte a tener un viaje del otro lado del velo, y así, con suerte, iluminar el temor a la muerte, tan firmemente implantado en tu mente y corazón.

Contenido

Prólogo	i
La casa	1
Crotón	6
Plano de transición	8
El juzgado	11
Boda	17
Ciudad	20
Rose	30
Ciudad divertida	33
Lectura	37
Segunda audiencia	43
Reflexión	49
Padre	53
De nuevo en casa	56
Cámara de preparación	60
Padre e hijo	69
Vivi	79
Salón del conocimiento	82
El bibliotecario	86
Venganza	90
Retirada	94
Hospital	97
El primer hombre	102
Autodescubrimiento	105
Atria	109
Cunero de almas	112
De vuelta a la Tierra	117
Amor verdadero	120
Kevin	124
Joven	127
Encuentro	133
De vuelta al Cunero de almas	136
Nuevamente con Janet	143
La cita	146
Helen	149

Dudas	155
La puerta	161
Esclava	165
Kevin y Rose	174
Confusión	178
Recepción	183
Tales	189
Revelación	194
El funeral de Rose	200
De vuelta a casa	205
Cio-Cio-San	211
Reunión	219
Cámara de preparación	227
Epílogo	238
Acerca del autor	239

Prólogo

«¿Qué me está pasando? ¿En dónde estoy? ¿Estoy soñando?» Los pensamientos corrían en estampida hacia la fila para entrar a la cabeza de Henry. El último parecía estar al borde de la explosión. Aire. Se estaba quedando sin él. Sentía como si le fuera a dar un infarto. Los últimos pensamientos comenzaron a activar su memoria. «¿Un infarto? Eso fue lo que me sucedió. Pero ¿en dónde están todos? ¿Enfermeras, doctores? ¿Por qué no hay nadie ayudándome? ¿Mi familia sabe en dónde estoy?». A todo pulmón, gritó: —¿Qué está pasando? —Su voz hizo eco a través del vacío y nadie le dio respuesta alguna. Progresivamente, su pulso se ralentizó; su respiración volvió a la normalidad y Henry, como cualquier otro humano, comenzó a pensar. En otras palabras, comenzó a racionalizar la situación. La primera pregunta que apareció en su mente fue: «¿Estoy muerto?» Después de un chequeo sustancial de su cuerpo, concluyó que aún sentía. Podía ver.

«Pero ¿qué es lo que puedo ver? Me veo a mí mismo, lo cual es ya todo un logro. Pero ¿qué hay de los ángeles, San Pedro? ¿En dónde están todas esas cosas que hemos escuchado acerca del cielo? ¿Cielo? ¿Estoy ahí? Debo de estarlo; no he hecho nada malo en mi vida. Un ciudadano promedio, empleo promedio, familia promedio. Definitivamente merezco el cielo, si es que existe».

El siguiente pensamiento que apareció en su mente fue: «Pero ¿qué bien he hecho yo en mi vida? —Intentó recordar algo de lo que pudiera vanagloriarse, algo con lo que pudiera defenderse a sí mismo si llegaba al día del juicio final. No se le ocurría nada—. Oh Dios, no merezco ir al cielo, entonces debo estar en el infierno. No, no puedo creer que esto me esté pasando».

Lo siguiente que gritó fue: —¡No he hecho nada malo en mi vida! —Su voz resonó de nuevo en las paredes invisibles y desapareció en la oscuridad. Después de unos segundos de silencio absoluto, escuchó la voz; el tipo de voz que te hace temblar hasta la médula.

—¿No lo has hecho?

Henry podría solamente adivinar de dónde provenía la voz. El impacto de ella fue aterrador. Él intentó repasar su vida de nuevo, tratando de sacar a la luz algo que mereciera el castigo de Dios, de cuya existencia Henry ahora ya no tenía dudas. Toda la situación lo estaba volviendo loco.

—¿Cuándo va a parar toda esta tortura? —preguntó Henry a través de unos dientes apretados fuertemente.

—Cuando sea que estés listo —replicó la voz.

—Estoy listo, muéstrate.

Esas últimas palabras salieron tan fuertes y con tal mando, que Henry vaciló un segundo. Sólo Dios sabía quién o qué aparecería frente a sus ojos. Esta inexplicable condición física en la que estaba, no podría continuar por mucho tiempo. No había nada a su alrededor, vacío absoluto. De alguna manera, se las arregló para pararse erguido sobre algún objeto invisible. Por raro que pareciera, no daba la impresión de ausencia de gravedad, ni la sensación de estar flotando.

Durante toda su vida, Henry había estado tan seguro de la ausencia de Dios, o de cualquier tipo de creador, creyendo en cambio en la ciencia y en cosas que podían tocarse, verse o experimentarse. La religión era, según él, para gente inculta e ingenua. Pese a eso, veía la importancia que tenían la religión, las enseñanzas morales y toda clase de virtudes para la gente común; las historias sobre algún viejo sentado en algún lado allá arriba, vigilándonos, eran, en conjunto, bastante ridículas.

Henry siempre supo que vivíamos una vida; había un comienzo y un final. Siempre intentó apartar los pensamientos de muerte tan lejos como le fuera posible. En el fondo sabía que ese día llegaría, «después de todo, no hay nada más seguro que la muerte». Pero siempre pareció estar demasiado lejos en el futuro. No sería cierto decir que nunca pensó sobre la muerte y lo que habría después. Este sentimiento, una mezcla de miedo e incertidumbre, lo forzó a detenerse y decirse a sí mismo: «No hay nada después, solamente dejamos de existir. Nacemos, vivimos y morimos como cualquier otra cosa en este planeta, solamente haces lo mejor que puedes con tu vida dada, y eso es todo».

El significado de Dios o de un creador fue reemplazada con éxito por el nombre «Naturaleza». Ahora, después de todo eso, esta voz. Esta voz que en una oración lo llevó a dudar de todo lo que defendía, en lo que creía y por lo que vivía. De pronto, una idea brillante cruzó por su mente.

«Quizás era yo hablándome a mí mismo, pero ¿cómo puedes explicar esta extraña realidad?»

Los pensamientos comenzaron a bombear su cabeza al azar, y salían de ella de la misma manera, dispersos, inconclusos. La siguiente idea racional que cruzó por su mente fue: «intenta caminar». El primer paso fue un éxito, el segundo le siguió después, al momento siguiente estaba corriendo, corriendo lejos de esta loca realidad, de vuelta a la vida, a lo que tenía sentido, a la luz, la gente, a la Tierra. Nada cambiaba a su alrededor; parecía como si estuviera en el mismo lugar, en el mismo punto.

«Si esta es la muerte, entonces será mejor que cierre los ojos e intente dormir. Cuando menos, esa será una forma de escapar de esta extraña realidad».

Después de un cierto tiempo de dormitar sin éxito, Henry intentó recordar todo lo que había escuchado acerca de cruzar al otro lado.

«¿No se supone que haya un túnel de luz y alguien que se encuentre conmigo al final de él?»

En el mismo momento en que esos pensamientos cruzaron su mente, lejos en el horizonte, si se le pudiera llamar así, Henry notó un punto de luz que comenzó a moverse bastante rápido hacia él. Sintió su corazón latiendo fuertemente a través de todo su cuerpo; comenzaron a sofocarlo el miedo mezclado con curiosidad, ¿qué esperar, a quién esperar?

Esta luz en la distancia se tornó lentamente en una figura humana, que parecía estar flotando hacia él. El hombre que apareció frente a Henry estaba todo vestido de blanco. Un tipo de toga antigua romana cubría su cuerpo entero, sólo sus brazos estaban expuestos. Lo que asombró a Henry fueron los grandes ojos oscuros de esta figura, proporcionadamente ubicados en su rostro pálido. Había algo diferente en ellos. Esta fuerte corriente de energía reconfortante se filtraba a través de ellos y envolvía a Henry de pies a cabeza.

Después de bastante tiempo, Henry recobró sus sentidos y repitió de nuevo la pregunta. —¿Estoy muerto?

El romano lo miró directamente a los ojos y dijo: —No.

Esta respuesta hizo que Henry quisiera saltar y darle un gran abrazo a este extraño frente a él. —¿Así que esto es un sueño?

—No.
—Pero eso no tiene sentido alguno.
—Permíteme que te ayude a recordar.
Esas fueron las últimas palabras del romano. Henry apareció inmediatamente en una sala de hospital, en una cama blanca con médicos corriendo a su alrededor, intentando salvarle la vida. Segundos después, experimentó un shock tremendo a través de su cuerpo con un sonido como si alguien hubiera dado una gran palmada, justo a un lado de su oreja; luego silencio. Cierta clase de silencio absoluto. Lo último que recordó fueron los ojos del médico, eran lo único que podía ver en su rostro; el resto estaba cubierto. «Recordaré sus ojos por siempre», se dijo Henry a sí mismo. Expresaban dolor e impotencia al mismo tiempo. De pronto, fue capaz de leer la mente del doctor.

«¿Cómo voy darles estas noticias a sus familiares?»

De alguna manera, Henry fue capaz de seguir al médico fuera de la sala, hacia el corredor y dentro de una pequeña habitación con dos personas en ella. «Oh, Dios, ¡es mi familia! ¡Tengo una esposa e hija!
—Era una especie de revelación para él—. ¿Cómo pude olvidarlas?»

La entrada del médico a la habitación y su breve anuncio, trajo una mirada de horror en los rostros de Rose, su esposa, y Emily, su hija. Incapaz de hacer ni decir nada, fue un observador distante de esta escena silenciosa. Notó una sola lágrima que se deslizaba hacia abajo por la mejilla de Rose, hacia la esquina de sus labios fuertemente apretados, y las manos de Emily se elevaron hasta cubrir su rostro. Duró un minuto, después del cual el médico se retiró, disculpándose de nuevo al salir. Rose se sentó con una mirada aturdida sobre su rostro, totalmente incrédula sobre lo que acababa de suceder.

«¿Eso es todo? —se dijo Henry a sí mismo. Estaba esperando que Rose se partiera de dolor, cayera en pedazos, gritara por el dolor de la pérdida—. ¿Todo lo que merezco es una simple lágrima? ¿Y ni una sola de mi hija, a quien amo profundamente?» La decepción en el rostro de Henry fue borrada por la aparición del romano a su lado.

—Dales tiempo —dijo él.

La escena completa era tan surreal, con este hombre parado a su lado, vestido con ese extraño atuendo. La siguiente pregunta salió disparada desde Henry.

—¿Quién diablos eres tú?

La habitación a su alrededor comenzó a desvanecerse lentamente, y después de un par de segundos, pareció como si el romano estuviera intentando encontrar las palabras adecuadas.

—Yo soy Crotón.

—¿Crotón? —repitió Henry.

—Ese es mi nombre.

Fue solo hasta ese momento que Henry notó que el hombre parado frente a él no había abierto su boca ni una sola vez desde que se habían conocido. De alguna manera, él era capaz de escucharlo.

—¿Eres de verdad? —preguntó Henry.

—Tan real como tú lo eres.

—¿Qué clase de respuesta es esa? —replicó Henry con una nota de agitación en su voz.

—Verás, Henry, hay muchos tipos de realidades, así que, para la física, de la que acabas de partir, ya no eres más real. Pero para esta en la que estamos, eres bastante real.

—¿Así que, entonces será inapropiado hacer la pregunta de si hay vida después de la muerte? —preguntó Henry con gran decepción en su voz.

—¿Qué ocurre? Parece que no estás contento —dijo Crotón.

—¿Qué hay para estar feliz? Estaba tan seguro con la idea de que la muerte era el final de todo. Ahora solo Dios sabe lo que me dirás o lo que me mostrarás en tus realidades, o, probablemente, me llevarás a una de ellas.

—¿Le temes al infierno? —preguntó Crotón.

—No, pero quién sabe qué clase de jueces tengan aquí. Oh, y ¿puedo suponer que el día del juicio también existe?

—Hmmm... Sí y no —contestó el romano.

—¿Por qué no puedes darme respuestas simples y directas a mis preguntas?

—Porque, Henry, nada es directo y especialmente simple en el lugar en el que te encuentras ahora.

—¿Estás intentando asustarme aún más?

—No, pero así es como es. Todo lo que encontrarás aquí, lo compararás con la realidad física, es por eso que necesitas mi guía.

—Así que ¿tú eres mi guía en el inframundo? —preguntó Henry con una sonrisa sarcástica en su rostro.

—Lo fui, y lo soy.

—¿Eso significa que ya he muerto antes?
—No, significa que has vivido antes, y sigues viviendo ahora.
—Pero eso no tiene ningún sentido.
—Tiene perfecto sentido si aceptas el hecho de que no eras sólo tu cuerpo, sino algo más. Algo que estaba dentro de ese cuerpo, o que residió en él mientras tanto, y ahora, lo dejó. Estás de acuerdo conmigo, ¿verdad?, sobre seguir estando vivo.
—Eso creo.
—Así que, para contestar a tu pregunta, sí, yo te estuve guiando mientras estabas en la Tierra, y te estoy guiando ahora.
—¿Guiándome hacia dónde?
—Hacia tu siguiente destino.
—Espera un minuto. ¿Estás intentando decirme que toda mi vida has estado espiándome? —preguntó Henry.
—Yo no lo llamaría así; yo diría que te estuve ayudando.
—¿Ayudándome a hacer qué?
—A tomar las decisiones correctas.
—¿Estás afirmando saber la diferencia entre el bien y el mal? —preguntó Henry.
—No, pero siempre supe qué sería lo correcto para cada situación en particular.
—¿Cómo es que nunca te escuché?
—Algunas veces lo hiciste.
—¿Estás intentando decir que tú eres mi "Pepito Grillo"?
—¿Supongo que te estás refiriendo a tu consciencia? Es una gran confusión el compararnos con la consciencia, o con un ángel que te susurra a través de tu oído derecho.
—¿Nosotros? —preguntó Henry en un intento final por entender con quién estaba hablando.
—Nosotros, los guías espirituales, pero volvamos al asunto. La consciencia es el resultado de todas tus experiencias que has acumulado a lo largo de las vidas vividas sobre el planeta Tierra. Cada evento, cada persona con quien te encontraste, cada fracaso y éxito, son sólo una experiencia para ayudarte a establecer tu personalidad y tu nivel de entendimiento y diferenciación del bien con el mal.
—¿Eso significa que, mientras más vidas viva, me vuelvo más sabio?

—Me agrada comparar a la consciencia con sabiduría. En eso tienes toda la razón, pero la cantidad de vidas no lleva a la sabiduría; algunas almas se las arreglan, en una sola vida, para lograr lo que otras no pueden en diez.

—Antes usaste las palabras alma y espíritu, ¿cuál es la diferencia? —preguntó Henry.

—Más tarde te daré la respuesta a esa pregunta. Tendremos bastante tiempo para conversaciones como esta. Por ahora, hay cosas más importantes por hacer —contestó Crotón.

—¿Qué cosas?

—¿Quieres presenciar tu propio funeral?

Después de cierto tiempo de indecisiones, Henry contestó: —No. Nunca me gustó asistir a funerales, y siempre intentaba evitarlos por cualquier excusa. ¿Por qué querría asistir al mío? Definitivamente, no.

—¿Te gustaría despedirte de tu familia antes de que empecemos nuestro viaje?

—Eso sería lindo —dijo Henry con una sonrisa gentil en su rostro.

—Pero recuerda, no te verán ni te escucharán; en el mejor de los casos, sólo pueden sentir tu presencia.

—Está bien.

—Sólo cierra tus ojos —murmuró Crotón.

Al momento siguiente, Henry abrió sus ojos y vio que había aparecido en su propia sala de estar. Lo agobiaron sentimientos encontrados. Todo era tan familiar y querido para él, y, al mismo tiempo, sintió una sensación extraña de ya no pertenecer más a ese espacio. Encontró a Rose en la cocina, toda vestida de negro, intentando organizar una montaña de platos, vasos y cubiertos.

—Parece que me perdí mi propia fiesta —dijo Henry.

Pero no había nadie que lo escuchara. El romano había desaparecido, y Rose ni siquiera notó su presencia. Dio un paso más cerca e intentó abrazarla por detrás. Esa fue la primera vez que Henry experimentó su propia falta de solidez. Incapaz de abrazar a Rose, perdió el equilibrio. Con gran dificultad, intentó controlar su cuerpo y traspasó directamente a Rose, apareciendo frente a ella. Se giró para enfrentarla y mirarla directamente a los ojos. Ella se detuvo un momento y, sin levantar la cara, susurró: —Henry.

Las lágrimas llenaron sus ojos rojos, que no habían estado secos por días. Él quería darle un gran beso como solía hacer, abrazarla fuertemente, calmarla. Pero el sonido agudo del plato roto que se había deslizado desde la mano de Rose, y la comprensión de la situación en la que estaba, le hizo detenerse y retroceder. De alguna manera, él supo que encuentros posteriores con Rose, sólo le ocasionarían a ella más dolor.

De pronto, todo comenzó a tornarse confuso y borroso. —¿Qué me está pasando? —preguntó Henry.

—Es tiempo de irse —respondió Crotón.

—Espera, quiero ver a mi hija.

—Entonces hazlo rápido.

No le sorprendió pasar a través de la puerta de Emily; ella estaba recostada sobre la cama y escribiendo algo en su diario. Acercándose, Henry comenzó a leer; era un poema, «Para mi padre». Él quería gritar: «¡Estoy vivo, no me he muerto!»

La pena por el dolor que había provocado a su hija, comenzó a abrumarlo. No había llorado nunca antes, veía debilidad en eso. Como una taza desbordante, no pudo contener más las lágrimas.

—Es tiempo de irse —dijo Crotón.

—¿Qué les pasará a ellas? ¿Cómo van a sobrevivir sin mí?

—No debes preocuparte por ellas, estarán bien. Estas cosas tienen una forma de resolverse.

—¿Las volveré a ver?

—Sí, y eso será mucho antes de que ellas crucen.

—Pero ¿a dónde iremos nosotros ahora? —preguntó Henry.

—Quisiera que hicieras algo por mí. Por favor cierra tus ojos e intenta recordar un lugar en donde disfrutaras estar regularmente, un lugar en donde te sentías libre.

Un momento después aparecieron en una habitación bastante grande, llena de mesas y sillas, con un olor distintivo de cerveza. —Oh por Dios —gritó Henry con gran emoción en su voz—. Este es el pub en donde solía pasar mis tardes y en ocasiones mis fines de semana. Espera un minuto. Parece ser el mismo pero un poco diferente. ¿En dónde está toda la gente? Nunca había visto este lugar tan vacío.

—Permíteme explicarte cómo funciona esto, antes de que me sobrecargues con cientos de preguntas —contestó Crotón.

—Pero antes de que lo hagas, me gustaría decir que te ves un tanto ridículo aquí, con ese atuendo —se burló Henry de Crotón, de forma ya familiar.

—Muy gracioso —dijo el romano con un rostro serio.
—Así que, dime, ¿cómo es que llegamos aquí y tan rápido? ¿Y en dónde están todos? Nunca había visto un bar sin su cantinero. Además, por la mirada de tu rostro, puedo deducir que esta conversación será bastante larga. ¿No crees que será buena idea ordenar un par de cervezas antes de comenzar?
—Adelante —dijo Crotón pacientemente.
—Dos cervezas, por favor —dijo Henry en voz alta, mirando hacia el bar. Como por milagro, la orden apareció sobre la mesa—. ¿Cómo hiciste eso? —preguntó Henry.
—Yo no lo hice. Tú lo hiciste.
Con un tono serio, Henry dijo: —Por favor, explícame cómo funciona esto.
—Intentaré hacerlo, pero requerirá una gran dosis de paciencia y concentración por tu parte. Me has hecho una tonelada de preguntas, y no está en mi carácter dejarlas sin contestar. Comencemos por la transportación. La transportación en esta realidad es bastante sencilla, todo lo que tienes que hacer es simplemente pensar en el lugar en el que quieres estar y, ¡voilà!
—¡Eso suena divertido! —dijo Henry.
—Pero…
—Siempre hay un «pero».
—Antes de ir a algún lado, tienes que conocer el lugar al que vas, es decir, tienes que estar familiarizado con ese lugar. Así que la situación en la que estás en este momento, no será de mucha ayuda.
—¿Qué hay de este pub? —preguntó Henry—. Te traje aquí justo cuando lo necesitaba.
—Eso es verdad, pero, como puedes ver, este lugar no es exactamente el que tú visitabas en la Tierra. Es sólo una réplica del verdadero pub. Todo aquí es tal como tú recordabas ese lugar. En otras palabras, tú creaste este lugar con tu propia imaginación.
—Para ser algo creado con mi imaginación, es bastante sólido. Todo me parece muy real. —Henry tocó la cubierta de la mesa, dio un par de golpes y, concluyó convincentemente—: Es definitivamente real.
—Sí —acordó Crotón—, pero si por algún milagro Rose apareciera aquí, ella no sería capaz de verme, ni a ti, ni nada a su alrededor.

—¿Por qué es eso?

—Como te dije anteriormente, hay muchas realidades distintas. O, como estamos acostumbrados a llamarles, reinos. La diferencia entre esos reinos reside en la energía en la que vibran.

—No lo comprendo. ¿Puedes darme una versión más simple de lo que acabas de decir?

—Lo intentaré —dijo Crotón, mientras tomaba un gran respiro—. Verás, todo en el universo es una energía vibracional. Todo el mundo físico de donde provienes, existe por la energía que mantiene unidas las minúsculas partículas, creando objetos físicos. Así que, básicamente, todo el mundo físico existe en un cierto rango de vibración. Al haber sido parte de ese mundo, podías ver únicamente las cosas que estaban en el mismo rango de vibración. El reino en el que estamos ahora está en una vibración más alta.

—Me estás perdiendo —dijo Henry.

—Okey. Imagina un hormiguero en el bosque y a ti mismo de pie, más lejos, y mirándolas siguiendo adelante con sus propios asuntos. No tienen idea de tu existencia, pero tú puedes verlas. Si es necesario, puedes interactuar con ellas. Pero, aun así, ellas no tendrán idea de dónde vino esa interacción. ¿Puedes ver ahora cómo las realidades diferentes pueden coexistir al mismo tiempo?

—Okey, ahora lo comprendo —dijo Henry.

—¿Recuerdas que no fuiste capaz de abrazar a Rose cuando estuviste de vuelta en casa?

—Oh, sí, ¿por qué?

—Porque tus pequeñas partículas están vibrando a una velocidad mucho más alta que cualquier otro objeto físico en la Tierra.

—Si lo que acabas de decir es cierto, y yo soy una persona que está observando un hormiguero, y puedo interactuar con ellas cuando yo quiera, ¿eso significa que puedo visitar la Tierra cuando yo lo desee?

—Si estás hablando de visitar a Rose y Emily, sí puedes, pero no cuando tú quieras. Recuerda hace un rato, en la cocina con Rose, estabas perdiendo claridad de tu visión.

—¡Sí! ¿Qué fue eso?

—Estar en realidades más bajas, toma mucha energía de nosotros, y para alguien como tú, que apenas acabas de nacer, es una experiencia agotadora.

—¿Qué hubiera sucedido si me quedaba más tiempo? —preguntó Henry, intentando indagar más profundo.

—Parece que no te rendirás con esta cuestión. Eres el alma más curiosa que haya conocido nunca —remarcó Crotón.

—Pero ¿ no es esa la razón por la que estamos aquí?

—No exactamente. La razón es revisar tu vida pasada, analizarla, repasarla...

—Lo sé —dijo Henry, interrumpiendo a Crotón. En esas dos palabras, Crotón sintió el peso del mundo sobre los hombros de Henry—. Esa es la parte que más me asusta —dijo Henry—. Antes de que vayamos a la parte seria, me gustaría experimentar un poco más la parte divertida.

—Okey, como gustes —dijo Crotón—. Ni siquiera has tomado ni un sorbo de tu vaso.

—Sí, buena idea —dijo Henry con gran entusiasmo en su voz—. Déjame checar si la cerveza en «este reino» es tan buena como la del lugar de donde vengo. —El primer trago hizo que Henry hiciera una mueca, y no en buen sentido.

—¿Qué diab...

—¿No te gustó? —preguntó Crotón sarcásticamente, con una sonrisa en su rostro.

—¿Cómo te puede gustar esto?

—Es porque no esperabas que la cerveza fuera buena. Ahora, intenta un enfoque diferente. Piensa que esa es la mejor cerveza que hayas probado jamás.

—Okey —dijo Henry suspicazmente. El siguiente sorbo iluminó el rostro de Henry—, ¡Vaya! La mejor que he probado. Déjame adivinar, este será un ejemplo de cómo puedes cambiar la realidad al cambiar tu mentalidad.

—Totalmente cierto. Y lo que es interesante es que funciona también en el mundo físico, sólo que en una forma no tan obvia. Ahora, vayamos de vuelta a la cuestión que me preguntaste más temprano, sobre quedarte más tiempo en el mundo físico —dijo Crotón.

—¡Sí! —dijo Henry con el rostro de un niño anticipando un helado.

—Si te hubiera dejado quedarte más tiempo, hubieras comenzado a perder tu consciencia.

—¿Cómo? —preguntó Henry.

—Es cuando comienzas a percibir las cosas de forma que no lo son.

—¿A qué te refieres?

—Ves cosas de la forma en que quieres verlas, en otras palabras, estás comenzando a crear una realidad dentro de otra realidad.

—Simplifícalo, por favor —dijo Henry con impaciencia.

—Por ejemplo, puedes permanecer en tu casa anterior sin notar los cambios que están sucediendo ahí, o nuevos habitantes, o cambios en el mobiliario.

—¿Qué tanto puede durar eso?

—Como habrás notado, el tiempo no existe aquí —dijo Crotón.

«Es verdad —pensó Henry para sí mismo. Desde que había estado en esta realidad, había perdido por completo la noción del tiempo; la visita casual a la Tierra en diferentes escenas de la vida de su familia y la conversación en el pub, sólo Dios sabía cuánto tiempo había pasado—. Extraño —se dijo a sí mismo».

Una vez más, Henry se perdió en sus pensamientos. Parecía que el tiempo, «el imparable tiempo», que es la cosa más importante en la Tierra, había sido reemplazado con una de las palabras favoritas de Crotón: «Existencia». Y esa palabra explicaba todo; aquí tú sólo existes en un momento.

—Estás siendo todo un filósofo —dijo Crotón, dejando que Henry supiera que él podía leer sus pensamientos.

—Solo estoy analizando todas esas cosas que dijiste.

—Así que la respuesta a tu pregunta, sobre cuánto tiempo podemos estar entre dos realidades, no es tan simple.

—A juzgar por la expresión en tu rostro, puedo ver eso. ¿Cómo es que sus guías espirituales no los guían a ellos como tú me guías a mí?

—Esas almas no están dejando sus cuerpos de la misma manera en que tú lo hiciste, pasan por un gran shock o dolor.

—¿Quieres decir que han sido asesinados?

—Sí, todo lo que ellos ven es una tremenda injusticia, lo que construye en ellos la urgencia incontrolable de venganza. Están tan preocupados por lo que acaba de suceder, y por lo que harán después, que no pueden ver a esos guías que se acercan a ellos con ayuda. Sólo nos pueden ver cuando están listos o están esperando la visita, como sucedió en tu caso.

—Oh, ya veo —dijo Henry, pensando en su primer encuentro con Crotón.

—Pero también, hay algunos espíritus que temen dejar el mundo físico. La realización del inevitable pensamiento de ser responsable de todo lo que han hecho en el pasado, crea una gran cantidad de miedo en ellos. Además de esta libertad absoluta de visibilidad.

—¿Por qué visibilidad? —preguntó Henry.

—¿No estabas emocionado al pasar a través de la puerta de Emily?

—¡Sí, eso fue tremendamente increíble!

—Ese tipo de experiencias están construyendo en ellos la ilusión de la libertad absoluta a través del movimiento. Yo le llamo el síndrome del hombre invisible.

—¡Genial! —dijo Henry con una expresión traviesa en su rostro.

—No, no es genial y sé a lo que te estás refiriendo, y no funciona en la manera en que tú, o para el caso, esas otras almas atribuladas, piensan.

—¿Por qué no me explicas cómo funciona?

—Lo estoy intentando, pero no me lo estás permitiendo.

Henry pasó sus dedos por sus labios, enfatizando el movimiento de cerrar la cremallera; tomó la pose de un oyente atento, que sabía que la pregunta que había hecho no sería fácil de responder.

—En el mundo físico, los espíritus pueden visitar sólo los lugares que les son familiares. Lugares que les brindan el mayor confort. Pero la incapacidad de encontrar confort debido a lo incierto de su realidad, los vuelve inquietos.

—¿A qué te refieres? —preguntó Henry.

—Al principio, visitan todos los lugares y a las personas que extrañan. Con el paso del tiempo, se percatan de que todos están bastante bien sin ellos, o, en ocasiones, incluso mejor o más felices. Terminan estando en toda clase de sitios indecentes.

—¿Como casas de putas?

—Preferiría no usar esa palabra.

—¿Qué hay de malo en ello?

—Todo —Crotón lo calló en seco.

—Por favor, repite después de mí, casa de putas —insistió Henry.

—¡No lo haré!

—¡Vamos, aliviánate, hombre!

Las últimas palabras fueron la última gota llenando la taza de la paciencia de Crotón. Lo que Crotón no hubiera tolerado nunca era la conducta irrespetuosa; estaba acostumbrado al hecho de él mostrar su respeto ante otros, y estaba acostumbrado a recibirlo a cambio. Al momento siguiente, sucedió lo impensable, fue como un relámpago brillante a través de un cielo azul. Crotón se desvaneció en el aire. Henry no podía creer lo que acababa de suceder.

—¿Crotón? —preguntó cuidadosamente—. Vamos, ¿en dónde estás? —El silencio absoluto cubrió la habitación por completo. Todo estaba aún ahí, excepto el romano—. Oh Dios, ¿ahora qué?

El miedo se apoderó de su mente, pero intentó recobrar la compostura y analizar lo que acababa de suceder. Sólo entonces, Henry se dio cuenta de lo que estaba intentando hacer. Al encontrar un punto débil en su oponente, intentaba aprovecharse de ello, sencillamente aventajándose o burlándose de él. Eso era lo que había estado haciendo su vida entera, era por eso que era tan exitoso en los negocios. Ahora, le había salido el tiro por la culata.

—Okey —Henry decidió ponerse de pie y caminar alrededor con la mínima esperanza de encontrar a Crotón en la habitación de al lado. El intento fue fallido. Caminó fuera del pub hacia una calle—. Sencillamente maravilloso —dijo Henry de forma sarcástica.

La calle era exactamente como la recordaba, pero era como un cuadro de naturaleza muerta. Todo estaba ahí, pero nada se movía. Era como un pueblo fantasma de una película de Hollywood, sin personas.

—Escalofriante —dijo Henry y luego se apresuró de vuelta al pub, en donde las cosas le eran más familiares. El romano seguía sin aparecer a la vista. Cuánto tiempo había permanecido solo en el pub, Henry no lo recordaba. La culpa por lo que había hecho estaba creciendo rápidamente.

—Me está castigando —se dijo Henry a sí mismo. Se dio cuenta de que el aislamiento social o de compañeros humanos o, en este caso, almas compañeras, era un castigo bastante duro. Somos criaturas sociales y no estamos acostumbrados a la soledad. La idea de visitar a Rose y su hogar, cruzó por su mente de forma instantánea. Recordó que Crotón había dicho que podías ir al lugar si lo conocías, pero la posibilidad de quedar atrapado ahí y convertirse en un fantasma, era bastante atemorizante para él. Comenzó a experimentar el mismo sentimiento de nebulosidad, igual que en la cocina con Rose. Las luces se atenuaron y la habitación comenzó a desintegrarse lentamente. Antes de que todo se viera inmerso en la oscuridad, Henry, con toda la energía restante en él, gritó: —¡CROTÓN!

La casa

Tan sólo podía adivinar cuánto tiempo había estado inconsciente, pero parecía como si acabara de despertar de un largo sueño. Crotón estaba de pie frente a él. —¿Qué acaba de suceder? ¿A dónde te fuiste? —preguntó Henry.

Crotón estaba en completo silencio, y su postura total era de absoluta indiferencia hacia el hombre frente a él. Después de una breve pausa, Henry dijo: —Por favor, discúlpame por mi comportamiento, estaba equivocado.

—Está bien —respondió Crotón—. No vuelvas a hablarme de esa manera, o no me volverás a ver jamás.

—No volverá a pasar —dijo Henry con un tono solemne.

Crotón supo que lo decía en serio. —Me tomé la libertad de hacer algunos cambios en el escenario. Espero que te guste —dijo Crotón.

Sólo entonces, Henry notó que ya no estaban en el pub, sino estaban de pie en una hermosa playa de arena blanca. El paisaje entero era impresionante. Nunca había visto agua con semejante color turquesa tan hermoso. Palmeras cocoteras pintorescas se inclinaban con gentileza hacia el agua. Todo le recordaba a una imagen de revista de viajes, a donde Rose soñaba con que algún día Henry la llevara.

—Ahora puedes darte la vuelta —indicó Crotón.

Henry no podía creer lo que estaba viendo. Frente a él había una hermosa casa, y era la suya. —Rose —susurró Henry, y corrió como el viento hacia el edificio. La puerta no estaba cerrada, y la fuerza que él aplicó para abrirla fue tanta, que milagrosamente la puerta no se salió de sus bisagras. Henry comenzó a correr de habitación en habitación, buscando a Rose. En la cocina, notó que la estufa estaba encendida y algo se estaba cocinando.

—Ella definitivamente está aquí —dijo Henry—. Quizá está arriba. —Subió rápidamente las escaleras, brincando los escalones y gritando—: Rose, Rose. —La puerta de la habitación principal estaba abierta. Se detuvo frente a ella y, después de vacilar un momento, entró cuidadosamente. Pareció como si temiera despertar a Rose. Ella no estaba en la cama. Él revisó el baño y abrió todas las puertas del armario, en donde Rose guardaba sus ropas. Cada uno de sus vestidos estaba ahí, colgados apretadamente, y todos los cajones estaban organizados con esmero, justo como a Rose le gustaba mantenerlos. Todo estaba exactamente de la misma manera en que había estado antes de su partida, sólo faltaba una cosa en ese hermoso panorama, Rose. Ese sencillo detalle hacía insignificante todo lo demás.

Cayó como tronco sobre la cama y comenzó a llorar. Las lágrimas llenaban incontrolablemente sus ojos y aceleraban hacia las sábanas. Repetía una y otra vez: —Rose, Rose, Rose.

No podía perdonarse por haberse olvidado de ella. Todo este tiempo había estado tan preocupado con esta nueva realidad, intentando entender cómo funcionaban las cosas aquí, que se había olvidado por completo de ella. Había pasado por alto por lo que ella pudiera estar pasando justo ahora. Crotón, siendo el observador a distancia de esta escena, dijo: —Misión cumplida. —Y luego desapareció.

Era imposible evocar cuánto tiempo había pasado Henry sobre la cama, aunque ya no era importante para él. Cada pequeña partícula de su alma estaba con Rose. Como si viera una película, comenzó a recordar su vida entera desde el momento en que la conoció. No importaba nada de lo anterior. Las escenas aparecían con tal claridad, como si fueran sucediendo justo entonces. Henry fue capaz de recordar los detalles más finos de los eventos y cada palabra que se dijeron el uno al otro. Fue capaz de revivir por completo esa sensación maravillosa que había experimentado cuando se enamoró por primera vez de Rose. Su cara resplandecía, sus ojos estaban aún llenos de lágrimas; sin embargo, esta vez eran lágrimas de felicidad. Una por una las escenas de su vida pasada, transcurrieron frente a él. Vio una boda y a Rose en un hermoso vestido completamente blanco. Su baile de apertura hizo que su cabeza girara al ritmo de una melodía olvidada hacía mucho tiempo.

Con un movimiento de su mano, removió la sábana del lado de la cama de Rose, y recargó su cabeza sobre su almohada. Su esencia aún permanecía ahí, como si recién se hubiera levantado. Henry quería permanecer en ese sueño por toda la eternidad. El miedo de parar ese cuento de hadas, le previno de cambiar su posición sobre la cama. Imágenes de su boda emergían una tras otra.

—Oh por Dios. Todos están aún tan jóvenes —comentó Henry.
Repasó su luna de miel por completo, hasta el más mínimo detalle. Su mente se inundó con felicidad y amor. Lentamente se tranquilizó y decidió levantarse de la cama. Quería obtener un mejor vistazo alrededor de la casa. Después de cierta observación, notó una puerta en el piso inferior, una que nunca antes había estado ahí. La curiosidad se tornó en precaución, y Henry decidió abrirla.

La puerta no estaba cerrada, y pronto se encontró a sí mismo en un pasillo largo que conducía hacia una habitación hermosamente decorada, llena de luz, el tipo de habitación que verías en una revista elegante. Era casi demasiado perfecto para el gusto de Henry. Todo estaba blanco, sillones, mesas, sillas, paredes, e incluso las baldosas del piso, todo excepto una cosa: un balcón grande en forma de media luna estaba unido a la espaciosa habitación, con cortinas azul cielo corriendo a través de él, cubriendo lo que fuera que estuviera más allá.

Henry tiró de las cortinas apartándolas cuidadosamente y se maravilló por lo que vio. Una magnífica cañada y montañas a través del horizonte. Cascadas, campos cubiertos de flores con colores imposibles de describir debido a la ausencia de ellos sobre la Tierra. De hecho, era demasiado para asimilar. Una bocanada de aire fresco llenó sus pulmones; la vista entera era deslumbrante de forma indescriptible. Al asomarse hacia abajo, comenzó a observar el jardín trasero. Desde piletas, caían saltos de agua por la colina. Agua cristalina reflejaba el azul del cielo con nubes de formas inimaginables que se dispersaban a través de él. En casa, no era el tipo de hombre que pudiera derretirse al ver una obra de arte famosa, ni nada que pudiera hacer que otros dijeran: «¡Vaya!» Esto era algo más. Por la bruma apenas perceptible sobre los estanques, Henry asumió que el agua debía estar caliente.

—Piletas calientes. Justo como Rose siempre quiso. —Las últimas palabras trajeron algunos recuerdos del pasado. Recordó esa mañana de domingo cuando Rose le platicó sobre su sueño recurrente. La descripción de ese sueño estaba ahora frente a él. Imaginó los ojos de Rose, si tan sólo ella viera todo esto. Henry vendería su alma solo por tenerla a su lado en ese momento. En el fondo, sabía que era imposible y que tomaría bastante «existencia», antes de poder volver a abrazarla. El último pensamiento le hizo darse cuenta que solo el hecho de ver al objeto de tu amor, no es suficiente. Saber que ella estaba ahí abajo y bien, no lo hizo extrañarla menos. Tocar, eso es lo que nos satisface y completa. Esa es la razón por la que la gente se abraza después de estar separados por un largo periodo. Él sabía que eso no pasaría nunca mientras Rose estuviera en el mundo físico. Parte de él no podía aguantar a tener a Rose entre sus brazos, pero la otra parte sabía que ella tenía que estar ahí para Emily.

Henry volvió a su casa y se mantuvo de pie frente a la puerta de la habitación de Emily. Todas las calcomanías que restringían la entrada a su habitación, estaban ahí. Él tocó antes de entrar, sabiendo lo ridículo de esa acción. Era la habitación de su pequeña Emily. Henry caminó cuidadosamente, pareciendo temeroso de alterar la serenidad de Emily. Se sentó dentro de la habitación, justo en el centro de la alfombra, y comenzó a observar. Henry nunca antes había hecho eso; casi todo el tiempo estaba ahí porque tenía que estarlo; esas veces cuando Rose no podía tratar más con Emily y le pedía a él que interfiriera. Así que las visitas habían tenido un solo propósito, entrar en sintonía con ella. Henry odiaba hacer eso, pero Rose le recordaba constantemente sobre las responsabilidades parentales. Intentaba cortar conversaciones incómodas y retirarse tan rápido como fuera posible. Alrededor de Emily, se sentía un poco pasado de moda. A la edad de quince, ella parecía mucho más inteligente que él. Generalmente, cuando ella estaba de buen humor, era bastante agradable estar a su alrededor. Aun así, las peleas constantes entre Rose y Emily, acerca de limpiar su habitación, eran difíciles de manejar para Henry. Esa era la primera vez en que Henry tenía oportunidad de realmente observar su habitación. Estaba sorprendentemente limpia. En la mesita a un lado de la cama, notó su diario, el mismo en el que ella había escrito un poema cuando la visitó la última vez; pensó que abrirlo y leerlo iban en contra de su naturaleza. Henry siempre había respetado la privacidad de Emily, al contrario de Rose, quien tenía el hábito de leer en secreto el diario de Emily, desde que ella lo comenzó.

—Tengo que saber lo que ocurre en la vida de mi hija —solía contestarle a Henry cuando él protestaba en contra de tal conducta. En lo profundo, Henry sabía que Rose estaba en lo correcto, pero para él, eso era traicionar la confianza de su hija. Recordó el día en que Rose le contó de su embarazo; el día en que se enteraron que iban a tener una hija. Había sido una hija muy esperada. La felicidad que ella trajo a la familia fue inimaginable. Sus primeros pasos, sus primeras palabras, olvidadas hace tiempo, estaban emergiendo del pasado tan claramente, que diferenciar el presente del pasado era casi imposible.

Para un observador distante, Henry parecía como un pequeño niño feliz sentado en medio de la habitación, mirando la pared con una gran sonrisa en su rostro. De pronto, algo lo hizo reaccionar desde su lugar feliz.

—La boda —dijo Henry con horror en sus ojos—. No seré capaz de llevar a mi hija al altar. —Henry cubrió su rostro entero con sus palmas.

—Lo harás —dijo la misma vieja voz familiar.

—¡Crotón! —gritó Henry, saltando y, con gran esfuerzo, conteniéndose de darle un gran abrazo—. ¿En dónde estabas?

—Preferiría no contestar esa pregunta. Además, he decidido darte algo de privacidad —dijo Crotón.

—Gracias por este regalo —dijo Henry, haciendo referencia a su entorno.

—Ah, con gusto.

—¿Cómo conseguiste arreglarlo?

—¿Arreglar qué? —preguntó el romano con una genuina expresión de perplejidad en su rostro.

—Quiero decir, ¿cómo pudiste construir esta casa en tan poco tiempo, con tanto detalle; de dónde vino este anexo?

—Por favor, más lento —dijo Crotón—. Te explicaré todo. ¿No crees que deberíamos sentarnos primero?

—Oh, disculpa mi descortesía —Henry se hizo a un lado y levantó su mano señalando en dirección hacia la sala de estar, justo de la manera en que había visto ese gesto en películas de la antigua Roma.

Crotón estuvo tan complacido que no pudo ocultarlo. «Finalmente, algo de apreciación», se dijo Crotón a sí mismo mientras encabezaba la marcha. Henry siguió a Crotón hacia la habitación de Rose, en donde se acomodaron en los sillones del balcón, blancos como nieve.

—El suspenso me está matando —dijo Henry.

—Primero lo primero —respondió Crotón.

Crotón

La cantidad de información que Crotón tenía que darle a Henry, era enorme, y se tomó su tiempo para organizar sus pensamientos, de forma que Henry pudiera absorberla y digerirla fácilmente. Crotón no había estado de vuelta en el planeta en un cuerpo físico por casi dos mil años terrestres. En su última visita a la Tierra, él fue un senador romano. Toda su vida se enorgulleció de tres cosas: honor, dignidad e integridad. La esencia de esas palabras significaba todo para él. El objetivo de su vida era establecer un ejemplo a seguir para los demás. Perseguía los más altos estándares en cada aspecto de su vida. Todos lo conocían en Roma como un hombre honorable; era un firme partidario de la democracia romana, creyendo que un imperio debería ser dirigido por el senado y no por el emperador. Fue esa fuerte creencia lo que lo forzó a unirse a un grupo de senadores que estaban intentando salvar a Roma de un tirano. A pesar de que no tenía una daga en su mano y su consciencia no estaba manchada por la sangre del emperador, aun así, lo capturaron más tarde y fue asesinado por los partidarios del César.

Desde el comienzo, fue justo como Henry había sido, un alma bastante inquisitiva, siempre queriendo saber un poco más, luego fue suficiente para encontrar confort y paz, después de una vida difícil y traumatizante. Había tenido muchas oportunidades para tomar otra vida, otro cuerpo. Pero, de alguna manera, sabía que sería más útil en este plano. Hacer aquello para lo que era bueno e introducir a las almas recién llegadas a las realidades no físicas. El hecho de que estaba abriendo mundos nuevos para otros, a los que nunca antes habían sido expuestos, le hacía sentir bien. Sólo ahí aprendió a apreciar lo que Sócrates, el filósofo griego, quiso decir al afirmar: «Cuanto más sé, más sé que no sé nada». Cada pregunta respondida traía otras dos más; viajaba de una realidad a otra, intentando explorar tantas como le era posible a un alma de ese nivel. A través de los espíritus que estaba guiando dentro y fuera del mundo físico, estaba bastante consciente de lo que sucedía en el planeta. Crotón era un buen observador y buen aprendiz, y paso a paso, aumentaba su consciencia sobre la existencia. Estudió todo lo que era posible estudiar, desde la mecánica cuántica hasta las leyes cósmicas. Se sumergía en todas las religiones que habían existido en la historia de la humanidad, para comprender y, como resultado, ayudar a los recién llegados. Se podría decir que él había experimentado todo lo que había que experimentar, excepto una cosa, la cosa que mantenía toda la existencia, todo lo que existía y existiría jamás, la única cosa que era la causa y propósito de esta magnífica creación. Nunca había experimentado el amor. Había estado casado muchas veces antes en otras vidas, pero nunca había sido «la indicada». De cierta forma, nunca había sido expuesto al sentimiento, pero siempre había amado y cuidado bien de sus hijos. Veía cómo podía afectar a las almas, pero no podía envolver su propia mente alrededor de ello. El sentimiento que hacía tan irracional la corona del acto de la creación, era aún un misterio para él. Con su mente racional, sabía que era la emoción más fuerte que alguien pudiera experimentar. Siempre solía decirse a sí mismo que, si había una emoción que hacía que los humanos renunciaran a sus vidas por el objeto de su amor, sin siquiera pensarlo dos veces, valía la pena experimentarla. Bastante meticuloso en lo que hacía, Crotón aprendió a hablar diferentes idiomas. No es que los necesitara para comunicarse, sino por un mejor entendimiento de la psicología de un alma recién llegada. Lo había visto todo; como cualquier otro guía, había comenzado desde abajo. Comenzó ayudando a almas jóvenes y luego se esforzó por guiar y cuidar de almas viejas. Henry era una de ellas. El proceso entero de prepararlo y descenderlo hacia la Tierra, verlo crecer y convertirse en la persona que era ahora, llenaba de inmenso orgullo a Crotón. Era mucho más fácil darle la bienvenida e introducir a almas femeninas a las nuevas realidades. Ellas aceptan las cosas como son sin hacer preguntas. Tan complicadas como eran las mujeres en el mundo físico, así de sencillas eran en el espiritual. Henry era un caso especial, y tampoco uno fácil. Debido al alto nivel de Crotón en el mundo espiritual, nunca se acostumbró a tenerlo fácil. Las colaboraciones de muchas vidas vividas estaban desarrollando en las almas toda clase de hábitos buenos y malos. En resumen, todos se volvían bastante complejos.

Plano de transición

—Primero lo primero —dijo Crotón—. Tienes que entender que estás en una etapa de transición; este plano es creado para facilitar tu transformación desde el físico hacia el espiritual. Todo aquí está diseñado para hacer ese viaje lo más agradable posible. Así que, la respuesta a esa pregunta, cómo y quién construyó esta casa, es bastante simple. El crear un objeto físico no es tan complicado; el truco es que conozcas bastante bien el objeto de tu creación. Estar a tu lado toda tu vida en la Tierra, me ayudó a anticipar y materializar el ambiente que te dará el máximo confort y serenidad.

—Pero ¿cómo haces eso? —preguntó Henry.

—¿Quieres saber la física?

—Sólo la versión simplificada —contestó Henry.

—Okey. Estas realidades existen por el tan delicado balance de pequeñas partículas. El balance es tan frágil que el poder del pensamiento es suficiente para botarlas y comenzar una reacción en cadena. Tienen la habilidad de replicar tu imaginación a una escala mayor y aceptar la etapa alterada, nuevamente, como una balanceada.

—Así que, ¿cuánto durará esta estructura? —preguntó Henry intentando digerir lo que Crotón acababa de decir.

—Por toda la eternidad —replicó Crotón.

—Comparado con nuestros edificios, es bastante —concluyó Henry.

—Como puedes ver, todo aquí es más físico que cualquier otra cosa en la Tierra.

—Creo que puedo aceptar eso, pero ¿de dónde vino el anexo a la casa?

—Era mi regalo para ti. Me las ingenié para sacarlo de tu subconsciente. Todo lo que ves aquí es tu realidad; tú eres libre de cambiar todo lo que quieras, pero intenta mantenerlo real haciendo pequeños cambios a la vez.

—¿Puedo intentarlo? —preguntó Henry.

—Adelante.

Henry cerró sus ojos y visualizó una vasija llena de manzanas sobre una mesita de café.

—¿Lo ves? No es tan difícil —dijo Crotón, refiriéndose a las frutas recién aparecidas.

—Sí —dijo Henry sin pizca de emoción en su voz.

—¿Ahora qué? —preguntó Crotón.

—¿Puedo materializar a Rose?

—Lo siento, pero eso es imposible.

—¿Por qué?

—Ningún humano ni animal podrá ser recreado, mientras su alma pertenezca al planeta. Hay un orden natural para todo en el universo, cuya violación es imposible.

—¿Hay excepciones? —preguntó Henry con ojos esperanzados.

—Cualquier excepción puede conducir a la destrucción total de nuestra existencia. Todo sigue intacto y de la misma forma en que fue creado desde el comienzo, debido a la ausencia de excepciones.

—No sabes cuánto extraño a mi familia. ¿Cuándo volveré a verlas?

—Es demasiado pronto —dijo Crotón—. Aún necesitas elevar tu vibración, tu nivel de energía.

—¿Cuándo sucederá eso?

—Todo depende de ti —contestó Crotón.

—Haré todo lo que pueda, sólo dime qué debo hacer —suplicó Henry.

—Tienes que enfrentarte a los jueces —dijo Crotón, mientras miraba directamente a los ojos de Henry.

Ya no eran más esos ojos confortables; parecía que Crotón estaba intentando alcanzar los más profundos y oscuros rincones del alma de Henry. Henry sabía que ese momento llegaría y, tras un poco de duda, dijo firmemente: —Estoy listo.

—Bien —dijo Crotón con mucho optimismo en su voz.

—No consideres mi siguiente pregunta como debilidad, pero ¿es inevitable? ¿Puede alguien evitar el día del juicio? —preguntó Henry.

—Sí, sí puede, pero, como resultado, permanecerá en su paraíso personal, y nada cambiará nunca.

—Una jaula de oro. —Henry suspiró profundamente.

—Nadie puede forzarte a hacer nada en contra de tu voluntad. Si eliges hacer lo que se te ha aconsejado, sólo será para tu beneficio.

Para ganar, debes perder. Es una de las leyes universales. Para ir al meollo del asunto, si quieres ver nuevamente a Rose y a Emily, tienes que ver a los jueces.

—Entonces, que así sea. —Henry cerró sus ojos, dispuesto a ser transportado hacia el tribunal.

—Antes de que hagamos eso, tengo que prepararte —dijo Crotón con una sonrisa gentil sobre su rostro—. Tienes que saber a lo que te enfrentarás.

—¿Debería tener miedo? —preguntó Henry.

—No hay nada por lo que temer. Te pararás al frente de las almas más sabias y viejas de estos planos. No están ahí para ponerte a prueba ni para castigarte.

—Entonces ¿para qué están ahí? —preguntó Henry, agradablemente sorprendido.

—Están ahí para mostrarte todas tus debilidades y las elecciones que has estado tomando. Si no fueron las mejores, te mostrarán cómo hubieran podido ser diferentes. No habrá veredicto ni sentencia.

—Entonces ¿cómo será todo? —preguntó Henry con impaciencia.

—Te harán sentir el dolor de todo lo que tú, con tus acciones, has hecho pasar a otros. —Henry no prestó atención a la última oración, dándose cuenta más tarde del significado exacto de esas palabras.

—Serás capaz de parar y tomar un descanso si se torna particularmente difícil. No habrá limitaciones para estos descansos, puedes volver cuando sea que te sientas listo.

—Eso no está tan mal —dijo Henry.

—Parece fácil, pero no lo es, ya que nadie puede castigarnos tan duro como podemos castigarnos a nosotros mismos. Así que, mi consejo es que seas gentil contigo mismo.

—Okey —dijo Henry.

Después de una breve pausa, Crotón dijo: —Es hora.

—¿Ahorita? —preguntó Henry.

—Por favor, cierra tus ojos —dijo Crotón, ignorando la pregunta de Henry.

Esas fueron las últimas palabras que Henry escuchó.

El juzgado

Aparecieron frente a unas puertas enormes, totalmente labradas. Un corto vistazo fue suficiente para que Henry se percatara de que las tallas en ella representaban la historia de la evolución de la humanidad en el planeta Tierra. La totalidad de la puerta estaba dividida en secciones. Una tras otra, develaban la historia de la humanidad. Estaban las pirámides de Egipto, las islas de la civilización maya en la Atlántida, esparcidas desde América hasta Europa. La historia de la evolución de la mayoría de las religiones, desde el judaísmo, hinduismo, budismo, cristianismo y el islam. El último panel fue el que más atrajo la atención de Henry. Era la colaboración de todas las religiones en una.

—Eso hubiera sido lindo —dijo Henry.
—Algún día —respondió Crotón.
—¿Estarás ahí conmigo? —preguntó Henry.
—Estaré a tu lado.

Antes de que Crotón terminara su oración, las puertas colosales y aparentemente pesadas, se abrieron. Una luz brillante se abrió paso por las puertas abiertas y, por un segundo, cegó a Henry.

—Aquí vamos. —Henry, valientemente, dio el primer paso hacia la abertura. Era un salón redondo, espacioso. Henry notó altas columnas alrededor de la habitación, las cuales soportaban un hermoso domo de cristal. La altura interna de la habitación debía tener al menos seis pisos. No había muebles. Crotón dirigió a Henry hacia el centro del salón. Era el único punto negro entre el mármol blanco desgastado. El punto estaba hecho de mármol negro que había sido erosionado.

«Sólo Dios sabe cuántas personas se han parado sobre esa marca», pensó Henry para sí mismo.

Crotón, quien seguía a Henry, se detuvo a una corta distancia de su lado izquierdo. Mirando hacia abajo, Henry notó un cambio en su propio vestuario. Ahora estaba todo vestido de blanco. Crotón, notando la confusión de Henry, dijo: —Es un color de pureza y respeto.

Justo frente a Henry, había un podio con una gran mesa en él; detrás, vio tres sillas de la misma altura. Este también fue un momento decisivo para Crotón. Cada vez que entraba en esa habitación, sentía un ligero temblor. También era una validación de su trabajo. De pronto, una abertura apareció detrás de esas sillas, la pared se separó y, una por una, tres figuras altas se movieron hacia la habitación. No caminaron; parecían deslizarse justo sobre el podio hacia sus asientos ante la mesa. La entereza de los jueces hizo que Henry se tambaleara. Ellos usaban capas de seda; el del centro vestía de blanco. A su derecha, su compañero vestía de gris, y a su izquierda, amarillo brillante. Todo lo que Henry podía ver de sus cuerpos eran sus caras. Esos rostros fueron lo que más le impactó. Nunca hubieras podido adivinar el género de los jueces. Tenían rostros pálidos de formas similares. A pesar de que sus ojos estaban aún mirando hacia abajo, Henry notó que eran inusualmente largos. Era difícil notar cualquier existencia de cabello debajo de las capuchas. En general, todos se veían bastante parecidos. Lo que más le sorprendió a Henry de ellos, fue la ausencia de bocas y narices en sus rostros. Crotón solo afirmó con la cabeza y, cerrando sus ojos, gesticuló su acuerdo con todo lo que estaba sucediendo. Una vez que los jueces se acomodaron en sus sillas, miraron a Henry.

Lo siguiente que él escuchó fue: —Hola, Henry, ¡bienvenido de vuelta!

De dónde provino exactamente el saludo, Henry sólo pudo suponerlo. Parecía que sus voces estaban dentro de su cabeza. Henry asintió con la cabeza como respuesta, sin saber cómo comunicarse con ellos.

—Podemos escuchar tus pensamientos y tu voz, siéntete libre de usar cualquiera.

Henry notó que estaba hablando con el juez de en medio, porque él parecía ser el único que lo miraba directamente.

—El propósito de nuestra reunión probablemente se te explicó previamente por tu guía.

—Sí —dijo Henry.

—Entonces, comenzaremos —dijo el juez de en medio, a medida que entrecerraba los ojos.

—Te ayudaremos a revisar por completo tu vida pasada sobre la Tierra —dijo el que portaba la túnica gris.

Una por una, frente a los ojos de Henry, comenzaron a aparecer imágenes de su pasado olvidado hacía tiempo. Eran tan tridimensionales y tan reales que, por un momento, Henry sintió como si estuviera en medio de la acción. Era como una película en cámara rápida, sólo que la mayoría de las escenas y los segmentos de su vida comenzaban desde cuando inició la escuela.

El rostro de un niño apareció frente a él, y Henry recordó su nombre de inmediato. —¡George! —dijo Henry.

George era un rarito, como Henry solía llamarle. Todos solían hacerle pasar un mal rato en la escuela. En resumen, Henry solía molestarlo. Luego, algo extraño sucedió; Henry vio su propio reflejo, una versión mucho más joven de él mismo. Lo siguiente que sintió no fue nada agradable. Henry se percató de que él era George. Era como si se hubiera arrastrado hacia la piel de George y hacia su mente. Se convirtió en George. No importaba cuánto intentara Henry descubrir qué acababa de ocurrir, era inútil. Los ojos del juez de gris estaban mirándolo fijamente y enviando imágenes poderosas, una tras otra. Henry sintió cómo George evitaba estar en la escuela e intentaba escapar de la vista de Henry a toda costa. Cómo estaba avergonzado de decirle a sus padres sobre el abuso mental de Henry. Presenció la ruptura entre George y su novia, y sintió el dolor de su roto corazón. Al momento siguiente, estaba de pie ante el borde de lo alto de un edificio, mirando hacia abajo, indeciso entre la libertad y el fracaso total en todos los aspectos de su vida. El siguiente paso de George para acercarse más al borde, hizo que Henry gritara: —¡No! Y salió de la piel de George.

Miró hacia el juez de gris con horror en sus ojos y preguntó:
—¿Lo hizo?
—No —dijo el juez.
Henry sabía la respuesta a la siguiente pregunta, pero no pudo resistirse a hacerla. —¿Puedo cambiar el pasado?
—No, tienes que vivir con eso —dijo el juez con la túnica gris.
Después de algo de tiempo, el mismo juez preguntó: —¿Debemos continuar?
—Sí —contestó Henry.

Más escenas de la escuela de Henry comenzaron a visitarlo. Vio el rostro de una joven, pero no podía recordarla. Lo siguiente fue la imagen de una carta. Pronto, se encontró a sí mismo en un salón de clases, con la carta en sus manos, y un grupo de niños alrededor de él. Estaban leyendo la carta y riendo fuertemente. Al poco tiempo, la totalidad de la escuela supo de eso. Sólo entonces pudo Henry unir esas dos escenas. La niña del principio le dio esa carta. Aparentemente, ella lo había estado admirando secretamente por muchos años. Al ser incapaz de reprimirse más tiempo, decidió escribir una carta. Henry desconocía los sentimientos de ella hacia él. A pesar de que él estaba siempre rodeado de las chicas más atractivas de la escuela, ella pasaba completamente desapercibida para él. El compartir el contenido de la carta con sus amigos no había sido su intención, pero de cierta forma, sucedió. Aún entonces, Henry supo que estaba mal, pero de alguna manera, con el paso del día, todo se le había olvidado. Incluso ahora, él no podía recordar el nombre de ella.

—Jenny —dijo el juez vestido de amarillo, intentando refrescar su memoria.

Al momento siguiente, él estaba corriendo alejándose de la escuela con lágrimas incontrolables saliendo de sus ojos. Casi fue golpeado por un coche mientras intentaba cruzar el camino, luego, todo se tornó oscuro. Cuando Henry abrió sus ojos, se encontró a sí mismo sentado dentro de una tina con agua caliente. Por alguna razón inexplicable, el agua en la tina estaba roja. Confundido por lo que estaba sucediendo, Henry miró su brazo izquierdo y descubrió una herida abierta. El horror encadenó el cuerpo entero de Henry. Intentó mover su brazo derecho para detener el sangrado, pero no pudo. Sólo entonces se percató de que era Jenny. Incapaz de soportarlo más, se giró hacia Crotón con un rostro expresando una sola palabra: «Ayuda».

Crotón miró a los jueces con una mirada inquisitiva en su rostro. Al momento siguiente, Henry estaba de vuelta en su casa. Por algún milagro, todo había parado. Henry miró alrededor en busca de Crotón, y descubrió que estaba a su lado.

—Creí que nunca se detendría —dijo Henry. Todo su rostro y su cuerpo estaban experimentando un dolor insoportable—. Soy una persona horrible. ¿Cómo pude vivir conmigo mismo?

—Tómatelo con calma —dijo Crotón—. Ella no murió, sus padres entraron justo a tiempo para ayudarla. Además, te dejaré por un momento. Cuando estés listo, sólo piensa en mí.

—Sí —asintió Henry, sentándose sobre su sofá. Se dio cuenta de que era sólo el comienzo y ya había renunciado. Sólo Dios sabía a cuánta gente había lastimado sin siquiera saberlo. El simple hecho de estar en su propia piel era repugnante. El tiempo que pasó en ese sofá fue imposible de rastrear. Eventualmente, se puso de pie y caminó hacia la puerta principal para tomar algo de aire fresco. Más allá de la puerta, no encontró la playa hermosa; la playa estaba aún ahí, pero el escenario ya no era para nada atractivo. Las nubes plateado oscuro estaban tan bajas que era imposible ver la fina línea entre el cielo y el mar. El mar estaba agitado y una fuerte ráfaga de viento casi cierra la puerta. Henry entró y recordó la habitación de Rose, esperando poder encontrar ahí algo de paz. De pronto, la incertidumbre se apoderó de su mente, «¿estaría la puerta todavía ahí?» Para su satisfacción, sí lo estaba. Se apresuró por el corredor, derecho hacia el balcón; el paisaje le rompió el corazón, y solo fue capaz de pronunciar una sola palabra: —Otoño.

Era otoño, pero no uno dorado. La totalidad de la naturaleza estaba retratada en colores grises fangosos. Los estanques no tenían agua; estaban cubiertos de hojas muertas. Arriba, el mismo cielo plateado. Al entrar de nuevo en su casa, Henry recordó las palabras de Crotón sobre crear su propio mundo. Se dio cuenta de que el mundo de afuera es un reflejo de tu mundo interior. Todo lo que había experimentado en el juzgado, seguía experimentándolo una y otra vez. Luego, comenzó a sentir un poco de frío; la hermosa decoración blanca ya no era blanca.

—Supongo que es así como se siente el infierno —dijo Henry para sí mismo.

Las siguientes palabras que escuchó, fueron: —¡Detenlo!

Crotón estaba de pie frente a él.

—Yo no te llamé —dijo Henry.

—No hubo necesidad. Me gustaría llevarte a algún lugar para animarte —dijo Crotón.

—Déjame solo. No merezco existir —contestó Henry, mirando al vacío.

—Vamos, ¡no puedes perderte esto! Sólo cierra tus ojos —dijo Crotón con optimismo.

Boda

Henry abrió sus ojos ante una habitación bellamente decorada. De lo poco que sabía sobre mobiliarios, asumió que pertenecía a los años mil ochocientos o mil novecientos. «¿En qué siglo estoy?» se dijo Henry a sí mismo. Las sillas clásicas y los sofás estaban cubiertos en colores dorado y verde. Todo el interior de ese espacio, gritaba riqueza. De pronto, notó un pequeño grupo de chicas, todas vestidas de la misma manera, y estaban ayudando a la del centro a vestirse. Henry, sin entender qué estaba sucediendo, decidió mantener silencio y observar la escena. Después de un par de minutos, la chica de blanco pidió algo de privacidad. Las damas vestidas similarmente, abandonaron la habitación, y Henry fue dejado solo con, quien él suponía, era la novia. Todo ese tiempo ella estuvo de pie con su espalda hacia él, y él no podía entender quién era. Ella estaba de frente a un gran espejo en el medio de la habitación. Un intento fallido de tocar una silla cercana, le dio la certeza de que estaba de vuelta en la Tierra. La identidad de la novia aún estaba sin revelarse. La curiosidad lo inundó, y Henry decidió mejorar su vista. Se movió detrás del espejo y descubrió que tenía la habilidad de ver directamente a través de él. Frente a él estaba de pie una hermosa joven en un vestido de novia elegante, ajustándose la flor en su cabello.

—¿Por qué estoy aquí? —preguntó Henry.

Las palabras que la novia exhaló, hicieron que el corazón de Henry cayera.

—¿Cómo me veo, papi?

Frente a él estaba su pequeña Emily de pie. «No. Es imposible. ¿Cómo puede ser esto? ¿Cuánto tiempo he estado ausente? ¿Cómo pude perderme todo este tiempo? ¿Quién es el novio? Nunca lo conocí... ¿Es bueno para mi pequeña Emily?»

Todas estas preguntas tomaron menos de un segundo, después del cual Henry recordó la pregunta de Emily. Miró directamente a los ojos de Emily y preguntó: —¿Puedes verme? Emily estaba aún mirando fijamente al espejo, arreglando la flor violeta sobre su cabello. «Supongo que no», se dijo Henry a sí mismo.

No podía quitar los ojos de Emily. Al no saber cuánto tiempo tenía ahí, Henry estaba intentando memorizar cada centímetro de su niña. De pronto, la puerta se abrió de par en par, y una dama mayor caminó hacia la habitación.

—¡Oh por Dios! —exclamó Henry.

Era Rose. Miró a Emily con los ojos llenos de amor y deleite, y dijo: —Desearía que tu padre hubiera podido verte.

—Yo también —dijo Emily, abrazando a su madre.

Henry no pudo soportarlo más, solamente gritó fuerte: —¡¡Estoy aquí!!

Emily se detuvo un segundo y preguntó a Rose: —¿Puedes olerlo también?

—¿Oler qué? —preguntó Rose.

—El aroma de la loción de papá.

—Qué extraño. Creí que era solo yo. —Rose miró hacia arriba y dijo—: Más le vale que esté aquí.

Alguien llamó a la puerta y les avisó: —Ya es hora.

—Vayamos —dijo Rose, mientras guiaba el camino.

Emily se detuvo ante la puerta, se giró y susurró: —Te amo, papi.

Le tomó algo de tiempo a Henry volver a sus sentidos. La siguiente pregunta que surgió en su cabeza fue: «¿Quién llevará a mi hija al altar? ¿Rose está casada?»

Esas dos preguntas hicieron que Henry las siguiera. Para su satisfacción, encontró a Rose a un lado de Emily. Cuando comenzaron los primeros acordes de la «Marcia Nupcial», él las siguió hacia el pasillo de la iglesia. El miedo de perder claridad de esta escena, y ser llevado, tal como sucedió durante su visita previa, pasaba constantemente por su mente. Se apresuró para ver al novio. Desde una primera impresión, era un chico bastante apuesto. Por alguna razón, le recordaba a Henry cuando era joven. Se convirtió en un testigo de la ceremonia entera, siguiéndolos al restaurante y permaneciendo hasta el final de la boda.

—Creo que es tiempo de decir adiós —dijo el mismo rostro familiar.

—Sí —dijo Henry agradecido, mirando hacia Crotón.

Lo primero que Henry dijo, una vez que apareció de vuelta en casa, fue: —Quisiera expresar mi profunda gratitud por lo que has hecho por mí.

—No hay necesidad —replicó Crotón.

—Esta vez, fui capaz de permanecer el día entero sin perder mi claridad, ¿cómo? —preguntó Henry.

—A pesar de que la audiencia de la corte aún no ha finalizado, al percatarte de lo que has hecho, la forma en que reaccionaste, elevó tu vibración, la cantidad de energía que puedes mantener, como resultado de tu nivel de consciencia.

—¿Eso significa que puedo visitar a mi familia cuando yo quiera? —preguntó Henry con una emoción en su voz como la de un niño.

—Aún no. Primero la audiencia.

Henry se puso de pie y echó un vistazo alrededor. Miró el paisaje fuera de la ventana y, satisfecho con lo que vio, dijo: —Estoy listo.

La siguiente pregunta que hizo Crotón fue bastante inesperada.

—Antes de que lo hagamos, ¿te gustaría ver a alguien más? ¿O, quizá, visitar una de las otras ciudades?

—¿Qué? ¿Hay más?

—No creerás que eres la única persona que cruza, ¿o sí? —preguntó Crotón con una ancha sonrisa sobre su rostro.

—No —dijo Henry—. ¿Me lo merezco?

—Sí, me gustaría llevarte al lugar en donde más me gusta estar.

Ciudad

Henry abrió sus ojos ante una calle adoquinada y relativamente angosta. Vio hermosos edificios de dos pisos, de mármol blanco, a ambos lados de la calle. Los edificios frontales eran decorados en su mayoría con arcos y columnas hermosamente talladas, soportando cada piso.

—Parece una ciudad antigua —dijo Henry.

—Tomemos un paseo —sugirió Crotón.

Al final de la calle, se cruzaron con un edificio magnífico. La totalidad de la arquitectura le recordó a Henry el tipo de imágenes que vería en la televisión o en revistas.

—¿Es esto un coliseo? —preguntó Henry.

—Sí.

—¿Estamos en Roma?

—Sí —dijo Crotón con orgullo.

Toda la apariencia del edificio era tan nueva, y parecía como si hubiera sido construido apenas ayer. —A juzgar por este edificio, supongo que no nos encontramos en la verdadera Roma.

—Depende de lo que tú consideres real —respondió Crotón.

—Quiero decir, no estamos en la Tierra.

—No, esto es aún mejor que la Tierra.

—Estoy un poco confundido —dijo Henry—. ¿Esta ciudad se construyó para replicar Roma o viceversa?

Ambas ciudades fueron construidas de forma espontánea. Algunos edificios fueron construidos en la Tierra para replicar los que están aquí. Algunos fueron creados aquí para replicar lo que los humanos han construido allá abajo. La única diferencia es que muchos edificios hermosos, arquitectónicamente hablando, ya no existen más en la Tierra, mientras que aquí, aún permanecen exactamente como fueron diseñados.

—Siempre quise visitar Roma, pero de alguna forma, siempre lo postergué para cuando fuera mayor.

—¿Deberíamos pasear alrededor?

—Definitivamente deberíamos.

* * *

Caminaron hacia arriba por la calle, hacia el foro en donde Crotón dejó que Henry viera algo de su última vida sobre la Tierra. —Ahora veo por qué elegiste ese atuendo —remarcó Henry.
—En mi corazón, siempre seré un romano —dijo Crotón con orgullo.
Comenzaron a explorar calle por calle, de un monumento famoso a otro. Crotón sabía la historia de cada edificio y los eventos históricos que ocurrieron ahí. Le mostró a Henry hermosas piazzas italianas, con fuentes crepitantes. Él sabía quién las había construido y cuándo había sido. Era un sueño hecho realidad para Henry. La ciudad entera era muy vibrante e inusual. En primer lugar, parecía como si todos con los que se cruzaran, conocieran a Crotón. Le mostraban su respeto inclinando su cabeza hacia Crotón, y Henry se sintió algo extraño a su lado. Henry notó que la totalidad de la población femenina estaba entre los veinticinco y treinta años. Los hombres parecían estar divididos a la mitad, una mitad alrededor de los treinta años, y la otra mitad alrededor de los cincuenta o sesenta. Lo que era muy inusual eran sus atuendos; sólo una palabra vino a la mente de Henry: Mascarada. Los habitantes de la ciudad estaban todos vestidos con atuendos que podían pertenecer a los tiempos de la antigua Roma, justo a través del tiempo actual. El centro de la ciudad estaba ocupado principalmente con edificios de tipo antiguo. Sin embargo, cerca de los bordes, los edificios eran de un gusto similar pero mucho más modernizados.
—¿Puedo crear mi propio edificio? —preguntó Henry.
—No aquí.
—¿Por qué?
—Verás, Henry, las ciudades son representaciones de pensamientos colectivos. Han sido construidas durante siglos. Edificio por edificio. Bajo la supervisión de constructores profesionales, siendo cada uno de ellos una obra de arte. Han sido creados para alcanzar la perfección en cada aspecto.
—¿Esos constructores profesionales eran masones? —preguntó Henry.

—Nunca dejas de sorprenderme —dijo Crotón—. ¿Cómo sabes eso?

—Leí acerca de ellos.

—Tienes toda la razón. Comenzaron a perfeccionar sus habilidades desde los comienzos de la civilización.

—¿Estás hablando sobre las pirámides de Egipto?

—No. Hablaremos de ellas más tarde. Me refiero a las antiguas ciudades griegas, particularmente Atenas, justo a través de la antigua Roma, Babilonia, Alejandría, Constantinopla, etcétera, dilo tú. Cualquier edificio que veas y puedas decir que es absolutamente hermoso, está diseñado y construido por masones, o ha usado las proporciones desarrolladas por ellos. No tienes que ser un arquitecto para apreciar la perfección en ello. Las proporciones correctas en cualquier cosa, crean armonía. Al observar la perfección, permites que la armonía entre en tu alma.

—De pronto, Crotón se detuvo y dijo—: Creo que me dejé llevar, quizá fue demasiada información.

—No, no, fue bastante educativo. Lo que es extraño es que nunca he sentido nada hacia un edificio. Quiero decir, apreciación y cosas como esa... pero ahora puedo verlo.

—Es porque estás elevando tu consciencia.

Llegaron a una plaza hermosa con fuentes magníficas. Una fuente en el medio y dos más pequeñas a cada lado, menos majestuosas.

—Piazza del Navona —dijo Crotón.

En un lado de la plaza, Henry notó una cafetería en la periferia de las fuentes. —¿Podemos tomar una taza de café? —preguntó.

—¿Por qué no?

Se sentaron ante una mesa para ser servidos. Pronto, el propietario de la cafetería, Mario, se les acercó. Después de una corta introducción, Crotón dijo: —Tengo que dejarte. Hay ciertas cosas que necesitan también ser atendidas. Por favor, no te preocupes, pasa algo de tiempo con Mario; lo disfrutarás. Es un buen filósofo.

Henry ordenó un capuchino y se inclinó hacia atrás para observar a los transeúntes. Sólo en ese momento fue que notó que no había niños en las calles.

«Eso es extraño; tengo que hablar sobre eso con Crotón», dijo Henry para sí mismo.

Mario regresó bastante rápido con dos tazas de café. Notando la mirada de sorpresa de Henry, dijo: —Esta es para mí. —Y mientras se ponía cómodo sobre la silla al frente de Henry, dijo—: ¿Supongo que acabas de llegar?

—Según mis cálculos, he estado aquí al menos seis años.

—Eso no es bastante. Yo he estado aquí al menos doscientos años.

—¡Vaya! —dijo Henry. La siguiente pregunta salió de la nada—. ¿Qué idioma hablas?

—Siempre hablo italiano, Mio Fratello —contestó Mario con orgullo.

—¿Cómo es que puedo entenderte, amigo mío? Por lo que sé, nunca antes he hablado italiano ni ningún otro idioma, excepto español.

—Déjame explicarte cómo funciona esto. Allá en la Tierra, tú tenías un cuerpo, ¿cierto?

—Sí.

—Ahora bien, era tu mente ordenando a tu cerebro que moviera tu lengua para producir cierto sonido o simplemente para hablar, ¿cierto?

—Eso creo —contestó Henry.

—Aquí, Mio Fratello, una mente es todo lo que tú eres.

—Permíteme adivinar, ¿estamos leyéndonos las mentes?

—Absolutamente correcto.

—Así que, ¿todo este tiempo, Crotón me ha estado hablando en italiano? —preguntó Henry.

—No, Henry, Crotón se niega a hablar italiano.

—¿Entonces qué idioma habla él?

—Sólo latín.

—Oh, ya veo —dijo Henry.

—Como guía, es importante conocer tantos idiomas como sea posible. Le ayuda entender la cultura, las costumbres, y, como resultado de ello, facilitar el proceso de transición.

—¿Eso significa que estaría bien reemplazar la palabra «hablar» por la palabra «pensar»?

—Sí. Pero nadie lo hace.

—Hábitos —dijo Henry con la expresión de un filósofo.

—Mio Fratello, por favor prueba mi capuchino. Me gustaría escuchar tu opinión.

Después del primer sorbo, Henry dijo: —¡Bellissimo!

—¡Me agrada que te haya gustado! He estado perfeccionando mis habilidades de elaboración de café desde que el café fue importado por primera vez a Italia. Durante mi último par de vidas sobre la Tierra, siempre he terminado atendiendo cafeterías, y aquí también disfruto hacerlo. Si no conoces los ingredientes y las proporciones correctas, no serás capaz de crear comida sabrosa en esta realidad. Mi trabajo también me da la oportunidad de conocer a los recién llegados, tanto como hablar con los viejos. Los viejos son aburridos; no tienen nada nuevo que decir; las mismas viejas historias.

—Cuando estás allá abajo en la Tierra, ¿quién atiende tu tienda? —preguntó Henry.

—Quienquiera que quiera hacerlo —contestó Mario—. No olvides que esta es una realidad común y no le pertenece a nadie. Tal como tú, yo tengo mi mundo personal, y ese es mi refugio. Así que dime, ¿cómo está yendo tu juicio? ¿Ya has terminado con él? —preguntó Mario con consideración.

—No —dijo Henry, cuando eso estremeció rápidamente su memoria.

—Asegúrate de terminarlo, es importante —dijo Mario.

—¿Por qué es tan importante?

—Abrirá todo un mundo nuevo para ti y traerá con él oportunidades casi infinitas. No me preguntes cómo, ya lo verás. —Entonces Mario cambió rápidamente de tema, pareciendo temeroso de dar demasiada información—. ¿Has notado que aquí no hay noche?

—Oh, sí. Todo me parece como un día largo —respondió Henry.

—¿Has notado la ausencia del sol en el cielo?

—¿De verdad? —Esas últimas palabras de Mario fueron como una revelación para Henry. Era verdad; no había visto el sol desde que estaba en estas realidades. Estando expuesto a las bases de la física, Henry preguntó—: Si no hay sol, ¿de dónde previene el color?

—Cada objeto tiene su propia luz interna. Recuerda, esta es una realidad con una energía de alta vibración, y la energía aquí tiene la habilidad de crecer.

—Ya veo —dijo Henry; después, tratando de evitar futuros tecnicismos, dijo—: La ausencia de la noche te forzaría a mantener la tienda abierta permanentemente, ¿o no?

—Sí. Pero eso no significa que tenga que estar aquí todo el tiempo. En el momento en que alguien piensa en tomar una taza de café, yo recibo el mensaje de forma inmediata. Luego, voilà, estoy aquí.

—¿Así que nunca cierras tu tienda?

—No; al igual que cualquier otra tienda por aquí.

—De pronto, Henry recordó que él no tenía dinero y que nunca discutió con Crotón el tema del dinero en estas realidades.

— No te preocupes. Todo aquí es gratis, y el dinero no tiene importancia. Al menos en esta realidad.

—No bromees —dijo Henry, agradablemente sorprendido—. Entonces, ¿qué es lo que te hace atender esta tienda si no hay un interés?

—Hay bastantes intereses, sólo que de diferente tipo. Antes que nada, tengo la oportunidad de comunicarme como lo estamos haciendo ahora. Pero, más importante, tengo la oportunidad de ayudar a otros al recordarles algunos sabores de su pasado.

—¿Eso es todo?

—¿Qué más podría querer?

—¿No te aburres de hacer lo mismo una y otra vez?

—Si tan solo supieras lo que está allá esperándote para que lo descubras.

—No puedo esperar —dijo Henry.

Al momento siguiente, alguien de la mesa de atrás le llamó: —¿Henry? —Henry, sin poder creer que nadie pudiera conocerlo ahí, no reaccionó. Pero la voz desde el fondo fue bastante persistente—. Henry, ¿eres tú?

Henry vio un rostro familiar cuando se giró. —¿Tony?

—¡Sí, amigo, soy yo!

Tony era uno de los amigos más cercanos de Henry en la universidad. Como sucedía normalmente, sus vidas se distanciaron después de graduarse. Se veían ocasionalmente, aunque ya no era más una amistad. Tony estaba sentado junto a una dama extremadamente bella y sexy. Los viejos amigos se pusieron de pie y se abrazaron. Henry recordó justo entonces que Tony había fallecido a una edad bastante joven; esto había sido muy traumatizante para él. El ver a Tony bien y vivo, fue una agradable sorpresa.

Mario se percató de lo que estaba sucediendo y se excusó para retirarse, prometiéndole a Henry que volverían a hablar pronto. Tony le dijo algo a su compañera, y ella dejó la cafetería con un caminar melancólico. Los dos viejos amigos se sentaron uno al lado del otro y comenzaron a recordar los buenos viejos tiempos. Cuando terminaron de discutir el pasado, Henry preguntó: —¿Qué pasó? ¿Por qué moriste tan joven?

—Fue un accidente de auto, y no fue mi culpa —enfatizó Tony—. La chica a quien acabas de ver junto a mí, ¿no es una muñeca?

—Sí —concordó Henry de forma incómoda.

—¿Cuándo llegaste tú? —preguntó Tony.

—Hace más o menos seis años —contestó Henry.

—Yo he estado aquí por casi veinte, y déjame decirte que estoy cansado de este lugar.

—¿Por qué? —preguntó Henry.

—Nada es real aquí, todo es una ilusión.

—¿A qué te refieres? —preguntó Henry sintiéndose bastante alarmado.

—Allá en casa, tenía mis dos cosas favoritas por hacer, mi gimnasio y mi debilidad por mujeres hermosas.

Henry recordaba que, durante sus años universitarios, Tony iba religiosamente al gimnasio, y siempre estaba rodeado de mujeres deslumbrantes.

—A mi parecer, te ves bastante bien —dijo Henry mientras observaba el cuerpo bien marcado de Tony.

—¿Qué, esto? ¡Yo tenía músculos mucho más grandes en casa!

—¿Por qué no puedes tenerlos aquí? —preguntó Henry.

—Solía disfrutar haciendo ejercicio, desarrollar cada músculo. El proceso completo de ir y estar en el gimnasio, era un ritual para mí, ahora es una broma.

—¿Por qué no puedes hacerlo aquí? —preguntó Henry.

—Lo hice, hasta que me di cuenta de la estupidez en ello.

—¿Por qué?

—¿Has notado cómo luce la gente aquí?

—¿Cómo?

—Todos son bellos, bien definidos, jóvenes. ¿A quién vas a impresionar con tus músculos?

—De hecho, tienes razón. Casi toda la gente aquí es joven.

—Henry, ¿tú escogerías ser viejo?
—Si tuviera la opción, no lo haría.
—¿Qué edad tenías antes de cruzar a este lado? —preguntó Tony.
—Cuarenta y ocho —contestó Henry.
Tony se giró y le pidió a Mario un espejo. Colocándolo frente a Henry, le pidió a él que se viera a sí mismo.
—¡No puede ser! ¿Cómo es posible? —dijo Henry sorprendido. En el reflejo estaba un joven en su mejor momento, que se veía como Henry en sus veintes.
—¿Cómo te sientes de salud? —preguntó Tony.
—Bueno, solía tener dolor de espalda severo, pero ya no está —dijo Henry mientras revisaba su espalda.
—Ahora, aquí, tienes opciones: o bien te ves como te sientes, o eliges la forma en que deseas verte. Ohhh, deberías haberme visto cuando llegué. Tenía el mejor cuerpo en toda Roma. Luego, todos comenzaron a echarme esa condenada mirada, como si yo no encajara aquí. Así que tuve que bajar el tono.
—¿Ya terminaste con tu audiencia? —preguntó Henry de forma considerada. Y, mientras formulaba esta última pregunta, Henry recordó lo temperamental que era Tony.
—Después de lo que me hicieron pasar, no quiero volver a escuchar más de aquella maldita corte.
—¿Supongo que nunca la terminaste?
—¡Ni loco! Estoy bastante bien aquí.
—Pero ¿qué hay de descubrir un mundo nuevo y todo ese asunto del que he escuchado hablar?
—Descubrir mi trasero. Lo único que voy a descubrir es el infierno cuando mi esposa llegue aquí.
—¿Por qué? —preguntó Henry, genuinamente sorprendido.
—Oye, hombre, es mejor no preguntar. Después de lo que he hecho allá en casa, no quiero enfrentarla, especialmente discutir con ella mis «malas decisiones», como esa bola de idiotas dijo.
—¿Quiénes?
—Los malditos jueces.
—Ya veo —dijo Henry—. Así que, ¿qué sigue?
—Iré de vuelta, bebé —dijo Tony sin ocultar su emoción.
—¿A qué te refieres? —preguntó Henry.

—Hablé con mi guía y él está buscando una familia adecuada en la que aparecer.

—¿Puedes regresar sin haber terminado la audiencia? —preguntó Henry.

—¡Claro, hombre! Apuesto a que tú también pasaste por un infierno.

—Sí. No fue fácil.

—Sólo por cambiar de tema, Henry pregunto acerca de la acompañante de Tony—. ¿Quién era la chica con la que estabas hace rato?

—Estábamos juntos en el accidente de coche. Yo estaba paseando con ella entonces, y lo seguí haciendo aquí.

Henry se sonrojó con la siguiente pregunta. —¿Puedes tener sexo aquí?

—Y ese es mi otro problema; por si no lo has notado, ya no tenemos cuerpos. Esta patética excusa de cuerpo no tiene sentidos. Ya no me siento atraído sexualmente hacia las mujeres. Todo está aquí —dijo Tony mirando hacia abajo—, excepto el deseo.

—¿Sabes por qué? —preguntó Henry.

—Sí, he estado hablando de eso con mi guía.

—¿Y?

—No lo creerías. Aparentemente, no tenemos género.

—No te sigo —dijo Henry.

—Puedes preguntarle a tu guía el por qué y cómo funciona eso, pero así es simplemente como es.

«Debería aclarar esto con Crotón», se dijo Henry a sí mismo.

—¿Te estás quedando en esta ciudad?

—No. Yo me quedo en la parte divertida, este es el lado aburrido. Honestamente, no disfruto estar aquí, en todos estos lugares con todos estos fanfarrones.

—¿A qué te refieres?

—Me refiero a que este lugar es para artistas, poetas, filósofos, escritores, etcétera; resumiendo, toda la gente aburrida. Deberías venir conmigo; déjame mostrarte de lo que se trata la vida.

Henry dudó por un momento, sin saber qué contestar. El miedo de perder a Crotón fue bastante. Después de todo, él era su único pasaje hacia Rose y Emily.

—No te preocupes —insistió Tony—. Te traeré de vuelta enseguida.

—Okey —dijo Henry, dejando que su curiosidad tomara el lugar de sus miedos.

Rose

Rose no podía creer lo que acababa de suceder. Era como un mal sueño. Henry le había dicho «adiós» por la mañana y… Para ella, él salió, y nunca iba a regresar. Antes de que el doctor entrara a la sala, ella ya sabía que había ocurrido lo irreparable. Sus disculpas ya habían sido apartadas por Rose. Su cuerpo entero se adormeció, y la única cosa que ella fue capaz de decir, fue: «No», antes de sentarse. Imágenes de su futuro sin Henry a su lado, bombardearon su mente.

No podía recordar cómo dejaron el hospital y llegaron a casa. De todo lo que estaba preocupada era de estar en casa a las 5:30, la hora en que Henry solía llegar a casa. Era como si estuviera esperando que un milagro sucediera. No podía recordar las visitas de los parientes y las palabras que ellos estaban diciendo. Todos sus sentidos estaban en alerta máxima, tal como sus expectativas de que Henry entrara caminando. Ella pasó esa noche en el lado de la cama de Henry. Solía despertarse cuando Henry se estaba yendo para trabajar, y esa vez también lo hizo. No había nadie ahí que la besara y se despidiera. Un vacío total llenaba su mundo.

La ceremonia conmemorativa y el proceso de entierro transcurrieron sin problemas como siempre lo hacían. Casi sin ningún aporte de parte de Rose; los familiares se hicieron cargo de todo. Ella siempre tuvo ese extraño sentimiento como si Henry no estuviera en el cementerio, sino en algún otro lugar cercano. En especial, una vez en la cocina, ella sintió que él estaba justo ahí a su lado. Emily era la única razón por la que Rose seguía adelante; nada más importaba. El novio de Emily trajo algo de vida a la familia. Vibrante, lleno de vida, Jeff, de hecho, se había integrado bastante bien. Pronto, se convirtió en otro miembro de la familia.

Rose encontró alivio para su alma en libros espirituales. Al leerlos, ella se convirtió en una firme creyente de la vida después de la muerte. La exposición a la espiritualidad trajo nuevos amigos a su puerta.

Una amiga le dijo a Rose acerca de un médium que podía ayudarla a conectar con el alma de Henry. En un principio, Rose no prestó atención, pero más tarde pensó: «¿por qué no?», y le pidió a su amiga que le hiciera una reservación. Rose no pudo dormir la noche entera, girando de un lado a otro. La anticipación era inconmensurable. El simple pensamiento de que ella se comunicaría con Henry, era una locura total. Ella había escuchado del proceso, pero cómo iba a suceder exactamente, no tenía ni idea.

«¿Qué voy a preguntar? ¿Qué va a decir él? ¿Será él? ¿Es ella una médium verdadera?» Muchas más preguntas de esa naturaleza corrieron por su mente.

El día llegó y Rose entró a la habitación. El nombre de la médium era Janet. Ella se veía en sus cincuentas, con cabello gris natural y ojos inusualmente cautivantes, que se sentían como si estuvieran mirando justo a través de ti. Ella tenía una cálida sonrisa, una que se sentía familiar. Esta sonrisa de bienvenida pertenecía a un cuerpo vestido demasiado extraño; era difícil para Rose el definir el estilo o siquiera el concepto de su vestimenta. La habitación estaba llena de estatuas, amuletos, cristales, imágenes, atrapasueños, lo que se te pudiera ocurrir. Símbolos de cada religión estaban esparcidos aleatoriamente por toda la habitación. Para un errante desconocido, era solamente un desorden. Sin embargo, para Janet, cada artefacto tenía un significado y pertenecía a su lugar justo. Desde edades tempranas, Janet supo que era diferente. Veía cosas que nadie más podía. La habilidad de predecir el futuro cercano no era algo difícil para ella. Todos decían que ella tenía un don. Pronto, descubrió la habilidad de escuchar voces. Sombras y siluetas comenzaron a aparecer en su habitación, y su tan aclamado don se tornó en una maldición para su mente joven e inexperta. Los padres de Janet estaban al tanto de su condición, una condición debida a las habilidades psíquicas bien conocidas de su bisabuela. Visitas a otros psíquicos le ayudaron a controlar las voces y las apariciones de espíritus.

Ellos le decían: —Es un don; no le temas. No intentes negarlo; tienes que aprender a vivir con él. No solo para vivir, sino también para que le sea útil a otros. Tú eres un mediador entre los mundos físico y espiritual.

Por muchos años, Janet perfeccionó sus habilidades. Las voces extrañas del principio, tomaron forma y significado. Ella entró y salió muchas veces del amor, pero nunca resultó en una familia. Se volvió demasiado realizada y satisfecha con su vida profesional. Hasta entonces, ella no había sabido exactamente cómo funcionaba el proceso de ser un médium. Pero estuvo expuesta al conocimiento de que algún guía espiritual estaba protegiéndola y ayudándola. Janet tenía un perro y un gato, y durante esas sesiones y lecturas, ellos siempre se sentaban a cada lado de su silla. Ella no tenía idea de cómo, pero ella sabía que ellos le ayudaban a conectarse.

Ciudad divertida

Henry abrió sus ojos en la costa, de pie a un lado de Tony. Por lo que parecía, podría haber sido un resort vacacional vibrante, soleado, en una isla tropical. —¿Qué piensas, amigo?
—Me agrada. Las calles y la costa estaban cubiertas de gente joven. La única palabra que cruzó por la mente de Henry fue «paraíso».
—Esto no lo es todo —dijo Tony—. Vayamos al pueblo de noche.
La palabra noche despertó algunas sospechas en la mente de Henry. Un segundo después, estaban en una calle ancha llena de luces de neón, con letreros tentadores. Henry nunca había estado en Nueva York, pero así es como se lo imaginaba. Rascacielos enmarcaban las calles a cada lado. Ferraris, Lamborghinis, Bugattis, y cualquier otra marca de coches famosa e imaginable, estaban aparcadas a lo largo de la calle.
—No sabía que podías tener un coche aquí.
—¿Por qué no? Puedes tener todo lo que quieras —contestó Tony.
—No le veo sentido.
—Todos quieren tener aquello con lo que sólo podrían soñar tener en la Tierra —contestó Tony.
—El país de los sueños —resumió Henry.
—Déjame llevarte a mi lugar favorito —dijo Tony de forma optimista.
Pronto, giraron en una esquina y aparecieron en un callejón estrecho. Un grupo de jóvenes vestidas muy sexualmente, estaban de pie junto a la entrada de lo que parecía un club nocturno de nombre Phoenix.
—¿Son prostitutas? —preguntó Henry con asombro desenmascarado en su rostro.
—Sí, ¡y hay muchas de ellas aquí!
—Esto no tiene ningún sentido para mí, ¿quién quiere ser un esclavo sexual en el paraíso?
—¿Por qué no les preguntas? —dijo Tony.

Henry se acercó valientemente a una de las chicas, y después de una breve introducción, preguntó: —¿Qué es lo que te lleva a pararte aquí?

—¿Por qué no me invitas un vaso con güisqui y así te lo haré saber? —contestó una chica con el nombre de Lee-Anne.

—Buena idea —dijo Henry mientras le pedía a ella que dirigiera el camino.

El lugar en el que entraron parecía ser un ordinario club de strippers. Henry había estado en ese tipo de lugares mucho antes de conocer a Rose. No se había sentido cómodo entonces, y no se sentía cómodo ahora. La totalidad de la idea de comprar y vender placer, iba en contra de sus creencias. Sin embargo, la ausencia del dinero le hizo sentirse curioso sobre los motivos de esta chica. Henry y Lee-Anne escogieron una mesa alejada del escenario y él repitió su pregunta.

—¿Por qué estás aquí?

Lee-Anne tomó un sorbo del güisqui ofrecido por Henry y dijo: —Allá en casa, yo era una esposa bastante reprimida y conservadora. Los miedos de cometer cualquier pecado y terminar en el infierno, me contenían de quien yo era. Siendo esposa de un conocido político, privado de cualquier derecho y belleza física, fui constantemente descuidada por mi marido. La única felicidad que tuve en mi vida fueron mis hijos, quienes, con la edad, se olvidaron de mí. Yo tenía suerte de verlos en mis cumpleaños o, en ocasiones, en el día de las madres.

—Lee-Anne miró directo a los ojos de Henry y siguió—: Por favor, no me juzgues. Esto son sólo apariencias; la mayoría de las damas que viste en la calle, solían ser bastante conocidas, pero profundamente infelices, miembros respetables de la sociedad. Nunca encontrarás ninguna prostituta del pasado por aquí. Esas strippers en el escenario solían ser mujeres poco atractivas y tímidas. La mayoría de ellas eran contenidas por sus maridos.

—Así que, ¿puedo suponer que están disfrutando toda la atención masculina y el poder que poseen sobre ellos? —preguntó Henry.

—Es cierto. Puedes ver que no se trata del sexo, es sobre sanar.

Después de una pausa necesaria para que Henry digiriera lo que acababa de escuchar, preguntó: —¿Cuánto tiempo llevas aquí?

—No estoy segura, pero debe ser alrededor de ciento cincuenta años.

—Entonces, ¿cómo ve todo esto tu esposo? Supongo que también debe estar ya aquí —dijo Henry con una sonrisa encantadora en su rostro.

—Sí, él aún está aquí, pero no éramos unidos allá, y no lo somos ahora.

—¿Ya terminaste con tu audiencia? —preguntó Henry.

—No. Me tomé un largo descanso, y ahora me estoy arrepintiendo. Pero antes de decidirme a tomar una vida nueva, mis audiencias habrán finalizado.

Henry caminó hacia su lugar con un corazón pesado y una mente llena de juicios. A la salida, estuvo feliz de estar equivocado. Tony no estaba en ningún lugar a la vista. —Me abandonó por algún rostro bonito y una falda corta —dijo Henry, mientras veía impotente a Lee-Anne.

—No te preocupes. Sólo piensa sobre el lugar más deseable en todo el universo —dijo Lee-Anne, y le dio un beso gentil de despedida sobre su mejilla.

—Mi hogar —dijo Henry.

Un momento después, Henry apareció en su mundo, su universo privado, su hogar. Crotón ya estaba ahí.

—Así que, ¿cómo estuvo tu viaje? —preguntó Crotón.

—Gracias por la aventura —replicó Henry.

—No me agradezcas, fue todo cosa tuya. Estoy feliz de que estés saliendo, conociendo gente, intentando darle sentido a todo. A pesar de que esta creación no es más que sentido, nunca es, de alguna forma, lo que parece ser.

—Crotón... —dijo Henry—. Me gustaría terminar mi audiencia. Quiero enfrentar nuevamente a los jueces.

—Estoy complacido de escuchar eso, pero hay algo que debemos hacer antes de eso.

—Aquí vamos de nuevo, ¿ahora qué?

—Me llegó la noticia de que Rose visitará una médium, y está esperando conectarse contigo. Creo que no deberíamos decepcionarla. ¿Tú qué sugieres? —preguntó Crotón.

—Me encanta, pero ¿cómo hacemos eso?

—Yo ya he hecho algunos preparativos. Todos los médiums tienen guías espirituales demasiado sobreprotectores. Debido a que están tan abiertos al universo, son muy vulnerables a las energías negativas o entidades que pueden dañarlos.

—¿Existen las entidades negativas? —preguntó Henry.

—Te sorprendería, y por eso necesitan protección fuerte. Así que, cada alma que se aproxima, será revisada a fondo. Esta no será la tan esperada reunión con Rose, en donde puedan hablar de cualquier cosa que quieran. La información que estás por dar debe ser muy breve. Aunque haya comunicadores entre los dos mundos, aun así, no pueden escucharnos tan claramente como nosotros quisiéramos. Debemos enviar imágenes, ilustraciones, y en algunas ocasiones, aromas. Cualquier cosa que pueda ser conocida por el médium y que pueda ser interpretado de la forma correcta. Para hacer todo eso, tú tienes que serle familiar a los mismos médiums.

—Yo no la conozco, y nunca la he visto en mi vida, ¿cómo voy a hacer eso? —preguntó Henry, aterrorizado.

—Tranquilízate —dijo Crotón. Ya he tenido una reunión con su guía, y nos están esperando.

—¿Quieres decir ahora mismo? —Henry apenas y podía escuchar a Crotón, por encima del sonido de sus propios latidos en sus oídos.

—Sí. Pero antes de eso, recuerda, no puedes hablarle sobre la vida aquí ni nada de lo que te está sucediendo. Aunque lo intentaras, sería bloqueado, y la sesión terminaría.

—¿Por qué? —preguntó Henry.

—Porque la gente en la Tierra está recibiendo la cantidad justa de información. Suficiente para completar sus tareas, nada más ni nada menos. Todo por encima de eso, echaría a perder el proceso natural de la evolución humana. Lo más protegido en este y en cualquier otro universo, es el conocimiento. Por favor recuerda eso. —Crotón miró directo a los ojos de Henry, buscando una confirmación de su parte.

—Entiendo —replicó Henry.

—Escoge sabiamente tus imágenes; yo estaré cerca para ayudarte.

Lectura

Ellos aparecieron en una pequeña habitación llena de todo tipo de cosas. En medio de todo eso, Henry vio una mesa de café con dos sillones a cada lado de ella. En uno de ellos, vio a una mujer en sus años sesenta. Sus ojos estaban cerrados, y estaba tan quieta que Henry no pudo resistirse a preguntar: —¿Está viva?
—!Shh¡ —dijo Crotón—. Sólo recuerda lo que te dije.
La habitación estaba bastante oscura debido a las cortinas gruesas que colgaban sobre las ventanas. Esa era la razón por la que Henry no había notado a la otra figura de pie junto a la mujer mayor, cuando observó antes la habitación. Henry intentó ver mejor a la misteriosa figura.
Notando la atención de Henry hacia esa figura, Crotón dijo: —Es su guía espiritual. —Era difícil definir el género del guía; las ropas y su rostro eran igualmente confusos. Toda la postura del guía de la médium estaba estipulando quién tendría el control en este encuentro.
—¿Cuál es tu nombre? —Escuchó Henry de pronto en su cabeza.
Al darse cuenta de que era la médium, él dijo: —Henry.
Al momento siguiente, la puerta se abrió de par en par y Henry vio a Rose. Henry dio pocos pasos hacia ella y no pudo resistirse a abrazarla. El fracaso de su intento lo llevó a retroceder y preguntarle a Crotón: —¿Cuánto tiempo ha pasado desde que la vi?
—Sólo un año —contestó Crotón.
—Oh, gracias a Dios —exhaló Henry.
Rose entró a la habitación y se sentó frente a Janet. —Puedo sentir la presencia de una figura masculina de pie muy cerca de ti. Podría ser un hermano o un esposo —dijo Janet.
—Es mi esposo —confirmó Rose.
—Se me ha mostrado mi tío llamado Henry. ¿Él también se llama Henry?
—Sí —dijo Rose.
—También siento dolor en mi pecho, lo que sólo puede significar que él murió de un problema cardiaco.

—Sí, tuvo un infarto.

Henry no pudo esperar más y se apresuró a decir: —Te amo y te extraño mucho.

El guía de Janet pasó inmediatamente esa información a una forma accesible para ella. Me está mostrando rosas rojas, eso significa que te ama y que te está extrañando mucho —dijo Janet.

Henry comprendió que las palabras no significaron nada para Janet, así que, en cambio, comenzó a enviarle imágenes. Una por una, comenzaron a aparecer en la imaginación de Janet, y fueron entregadas correctamente a Rose. Henry envió imágenes de su primera cita, su propuesta, eventos que sólo conocían él y Rose, sólo con el fin de validar su autenticidad, para que Rose no tuviera ninguna duda de que él aún existía. Él le dejó saber que estuvo presente en la boda de Emily.

Rose estaba escuchando y llorando. Hizo una sola pregunta:

—¿Está bien?

—Sí —contestó Janet—. Está pidiendo disculpas por haberse marchado tan pronto.

—Está bien, sobreviviré. Necesito ayudarle a Emily a criar a nuestros nietos y después estaré de camino hacia él —dijo Rose mientras se limpiaba las lágrimas.

—¿Tengo nietos? —preguntó Henry mientras volteaba hacia Crotón.

—No, aún no, pero uno está en camino. Será una niña —dijo Crotón.

Janet inmediatamente pasó esa información a Rose, lo cual la hizo inmensamente feliz.

—Ha pasado un año desde que se casaron, y ella aún no está embarazada —dijo Rose.

—No te preocupes. Sólo se paciente; pasará sólo cuando sea el tiempo correcto. No hay accidentes cuando se trata del nacimiento de un niño. Mientras más alto nivel de consciencia tenga el alma, más tardará en llegar.

—¿De qué está ella hablando? —preguntó Henry.

—Te lo explicaré más tarde —dijo Crotón.

Rose intentó probar suerte al preguntar: —¿Pueden decirme cuándo sucederá?

—No puedo, pero sé que el alma ya ha tomado su decisión. —Con este mensaje positivo, Rose se despidió y dejó la habitación. Crotón le expresó su gratitud al guía espiritual de Janet y, poco después, desaparecieron.

* * *

Un momento después, estaban de vuelta en casa de Henry. Él continuaba diciendo una y otra vez: —¡Seré abuelo!
—Okey, cálmate —dijo Crotón.
Un poco después, Henry se dejó caer en el sofá y preguntó: —¿De qué estaba hablando? ¿El tiempo correcto para que el bebé llegue?
—La respuesta a esa pregunta no será simple. Tomaré ese camino sólo si realmente quieres saber la respuesta a ello. Y prepárate para escuchar atentamente.
—Lo haré —dijo Henry, mientras se acomodaba más en el sillón.
—Nuestro descenso a la Tierra toma bastante preparación de ambos lados; primero por parte de las almas, después por parte de los organizadores.
—¿Quiénes son los organizadores? —interrumpió Henry.
—Los organizadores son almas muy avanzadas que están, obviamente, organizando la vida futura de las almas en descenso.
—¿Estás intentando decir que mi vida entera fue planeada?
—No toda, pero sí fueron planeados algunos eventos.
—¿Puedes ser más específico, por favor? —interrumpió Henry de nuevo.
—¿Quieres saber todos los eventos? —preguntó Crotón, perdiendo lentamente la paciencia.
—Al menos algunos —siguió presionando Henry.
—Okey, fue tu país de nacimiento, elección de padres, día y mes de tu nacimiento, primera elección de esposa...
—Espera un poco, ¿había un plan de respaldo? —preguntó Henry interrumpiendo.
—Siempre lo hay. En caso de que el primero no funcione. Toda la gente, al conocerlos a lo largo de tu vida, deberían influenciarte o ayudarte hacia la dirección correcta. Como puedes ver, sólo el inicio de la vida de un niño está previamente planeado. El futuro está en sus

manos. Esa gente, quien se acerca a nosotros en la vida para ayudarnos, puede ser escuchada y seguida, o ignorada por completo.

—¿Cómo escogen las almas una familia? —preguntó Henry con curiosidad.

—Depende en el tipo de experiencia o lección que tenga que aprender el alma que descenderá. Estamos tomando una nueva vida por una razón. El salir de estas realidades, la libertad que tenemos aquí y bajar al mundo físico, es una prueba colosal para el alma. Parece como una sentencia, aunque las almas la elijan voluntariamente. Así que, para cada alma, los organizadores escogen una familia que le ayudará a completar sus razones y propósitos, simplemente brindándole un buen comienzo.

—Ya veo —dijo Henry.

—Aunque para las almas jóvenes, todo es un poco más sencillo.

—Por favor explícame por qué. Y ¿cuál es la diferencia entre un alma vieja y una joven?

«¿En verdad quiere saber eso?», se preguntó Crotón a sí mismo. Él tenía tanto por compartir, pero la mayoría de las almas no estaban interesadas, así que continuó: —Las almas jóvenes están teniendo una de sus primeras experiencias sobre la Tierra, para ellos, todo es supervivencia. La profundidad de las emociones como devoción, empatía y amor, les son desconocidas. Eso sólo les distraerá de sus tareas. Siendo aún puros, son fácilmente influenciados por almas mayores, hacia cualquier dirección. La mayoría en un buen camino, algunos en malos. Las elecciones que toman en esta fase de su ser, son cruciales. Aunque, tienen que pagar por cada mala conducta en sus vidas siguientes. Siempre se mantienen en grupos grandes, lo que hace su supervivencia más sencilla. Casi el 20 por ciento de la población de la Tierra son almas jóvenes, sin importar su género, raza o nación. Un gran número de ellas está esperando la oportunidad para visitar el planeta. Para ellos, la elección de familia o país no es tan importante, mientras ellos tengan su experiencia. Es una de las razones por las que las almas jóvenes tienen tantos hijos, a pesar de las dificultades que tienen que enfrentar en sus vidas. Sus retos son más físicos, mientras que, para las almas viejas, son más mentales.

—Veo hacia dónde quieres ir con esto —dijo Henry—. Lo que no entiendo es, ¿por qué eligen, en primer lugar, comenzar este círculo de nacer y renacer? ¿Por qué no quedarse aquí?

—El primer descenso es obligatorio. Así es como son las cosas; es la forma en que el Creador quería que fuera.

—Puedo aceptar eso —dijo Henry—. Ya que hemos tocado este tema, terminémoslo.

—Las almas viejas sobre el planeta Tierra, son la mayoría. Al pasar por muchos círculos de vida, han sido expuestos a todo tipo de retos como pobreza, guerras y hambruna. Han sido víctimas de crímenes y perpetradores. Lo han visto todo. Han pasado por siglos. Algunos han estado aquí cientos de años. Alma vieja significa altas vibraciones, alto nivel de consciencia, y como lo dije antes, no está relacionado a la cantidad de vidas vividas. Yo diría que se relaciona con su calidad. En esta etapa de la evolución del alma, los retos son más bien mentales, o, para ser exactos, morales. A diferencia de las almas jóvenes, las viejas saben qué es lo correcto por hacer, a pesar de que tengan dificultad en realizarlo. Como resultado, ellos se vuelven criaturas demasiado complicadas. Escoger a la familia correcta en dónde nacer, se vuelve más y más difícil debido a las tareas específicas que tienen que atender. Ahora bien, si añades a eso los diferentes horóscopos que debemos experimentar, diferentes géneros, razas, culturas y religiones, eso hace la tarea de los organizadores aún más difícil. Además, la mayoría de ellas no quiere regresar, y, como resultado, la demanda de cuerpos físicos no es muy alta. Las almas viejas terminan teniendo un máximo de uno o dos hijos, algunas veces, incluso ningún hijo.

—Ya veo. ¿Es por eso que no pudimos nosotros tener un segundo hijo? —preguntó Henry.

—Sí. Lo lamento, suena cruel, pero es cierto —contestó Crotón.

—¿Estás diciendo que los niños nos eligen y nosotros no tenemos palabra en eso?

—Sí. Eso es exactamente lo que estoy diciendo.

—¿Hay más tipos de almas? —preguntó Henry.

—De hecho, sí las hay. Se les llama almas avanzadas. Ellas no tienen que tomar otra vida, pero lo hacen por el bien de las demás.

—¿Cómo es eso? —preguntó Henry, confundido.

—Están trayendo a la Tierra nuevas formas de pensar o de cambiar la dirección del desarrollo de una nación completa, tales como las enseñanzas de Mahatma Gandhi o Nelson Mandela; o traer nueva fe al mundo, tales como Cristo, Mohammed, Buddha, Lai Tzu, y muchas más. Pueden ser salvadores de los pobres, como la Madre Teresa, o aquellos involucrados en trabajo humanitario. Esas almas tienen una misión especial; están renunciando a su confort personal, espacio, y, en ocasiones, a sus vidas, por el bien de otros. Como cualquiera, también tienen que pelear contra sus demonios; solo que sus batallas son a mayor escala. La mayoría de ellas terminan solas; es difícil encontrar a alguien con quien compartir ese tipo de vida. Son como velas consumiéndose por el bien de iluminar el camino de otros.

—Me agradan tus metáforas —dijo Henry—. ¿Así que solo hay tres grupos de almas?

—No —contestó Crotón.

—¿Hay más? —preguntó Henry.

—Tantas como almas existen en la creación entera.

—No te sigo —dijo Henry.

—Imagina una pirámide: en la base están las almas jóvenes, en la cima las almas avanzadas, todos los demás están en medio. Se podría decir que cada alma ha adquirido su propio escalón sobre el cual pararse, que representa su propio nivel de consciencia.

—Ya veo —dijo Henry.

—Creo que eso es suficiente información para una conversación. Tienes que pensar acerca de lo que acabo de decir —sugirió Crotón—. ¿No querías hacer algo más?

—¿Qué? —preguntó Henry.

—¿La segunda fase de la audiencia?

—Oh, sí. —Henry cambió su expresión facial y Crotón sintió una brisa fría barriendo la habitación.

—¿Cambiaste de opinión? —preguntó Crotón cuidadosamente.

—No, no lo he hecho.

—Eres el alma más valiente que me haya encontrado —dijo Crotón con admiración en su voz.

—Terminemos con eso; estoy listo —dijo Henry.

—Sólo un pequeño consejo antes de que lo hagas. Recuerda, las puertas del infierno están cerradas desde dentro —dijo Crotón.

Segunda audiencia

Justo un segundo después, aparecieron en la corte. Todo estaba exactamente como lo habían dejado. Por un momento, Henry dudó que hubieran dejado alguna vez este salón. Él estaba de pie sobre el mismo punto negro; Crotón, a su izquierda, y los tres jueces, al frente.

—Bienvenido de vuelta —dijo el de en medio.
—¿Comenzamos? —dijo el de la capa gris.

Henry asintió con la cabeza como señal de acuerdo. Nuevas escenas comenzaron a aparecer frente a Henry, desde su pasado. Él se encontró a sí mismo detrás del volante de su primer coche. Lo primero que vino a la cabeza de Henry fue la palabra «accidente». Había borrado por completo ese evento de su memoria. Henry recordó que había tomado un par de vasos de güisqui con sus amigos, sin embargo, insistió en manejar hacia casa por su cuenta. En una de las pequeñas intersecciones, se pasó una luz roja y tuvo un accidente automovilístico menor, con un Toyota rojo. Lo siguiente que vio fue la cara de la joven detrás del volante de ese coche. Henry salió, y después de un chequeo minucioso, le dijo a la joven que no había nada malo visiblemente en los coches. Él le dijo que, si por la mañana ella descubría que algo estaba mal con su coche, ella podría llamarle al número que le dio. Sorpresivamente, ella no salió del auto; solamente dijo: «okey», y dejó la escena.

«¿De qué van a incriminarme ahora? Hice lo que debía, ella estaba bien, no sucedió ninguna tragedia. Ella ni siquiera me llamó al día siguiente. ¿Qué fue lo que hice mal? —se dijo Henry a sí mismo».

De pronto, se encontró detrás de un volante, nuevamente, pero ya no era su auto. Su corazón estaba bombeando sangre a su cuerpo a un ritmo acelerado. El asiento sobre el que estaba sentada, estaba mojado. El coche estaba acelerando hacia algún lado. Eventualmente, se detuvo frente a un hospital. Rápidamente salió del auto y corrió hacia adentro por ayuda. Al leer el letrero sobre la pared, descubrió que estaba en el área de maternidad. —¡Oh por Dios! Yo soy ella.

Se le sometió a una cirugía de emergencia, y todo se tornó blanco. Cuando abrió sus ojos, Henry vio el rostro de un joven observándolo con los ojos llenos de lágrimas. Un momento después, él fue un observador de la escena, y ya no más el experimentador.

La joven le preguntó a su marido: —¿Cómo está el bebé?

—Lo lamento, amor. Lo perdimos —dijo el joven.

Henry miró a los jueces y dijo:

—Soy un asesino a sangre fría. —Las lágrimas corrieron por su rostro y dijo—: Ya no quiero existir más.

El juez en amarillo miró directo a los ojos de Henry y dijo: —No seas duro contigo mismo; tus deudas han sido cobradas.

—¿A qué se refiere? —preguntó Henry.

Entonces, le mostraron una imagen de Rose en el área de maternidad, diciéndole a Henry que había tenido un aborto.

—Sí, ella no pudo embarazarse por mucho tiempo. Todo tiene sentido ahora —dijo Henry.

El juez de amarillo habló: —Como verás, Henry, todo en nuestro universo está balanceado. Si tú, a través de tus acciones, te las arreglas para inclinar un brazo de la balanza hacia abajo, el otro brazo tiene que recobrar el equilibrio al tirar de ti de vuelta. Por cada acción, hay una reacción igual y opuesta. Le llamamos la ley del balance universal. Así que, cada problema y conflicto que tenemos en la vida, es causado por nuestras propias acciones.

—Ya veo —dijo Henry.

—¿Debemos continuar? —preguntó el juez con túnica blanca.

—Sí. Poco después, Henry se encontró a sí mismo en el mismo viejo pub al que solía ir tan seguido, aunque era un poco diferente de como lo recordaba. «Supongo que esto fue antes de la renovación. Esto debe ser algo que hice hace bastante tiempo —se dijo Henry a sí mismo».

—No realmente —dijo el juez de gris.

Henry estaba ahora en la escena, en donde estaba mirando su reloj y notó que era bastante tarde. —Es tiempo de ir a casa —murmuró para sí. Henry ya había tomado un par de cervezas, cuando sus ojos de pronto encontraron a una joven rubia que lo miraba de forma persistente—. ¡Oh por Dios! —dijo Henry, recordando su nombre—. Hilary.

Henry supo que tarde o temprano eso saldría a la luz. Toda su vida intentó ocultarlo de Rose. Lo siguiente que vio fue un paseo corto hacia el motel; luego recordó el aliento alcohólico de Hilary y oscuridad total. Abrió sus ojos a la mitad de la noche, junto a una rubia pestilente que roncaba. La mejor palabra que podía usar para describir lo que estaba experimentando era «disgusto». Quería salir arrastrándose de su propia piel; se mantuvo preguntándose cómo había podido hacer algo así, ¿qué iba a decirle a Rose? Henry se vistió tan rápido como pudo y salió de la habitación sin molestar a Hilary. Fue la última vez que la vio. El camino a casa fue corto. Las palabras «¿Cómo pude?» se mantenían martilleando por su cabeza. Rose no estaba dormida; lo estaba esperando escaleras abajo.

Cuando Henry apareció en la puerta, Rose corrió hacia él y lo bombardeó con preguntas. —¿Qué pasó? ¿Estás bien? Estaba tan preocupada. —Henry inventó rápidamente una historia sobre haber estado tan borracho como para manejar de vuelta a casa. Rose sólo dijo—: Me alegra que estés bien—. Y se fue a la cama.

«Eso fue fácil —se dijo Henry a sí mismo».

Pero, por alguna razón, no pudo obligarse a seguirla. Él decidió pasar la noche en el sillón. Por la mañana, como explicación de por qué no subió a la cama la noche anterior, dijo: —Me quedé dormido frente a la televisión. —Aunque Henry creyó que se había escapado de esta, su relación con Rose no volvió nunca a ser la misma. Él la sintió un poco distante. Hasta ahora, no había podido perdonarse por lo que había hecho.

—¿Por qué me muestran esto? —Henry miró hacia los jueces—. He sufrido suficiente por esto, y he tenido que llevar a cuestas esta culpa a lo largo de mi vida entera.

—Sé paciente —dijo el juez de blanco.

Lo siguiente que vio, fue a sí mismo subiendo las escaleras hacia su habitación. Al recostarse en el lado de la cama de Rose, comenzó a llorar. —Él me engañó, ¿cómo pudo hacerme esto?

Él sintió el dolor que le había ocasionado a Rose. —¿Rose lo sabía? —preguntó Henry, mientras miraba de nuevo hacia los jueces.

—Toda su vida —contestó el de gris.

—¿Tuvo que vivir con esto? Yo no lo sabía.

—Ahora date cuenta de lo que hubiera sucedido si tan solo hubieras tenido el coraje de revelar la verdad.

Henry se vio a sí mismo, el domingo siguiente, diciéndole a Rose la verdadera razón de su retraso. Él no se guardó nada. Henry le prometió a Rose que nunca volvería a suceder y que cumpliría su promesa. Rose escuchó sin dejar salir una sola palabra. Sus dos manos cubrían la mitad de su rostro, todo lo que él podía ver eran los ojos de ella. Lo observaron todo el tiempo que él le habló, y ella no movió un solo músculo.

—Sólo dime o haz algo, pero no te quedes sentada así —dijo Henry.

Lo único que Rose dijo después de un minuto, fue: —Necesito tiempo. —Y después, añadió—: Por favor no vuelvas a la cama, necesito estar sola.

Eso fue todo, nunca volvieron a hablar más sobre eso. De cierta forma, Henry sintió cómo un peso muerto se quitaba de sus hombros.

—Debí haber hecho eso —dijo Henry, mientras él regresaba de la escena.

—Sí —dijo el juez en amarillo—. ¿Nunca escuchaste que la verdad te libera?

—Todo el tiempo, pero tenía mucho miedo de perderla. Pensé que ella no me perdonaría.

—¿Por qué? —preguntó el juez de amarillo.

—Porque yo no lo haría.

—Como puedes ver, ella es mucho mejor persona de lo que crees. Y en esta naturaleza humana, todos están juzgando a todos de acuerdo con sus propios estándares. No hay nada malo en cometer un error. Sin embargo, lo que está mal es percatarse del error y después no admitirlo, y volver a repetirlo. Una mentira es un destructor del amor. Si el amor es blanco puro, la mentira es completa negrura. Son dos entidades opuestas. Incluso la mentira más pequeña es un ladrillo en la pared que separa a dos corazones amorosos. Para el tiempo en que alcances una edad madura, la pared será tan alta que no serán más capaces de verse el uno al otro —dijo el juez en amarillo.

—Desearía haberlo sabido antes —dijo Henry.

—¿Te gustaría un descanso? —preguntó el juez de en medio.

—No. Terminemos con esto —dijo Henry—. No estoy seguro de que podamos terminarlo en una sesión, pero podemos proseguir.

Ellos comenzaron a mostrarle a Henry cada ocasión en su vida en que no fue honesto con Rose, su hija, sus padres, sus amigos.

—Siempre me consideré una persona honesta —dijo Henry.

—Los humanos tienen la tendencia de ponerse a sí mismos más arriba de donde pertenecen —dijo el juez en amarillo.

Después, le mostraron una fábrica. Henry solía tener un pequeño negocio de ingeniería, del que estaba muy orgulloso. Lo había construido desde escombros. Era un jefe muy estricto, y siempre solía decir: —Doy lo mejor y no espero nada menos de vuelta. —Como cualquier otro negocio, el inicio fue difícil, y Henry tuvo dificultades financieras. Los jueces lo llevaron a través de uno de los días en que había llegado a la fábrica y no pudo abrir sus puertas. Henry se dijo a sí mismo que debía ser el motor. A través de una abertura en las puertas, Henry notó que el motor estaba completamente golpeado. La palabra «robo» cruzó inmediatamente por su mente. Rodeó el edificio y se percató de que faltaba una parte de un muro. La puerta de la oficina había sido forzada fuera de sus bisagras, y el contenido de la oficina ya no estaba ahí. En el tribunal, comenzó a experimentar la misma frustración que sintió aquel día. —¿Por qué están mostrándome todo esto? ¡Yo fui una víctima!

—Se paciente —dijo el juez de en medio.

Entonces, ellos le recordaron las palabras que él había pronunciado ese día: «¿Cómo puede la vida ser tan injusta? Uno trabaja como perro, ayuda a otros y ¿eso es lo que recibes?» Enfrentando a los jueces, dijo: —Incluso ahora, puedo decir las mismas palabras; no hay justicia en la Tierra.

Después, se vio a sí mismo dos meses antes del robo. Una pequeña Van se detuvo frente a las puertas de su fábrica, y le ofreció materia prima a un precio menor de la mitad de lo que solía pagar. «El diablo llegó a mi puerta», se dijo Henry a sí mismo. La oferta fue tan tentadora que no se pudo resistir. —¿Están intentando decirme que me robaron porque compré bienes robados? —dirigió Henry hacia los jueces.

—Sí, aunque nos gustaría mostrarte algo más —dijo el juez en gris.

Ellos le mostraron la factura que Henry tuvo que pagar para reemplazar las cosas robadas. La cantidad de dinero que él había ahorrado al comprar los bienes, fue exactamente la misma cantidad que tenía ahora que desembolsar.

—Como puedes ver, Henry, la justicia sí existe. No solamente existe, sino que es un trampolín para toda la creación. La ley universal del balance, se manifiesta a sí misma a través de la prevalencia de la justicia. La escala puede estar fuera de balance sólo temporalmente, y es sólo cuestión de tiempo hasta que se restaura el equilibrio. Nos gustaría detener esta audiencia para que tú y tu espíritu reflexionen sobre todo lo que has experimentado aquí.

Henry le lanzó una mirada inquisitiva a Crotón. Crotón expresó su acuerdo cerrando los ojos. La pared de detrás de los jueces se abrió, y ellos desaparecieron.

Reflexión

Un momento después, ellos estaban de vuelta en el mundo de Henry.
—No puedo creer que hayan detenido la sesión. Yo estaba listo para hacer más —dijo Henry con una gran decepción en su voz.
—Tranquilízate —dijo Crotón—. La información que te dieron necesita ser discutida.
—Creo que lo entiendo; tan claro como el día. Si tú haces el mal, se te castiga.
—No es tan simple —dijo Crotón.
Él sabía que había llegado el momento de abrir todo un mundo nuevo para Henry, el mundo que está tan profundamente escondido de los humanos. El mundo del conocimiento supremo. Crotón hizo una pausa para organizar sus pensamientos y para escoger un acercamiento cuidadoso para esta tarea monumental. Le pidió a Henry que se pusiera cómodo en su silla, y comenzó.
—¿Podrías, por favor, recordar la escena con la joven embarazada perdiendo a su bebé? —pidió Crotón.
—No creo que pueda algún día olvidar o perdonarme a mí mismo por hacer eso. Por lo que ellos dijeron, entiendo que yo maté a mi propio hijo.
—Entendiste bien. Por un simple acto de...
—Lo sé. Beber estuvo mal —interrumpió Henry.
—No, estar detrás del volante lo estuvo.
—Sí, eso —acordó Henry. Él siguió después con el razonamiento—. Aun así, hay algo que no cuadra en mi mente. Puedo aceptar el hecho de ser castigado por haberme llevado la vida de ese bebé. Lo que no entiendo es, ¿qué culpa tenía esa joven pareja de ser castigados de esa forma por mí? —preguntó Henry.
—Tú no los castigaste, ellos lo hicieron.
—No te sigo —dijo Henry.
—Esto tomará tiempo explicarlo. Así que sé paciente.
—Tiempo es lo único que nunca nos faltará aquí —afirmó Henry.
—Como recordarás, ya te dije que los hijos escogen a los padres.

—Sí, lo recuerdo.

—Tienen el derecho, durante el embarazo, de echarse para atrás.

—¿A qué te refieres?

—Me refiero a que ellos pueden finalizar el embarazo si algo no les satisface.

—Eso no lo esperaba —dijo Henry.

—Así es como son las cosas.

—Si puedo preguntarlo, ¿qué es eso que hace que un bebé se arrepienta?

—Después de embarazarse, la joven dejó de ser sexualmente activa con su esposo, lo cual es bastante comprensible. El joven padre decidió desfogarse con diferentes chicas en varios lugares. La joven madre prometió, antes de embarazarse, que dejaría de fumar, pero no lo hizo. Eso no le gustó al alma que iba a tomar el feto y detuvo el embarazo con tu ayuda.

—¿Por sí solo? —preguntó Henry.

—No. Claro que no, hay almas que cuidan ese proceso.

—Estás asustándome —dijo Henry—. ¿Estás diciendo que hay almas penales?

—Les llamamos albaceas. Que no se deben confundir con verdugos. ¿Recuerdas cuando hablamos acerca de nuestros organizadores?

—Sí.

—Bien, los organizadores planearán los eventos y los albaceas les ayudarán a que sucedan.

—En otras palabras, ¿ellos me ayudaron a que tuviera mi accidente de coche para que un alma, próxima a llegar, se retractara? —preguntó Henry.

—Si tú no hubieras bebido esa tarde y decidido conducir en ese estado, entonces tú te hubieras detenido ante la luz roja, y nada de eso hubiera sucedido. Los albaceas sólo pueden influenciar a personas con un «caparazón dañado».

—¿Qué es eso? —indagó Henry.

—Todas las personas en el planeta tienen una energía protectora o «caparazón». La fuerza del llamado caparazón, está enteramente en manos humanas. Pueden aumentar su fuerza mediante un acto de compasión, perdón, empatía, o pueden literalmente destruirlo al cometer malas acciones —dijo Crotón.

—Entonces, ¿en dónde estuviste tú en todo esto? ¿Por qué no me protegiste? —preguntó Henry, con decepción en sus ojos.

—La fuerza de tu caparazón era mí fuerza, y tú me la quitaste con una decisión, el conducir. En pocas palabras, la rectitud de nuestras acciones es nuestra fuerza; mientras que la falta de rectitud crea vulnerabilidad.

—¿Así que me volví vulnerable contra los albaceas? —preguntó Henry.

—No. Te volviste una pieza de ajedrez en un juego llamado justicia. Los guías espirituales no tienen poder contra ellos. Una vez que entran, nosotros debemos retroceder y ser testigos silenciosos de un acto que parece ser crueldad. Todo lo que nos queda es esperar, levantar los trozos y comenzar todo de nuevo.

—¿Comenzar con qué?

—Con la guía hacia la rectitud —dijo Crotón.

—Entiendo. Tengo algunas preguntas sobre el robo a mi fábrica. Puedo aceptar que haya sido un acto de justicia y restauración del balance; pero, lo que no entiendo es, al forzar a los ladrones a robarme, ¿los albaceas los volvieron víctimas?

—Veo a dónde quieres llegar con esto —dijo Crotón—. Esos dos ladrones se convencieron de cometer un crimen por sí solos. Todo lo que necesitaron fue un empujón hacia la dirección correcta, tú. Debes saber que la mayoría de los actos criminales sobre la Tierra son cometidos por almas jóvenes, y son fácilmente influenciables y dirigidos por albaceas. En el momento en que la idea genera un espacio en sus mentes, la víctima será elegida por albaceas. Esto es el porqué de la importancia de controlar tus pensamientos, ellos siempre reaccionan a partir de éstos —dijo Crotón—. Los humanos tienen la tan equivocada certeza de la privacidad de sus mentes; después de todo, nuestra verdadera personalidad se revela a través de nuestros pensamientos. Sobre la Tierra, la gente es juzgada por sus actos; por lo tanto, por sus pensamientos. Debido a nuestras habilidades para escuchar los pensamientos de los humanos sobre la Tierra, podemos tomar acción antes de que ellos lo hagan.

—¿Estás diciendo que pueden escuchar los pensamientos de toda la gente en el planeta? —preguntó Henry.

—Sólo de aquellos que nos son allegados, aquellos que nos importan. En mi caso, serían las almas por las que soy responsable.

—¿Por qué yo no puedo escuchar a Rose?
—Lo harás, y demasiado pronto —dijo Crotón—. Al estar en estas realidades, sólo serás capaz de escuchar sus pensamientos que están dirigidos hacia ti. A diferencia de ti, yo los escucho en tiempos de problemas, oraciones, o cuando el alma está en cualquier tipo de peligro.
—¿Puedo encontrarme con uno de ellos? —cuestionó Henry.
—¿Quiénes?
—Los albaceas.
—No. Ellos existen en una dimensión totalmente diferente a la de nosotros. No interactuamos con ellos.
—¿Qué son ellos? —preguntó Henry con una voz temblorosa.
—Son almas como nosotros, con un nivel minimizado de compasión, empatía y perdón. Estoy seguro de que te habrás encontrado con mucha gente así en la Tierra. Ellos son siempre los primeros en juzgar a otros. Por el bien de su idea de justicia, harán lo que sea, y quiero decir, lo que sea. No son malos, y están cumpliendo con su parte en el proceso de sostener esta creación. Por creación, quiero decir este y otros tantos universos. Aparte de servir a la justicia, ellos crean tentaciones, examinando permanentemente la fuerza de nuestras almas, su moralidad. Nuestra vida entera en la Tierra no es nada más que aprender y ser examinados.
—¿Eso es todo? —preguntó Henry, sorprendido.
—Hablaremos después sobre el propósito de la vida en la Tierra, por ahora, tenemos algo más que hacer.
—¿Qué?
—Es sobre tu padre —dijo Crotón, mientras miraba a Henry.
—¿Qué pasa con él?
Crotón notó las nubes negras sobre el cielo hermoso.

Padre

Henry nunca se sintió allegado a su padre. Richard era un hombre duro, siempre juzgando a su hijo, siempre creyendo saber lo que era mejor para él. Tenía una posición intransigente en cuestiones de fe, y estaba muy convencido de su habilidad para diferenciar lo correcto del pecado. Desde una edad joven, solía forzar a Henry para que asistiera a la misa de los domingos por la mañana, lo que creó el resentimiento de su hijo contra la religión. Henry recordó que el último par de años, su padre apenas y había salido de la iglesia. No guardaba resentimientos contra su padre, por el contrario, intentó entenderlo y perdonarlo. Los últimos diez años antes de la muerte de Henry, ellos difícilmente se vieron, sólo en cumpleaños y celebraciones familiares. Casi siempre, las reuniones terminaban en discusiones entre padre e hijo. Richard no podía creer que hubiera podido tener un hijo ateo, y, sobre todo, intentaba llevarlo de vuelta hacia lo correcto. En su corazón, Richard creía que, a través de la Biblia, él sabía todo lo que era posible saber. Se molestó más que nada consigo mismo por ser incapaz de hacer que Henry viera eso. Se sentía como si estuviera fallando en su cometido como padre. Henry era su único hijo, y Richard lo amaba profundamente.

—¿Qué pasa con mi padre? —Henry repitió su pregunta.
—Él tiene cáncer, y está por fallecer —replicó Crotón.
—¿Lo veré?
—Si así lo deseas —dijo Crotón.

Henry respondió que sí le gustaría, dicho de forma que le hizo sentir a Crotón el amor y empatía de un hijo que extraña a su padre. Un momento después, estaban en una pequeña habitación bastante concurrida.

—Esta es la habitación de mis padres —dijo Henry.
—Eso es correcto —confirmó Crotón.

Henry vio a su padre acostado en ese dormitorio. Junto a la cama, estaban de pie su madre, Rose, Emily con su marido, y mucha otra gente que él difícilmente podría reconocer. Henry siempre tuvo una conexión muy especial con su madre. Sylvia era una mujer humilde y amable; todos solían llamarla una «pacifista». Ella no podía soportar ningún tipo de conflicto dentro o fuera de la familia. Siempre comprometida, ella era una persona bastante indulgente. Por cada mala acción, sin importar de parte de quién, ella encontraba una excusa razonable para comprender y perdonar a esa persona.

Sylvia se sentó cuidadosamente sobre la cama de Richard, tomando su mano, con su rostro inmóvil mirando hacia la nada. El último mes, desde que ella se enteró de la enfermedad de su marido, pareció como si ella hubiera sacado todas las lágrimas que tenía por dar. Sylvia había llegado a un consenso consigo misma, de que su marido ya no estaría a su alrededor. Richard, por algún milagro, desde la mañana se había sentido mucho mejor y todos lo habían notado. Parecía que estaba camino hacia la recuperación. Estaba inusualmente parlanchín, bromeando, haciendo planes para el futuro. Sólo Sylvia sabía lo que estaba realmente sucediendo. Entonces, lo más extraño sucedió, Henry vio que uno de esos desconocidos, vestido todo de blanco, se inclinó hacia la cabeza de Richard y le susurró algo al oído.

—¿Quién es ese? —preguntó Henry.

—El guía espiritual de tu padre —contestó Crotón.

Al momento siguiente, Richard se giró hacia todas las visitas y les pidió que se fueran a casa, diciéndoles que no debían preocuparse, que no estaba planeando irse pronto. Uno por uno, comenzaron a despedirse y desearle que se recuperara. Sólo Sylvia, el guía espiritual de Richard y un grupo de extraños, se quedaron ahí. Henry miró a Crotón con su ya familiar expresión inquisitiva. —Ellos son espíritus que vinieron a ayudar a que tu padre deje su cuerpo y para darle la bienvenida a este lado.

—¿Ellos están conscientes de nosotros? —preguntó Henry.

—Claro que lo están, pero yo tengo un acuerdo con el guía de tu padre, de que no te mostrarás hasta tener su aprobación.

—Okey —contestó Henry, sin entender la razón del retraso.

Richard giró su cara hacia Sylvia, y le pidió que se recostara a su lado. Ella se acomodó en la cama, sobre la sábana. Ambos estaban descansando uno al lado de otro, mirando hacia arriba, casi como si intentaran ver algo más allá del techo. Él sostenía gentilmente la mano derecha de ella con su mano izquierda. Cuánto tiempo permanecieron así, Henry no lo pudo determinar. Él sabía que el alma de su padre no moriría, pero, aun así, su corazón era un testigo sangrante por su separación.

Sylvia, sin mirar a Richard, dijo: —¿Tienes miedo?

—No. Mi fe es fuerte —contestó Richard.

Un minuto después, él perdió su fuerza y soltó su mano; Sylvia supo que se había ido. Mientras el mundo se detenía para la mamá de Henry, él se convirtió en un testigo del extraño acto. Una figura en forma de nube se separó del cuerpo de Richard y comenzó a elevarse. Los espíritus que estaban alrededor de la cama, se movieron rápidamente hacia la nube. Como una madre amorosa hubiera tomado a un hijo recién nacido, ellos la levantaron, y se desvaneció a través del techo. La escena completa fue tan anormal e inesperada, que Henry no pudo contenerse más y preguntó: —¿Esa nube era el espíritu de mi padre?

—Sí —contestó Crotón.

—¿Por qué se veía así?

Cotón ignoró la última pregunta de Henry y le ofreció volver y dejar lo físico a lo físico.

De nuevo en casa

Esta vez, se sentaron ante los hermosos estanques en cascada en el jardín trasero de Henry.
—No contestaste mi pregunta —dijo Henry.
—No es una pregunta que pueda ser respondida en una o dos oraciones.
—¿Por qué presiento que hay otra lección en camino? —preguntó Henry con sospecha.
—Yo le llamaría las bases de la existencia espiritual.
—Okey —dijo Henry, exhausto ante el pensamiento de sentarse a escuchar otra explicación.
—La nube que viste ahí era el espíritu de tu padre.
—No tenía forma —soltó Henry con impaciencia.
—Sí. Porque es así como luce un espíritu. No tienen forma, es sólo energía, energía que consiste en un cierto nivel de consciencia. Cualquier energía, sin importar su pertenencia a lo espiritual o físico, es consciencia. Todos nosotros nos veremos como esa nube cuando llegue el momento de movernos a dimensiones más altas.
—¿Hay dimensiones más altas? —preguntó Henry.
—Más de lo que te puedas imaginar. Ciertamente, sus números deben ser limitados, pero no estoy seguro de cuál sea ese límite. También, debes recordar, estas son realidades transitorias, y nuestra apariencia física nos está ayudando en el proceso y facilitando la interacción. Tu padre tomará su forma una vez que se dé cuenta de su existencia.
—Ya veo —dijo Henry. Entonces, de pronto recordó—: Tony me estaba diciendo que los espíritus no tienen género, ¿eso es cierto?
—Sí, es cierto. El espíritu no tiene género, pero el alma sí. Depende de la última vida que tuvieron sobre la Tierra, hombre o mujer. Todo depende de la configuración mental y tu apariencia como resultado de eso.

—Tiene sentido —dijo Henry, pensando un poco en lo que acababa de aprender. La siguiente pregunta que salió de la boca de Henry, fue bastante inesperada para Crotón—: ¿Puedo ver a mi padre?

—Me temo que aún no puedes verlo.

—¿Por qué? —preguntó Henry.

—¿Recuerdas la «bola de extraños» que viste allá en la habitación de tus padres? —preguntó Crotón.

—Sí, claro, lo recuerdo.

—¿Notaste algún rostro familiar?

—Hmm... No —dijo Henry, después de una pequeña pausa.

—Permíteme recordarte —dijo Crotón a medida que le enviaba imágenes a Henry de la habitación que acababan de dejar—. Observa los rostros.

Henry se acercó más e intentó ver mejor. —Oh por Dios, ¿son ellos? ¿Son mis abuelos? Se ven tan diferentes, jóvenes —exclamó Henry. A los demás no los reconoció.

—Son tus bisabuelos. —Crotón le ayudó a recordar.

—Nunca los vi —dijo Henry.

Él siempre había tenido una conexión especial con su abuelo Jack. Henry solía llamarlo A-Jack. Jack había tenido una gran contribución en el moldeado de la personalidad de Henry. Solía pasar incontables noches con sus abuelos a temprana edad. Jack era la única persona que lo arropaba y le contaba historias para dormir. Siempre solía llegar con una nueva e interesante, lo que hacía que el joven Henry tuviera más ganas de irse a dormir. Fue después que Henry se dio cuenta de que todas eran historias de la vida de Jack, llena de aventuras. Los finales de sus historias siempre consistían en algún tipo de moral. Jack estaba introduciendo cuidadosamente al pequeño Henry a las bases de la moral común y rascando el iceberg de la sabiduría humana. Henry amaba profundamente a su abuelo. Después de que Jack pasara hacia el mundo espiritual, Henry lo extrañó inmensamente y siguió buscando consejo de su ausente abuelo.

—Desde que me contaste que los niños eligen a sus padres, me pregunto qué fue lo que me condujo a elegir a los míos.

—Hubo dos razones —contestó Crotón—. Primero, fue el gran amor que tus padres se habían demostrado el uno al otro; segundo, fue el mismo A-Jack. Sabías que él podría darte un buen comienzo desde etapas tempranas de tu vida.

—Aún lo extraño —dijo Henry.
—¿Quieres verlo?
—Por supuesto que quiero. ¿Por qué no vino él a darme la bienvenida en mi salida del mundo físico? —preguntó Henry decepcionado.
—Si fue, pero tú no lograste verlo.
—Oh, si, lo recuerdo. Uno ve sólo lo que está listo para ver o lo que quiere ver.
—Aunque, ya que has comenzado a pensar en él, podría arreglarse una reunión —dijo Crotón, justo antes de desvanecerse en el aire.

De pronto, Henry escuchó a alguien llamándolo. Sin saber de dónde provenía la voz, corrió escaleras arriba hacia su casa y vio a su querido viejo A-Jack, de pie en el medio de la habitación. Sus ojos se encontraron e inmediatamente se movieron hacia el otro durante un largo abrazo envolvente. Henry sintió nuevamente cómo se siente ser niño; permanecieron así por bastante tiempo.

—Te he extrañado demasiado —dijo Henry.

Jack sintió que esas palabras salían del fondo del alma de Henry.

—Yo también te he extrañado, mi niño —dijo Jack.

Tuvieron una larga excursión al pasado, al recordar el tiempo que habían pasado juntos, cosas que el pequeño Henry solía decir, y las preguntas que solía hacer.

—Cuando te vi ayudando a papá a cruzar, te veías tan joven. ¿Qué pasó?

—Yo elegí aparecer ante ti así, en la misma forma en que tú más me recuerdas —dijo Jack.

—Parece que he regresado a mi niñez. Gracias por ese regalo.

—Sabes, nunca perdí el contacto contigo. Siempre estuve monitoreando tu progreso. Gracias por enorgullecerme —expresó Jack.

—¿Ya has terminado tu audiencia? —preguntó Henry.

—Sí, fue bastante difícil, pero la he terminado.

—Entonces, ¿qué estás haciendo ahora? —inquirió Henry.

—Explorando, estudiando, ayudando a otros, y la mayoría del tiempo, pasando tiempo con tu padre.

—¿Cómo está él?

—Estará bien. Después de todo, tiene una fe muy fuerte, y está recibiendo lo que espera.

—Ya veo —dijo Henry con una ancha sonrisa en su rostro.

—Debo felicitarte por la realidad que tienes, es sobresaliente —dijo Jack.

—¿Puedes sentir el toque de Rose? —preguntó Henry con orgullo.

—De hecho, sí que puedo, es fantástico. Todo aquí lo es. Creo que tu padre está llamándome —dijo Jack abrazando a Henry y mencionó que se volverían a ver.

—¿Disfrutaste tu reunión? —preguntó Crotón, apareciendo de pronto en escena.

—¿Estuviste espiando?

—No, pero aún soy responsable por ti y me gustaría estar al tanto de tus relaciones. Por cierto, debo felicitarte.

—¿Por qué?

—Emily está embarazada, y tendrá una hermosa hija.

—¡Oh! Esas son grandes noticias; puedo imaginarme la felicidad de Rose.

—Por favor, no me pidas ver de nuevo a Rose, porque he preparado para ti una aventura mucho más interesante —dijo Crotón con una chispa tentadora en sus ojos.

—¿Ahora qué? —preguntó Henry, con cautela.

—Me gustaría ofrecerte un viaje que sólo pocos han tenido el honor de tener.

—Eso suena interesante —dijo Henry emocionado.

—¿Te gustaría conocer a tu nieta?

—¿No dijiste que Emily aún está embarazada?

—Sí, quiero decir, ver el espíritu que está por tomar al feto.

—Eso sería increíble —contestó Henry.

Cámara de preparación

Ellos aparecieron en el centro de un gran salón. Era al menos cinco veces más grande que el juzgado, de un extremo a otro, o bien, para ser más precisos, el diámetro era de al menos cincuenta metros. Un magnífico domo de vitral coronaba toda la estructura. Colosales columnas de mármol se mantenían de pie firmemente en el salón; se elevaban alto y se completaban con capiteles de estilo corintio. Entre las columnas, Henry notó puertas abiertas de par en par; intentó contarlas, pero perdió la cuenta. A un primer vistazo, eran todas exactamente iguales. El determinar cuál era la puerta de la entrada principal, era imposible debido a su ausencia. Estar en el centro del salón se sentía como estar en el centro del universo. Henry notó que estaba de pie sobre un piso blanco, con un punto negro, similar al del juzgado. Dirigiéndose hacia afuera desde el punto donde él estaba parado, había líneas grises de mármol que conducían hacia cada puerta. El primer pensamiento que lo visitó fue el concepto de un «agujero negro».

—Tienes toda la razón —dijo Crotón, rompiendo el silencio—. El punto en el que estás parado, representa un agujero negro, el centro de nuestra galaxia. Cada puerta representa un planeta que posee una vida física parecida a la nuestra en la Tierra. Debes saber que cada sistema solar fue creado por el bien de por lo menos un planeta, un planeta que puede sostener vida y darnos la oportunidad de tener nuestras experiencias de vida física. Ahora, sígueme.

Una de las franjas grises sobre el piso conducía a la puerta de madera en la que Henry notó una imagen tridimensional del planeta Tierra. Lo que estaba esperando por ser descubierto detrás de esa puerta, estaba más allá de las expectativas más disparatadas de Henry. Al lugar al que entraron difícilmente se le podría referir como una habitación; era más bien un espacio. Un espacio lleno de diferentes tipos de personas y diferentes tipos de equipamientos. Computadoras de lo que parecía ser la última tecnología, sobre escritorios incontables. Parecía como una oficina gigantesca. Todos estaban ocupados haciendo algo, ya fuera solos o en grupos. En el centro del espacio, Henry notó una cafetería muy grande, llena de clientes.

—Parece que el negocio está prosperando —notó Henry.

Crotón ignoró el comentario de Henry, diciendo: —Consigamos una mesa.

—¿Por qué no? —dijo Henry con emoción en su voz. Desde que Henry había dejado el mundo físico, nunca había visto tantos seres en un solo lugar. Le pidieron dos copas de vino a un mesero que se acercaba.

—¿No más cerveza? —observó Crotón.

—No últimamente —dijo Henry. No podía aguantarse más de preguntar—. ¿Quién rayos son todas estas personas y qué están haciendo aquí? Siento como si estuviera de vuelta en la Tierra.

—Ese es el ambiente exacto que estamos intentando crear aquí. Toda la gente que ves aquí son almas que están preparándose para descender al planeta.

—¿Qué hay de todos estos dispositivos? —preguntó Henry.

—El lugar en el que estás ahora, por los últimos quince mil años terrestres, ha sido bastante simple, se podría decir que primitivo. Desde la revolución industrial sobre la Tierra, nos pareció absolutamente necesario preparar a las almas para lo que estarán expuestas. Por los últimos doscientos años terrestres, los científicos han perseguido el objetivo de simplificar la existencia física. Cada invento, en lugar de hacer la vida más fácil, tal como era la intención, tuvo el efecto contrario. De hecho, hace que la vida sea más complicada y la acelera de forma progresiva. Como resultado, nos volvemos testigos del nacimiento de una nueva civilización, y está sucediendo de forma constante, gradualmente.

Entonces, Henry notó que Crotón llamaba a alguien desde la multitud. Pronto, una hermosa adolescente apareció frente a Henry, y le recordó a Emily.

—Te presento a tu futura nieta —dijo Crotón.

—Tu parecido con mi hija es asombroso. —Después añadió—: gracias por elegir a mi hija como tu madre, no te decepcionarás.

—Espero que no —dijo la niña.

—¿Cómo te llamas?

—No estoy segura, pero creo que me llamarán Vivian, con suerte, Vivi para abreviar.

—Me encanta ese nombre —afirmó Henry.
—Ya que han sido presentados, los dejaré solos —dijo Crotón mientras desaparecía.
—Me pregunto a donde va siempre con tanta prisa.
—Espero que no pienses que eres la única alma a quien él está guiando.
—Eso era exactamente lo que yo pensaba.
—Crotón es alguien bastante importante en estas realidades, y tú tienes mucha suerte de tenerlo como guía. Eso dice mucho de ti —dijo Vivi.
—No me hagas sonrojar —dijo Henry con modestia fingida.
Entonces, él notó un aparato extraño en las manos de Vivi.
—¿Qué es eso? —preguntó Henry.
—Esto es un aparato electrónico que aún no se ha inventado en la tierra, pero existirá cuando yo tenga diez años.
—¿Me estás diciendo que aquí ya sabemos lo que será inventado allá abajo? —preguntó Henry, sorprendido.
—No sólo lo sabemos, sino que también asistimos en su creación.
Entonces, Henry decidió profundizar más, como siempre lo hacía.
—¿Puedes platicarme de todo el proceso de preparación? ¿Cómo funciona?
—Sí, claro. Verás, Henry, este es mi segundo intento.
—¿A qué te refieres con «segundo intento»?
—Me arrepentí a la mitad de mi preparación —dijo Vivi.
—Ya veo, ¿no estabas feliz con tus futuros padres? —preguntó Henry con el tono de un experto.
—No, supongo que simplemente no estaba lista para comprometerme a tan grande asunto.
—¿Puedes ser más específica? Me gustaría saber los detalles.
—Todo comienza con el acercamiento de tu guía espiritual; ellos te aconsejan tomar otra vida que beneficiará tu crecimiento espiritual.
—¿Qué pasa si no quieres hacerlo?
—Nadie te forzará a hacer nada. Siempre será tu decisión —contestó Vivi.
—¿Qué significa eso? ¿Crecimiento espiritual? —preguntó Henry.
—Significa elevar tu consciencia a través del estudio.
—¿El estudio de qué?

—Estudio de tu vida pasada, las vidas anteriores a la última, las vidas de otros, las leyes de existencia en este universo... en corto, el ver la imagen general. Sobre todo, tendrás acceso a reinos superiores. Eso, por sí solo, ya hace que valga la pena tomar otra sentencia de vida en la Tierra.

—Ahora realmente me tienes, ¿qué hay en esos reinos superiores?

—Cuando llegue el momento, lo sabrás, pero por ahora toma mi palabra, no se puede explicar y tiene que ser experimentado —dijo Vivi.

Henry recordó que cuando caminó con Crotón hacia ese espacio, notó un gran número de puertas alrededor del perímetro de la enorme habitación. Debido a su incapacidad de ver el final de la habitación, el número de puertas era imposible de determinar.

—¿Qué hay detrás de esas puertas? —preguntó Henry.

—Magia —contestó Vivi.

—¿A qué te refieres?

—Detrás de esas puertas está el futuro —dijo Vivi.

—¿El futuro?

—Sí, abuelo, ¿te gustaría echar un vistazo?

—¿Puedo?

—Adelante —lo alentó Vivi.

Henry se puso de pie y caminó hacia la pared más cercana de la cafetería. Al no estar seguro de cuál puerta elegir, se giró hacia Vivi con la pregunta: —¿Cuál de ellas?

—La que sea —contestó Vivi.

Henry puso su mano sobre la manija dorada y se detuvo por un segundo. Lentamente giró la manija y empujó la puerta. La escena que apareció frente a Henry fue atemorizante. Él estaba de pie en el borde de un acantilado, más allá del cual no había nada. Henry intentó determinar la altura de la caída, pero parecía no tener fondo. Rápidamente cerró la puerta y regresó a la mesa.

Vivi notó la confusión de Henry y preguntó: —¿Qué viste?

—El vacío —dijo Henry.

—¿Qué sabes sobre el futuro?

—Nada.

—Entonces eso fue exactamente lo que viste —dijo Vivi.

—Eres bastante inteligente para tu edad.

—No te dejes engañar por mi apariencia —expresó Vivi, y añadió—: Sigamos desde donde lo dejamos. Como estuve diciendo, tu guía te ofrecerá otra vida, otra experiencia. Una vez que estés de acuerdo, todo el enorme mecanismo de planeación de tu futura vida en la Tierra, será reavivado nuevamente.

—Supongo que es ahí cuando los organizadores entran en juego —dijo Henry.

—Eso es correcto. Ellos tendrán que escoger la familia más adecuada para ti, la cual te asistirá de la mejor manera para alcanzar tus objetivos. Ellos te darán un nuevo comienzo para completar tareas y aprender tus lecciones —afirmó Vivi.

—Ahora dame la versión corta —pidió Henry.

—En resumen, tendrás la familia que te mereces.

—Eso no suena prometedor.

—Lo sé —dijo Vivi, y después añadió—: Como puedes ver, tu vida futura depende por completo de la anterior. Todo lo que tenemos que elegir es un comienzo difícil y un final más sencillo, o viceversa. Aunque podemos distribuir las dificultades de manera uniforme a lo largo de toda nuestra vida, mientras más difíciles sean las elecciones y tareas, mayor recompensa si las llegas a superar.

—¿Qué fue lo que tú elegiste? —preguntó Henry intrigado.

—Yo elegí un comienzo sencillo; las dificultades aparecerán más tarde. Eso no significa que tenga que sufrir en la segunda mitad de mi vida; eso puede suceder sólo si comienzo a tomar decisiones equivocadas. Sólo espero que con la edad yo sea capaz de diferenciar el bien del mal.

—No lo comprendo —dijo Henry—. ¿Para qué ir allá? Puedes diferenciarlos perfectamente aquí.

—Henry, aquí está la teoría y allá la práctica. Puedes estudiar lo que quieras aquí, pero aquello de lo que en realidad estás hecho, sólo puede probarse y revelarse en el mundo físico.

—Eso tiene sentido —dijo Henry—. Aunque aún no me has dicho lo que está detrás de esas puertas incontables.

—Detrás de esas puertas hay salones; hay dos tipos de ellas. A la mitad les llamamos «Salones del destino», las otras son «Salones de encuentros».

—¿Cómo sabes a cuál entrar? —preguntó Henry, confundido.

—Cuando llegue el momento, la puerta correcta se iluminará y tú serás el único capaz de verlo.

—Lo tengo —dijo Henry.

—Una vez que la puerta se ilumine, puedes entrar con tu guía. Ahí, encontrarás uno o dos organizadores quienes te mostrarán tu futura familia, de forma bastante parecida a como fue en el juzgado. Usualmente hay dos para escoger. Serás capaz de entrar en sus vidas en tiempo real terrestre, para sentir la vibración y sentir si perteneces o no a ellos. Una vez que los padres hayan sido elegidos, se te presentará tu árbol de vida personal.

—¿Árbol de vida?

—Sí, y viajarás a través de ese árbol toda tu vida hasta tu muerte.

—¿Puedes ser más específica sobre esta parte?

—Imagínate un árbol promedio sin hojas. Está conformado por un tronco y ramas. El tronco representará tu niñez y parte de tu juventud, es el periodo en que dependerás enteramente de tus padres para que tomen decisiones por ti. La primera división del tronco en dos, será la primera decisión tomada por ti. A partir de ese punto, comienza la montaña rusa. Cada una de esas dos ramas se dividirá en otras dos, etcétera. Así que, cada división representará un momento de decisión. Dependiendo de tu elección, te moverás hacia arriba en una u otra dirección. El árbol será tridimensional, y, como cualquier otro árbol, cada rama después de elecciones innumerables, eventualmente llegarán a su final, y ese será el puntero de salida, simplemente la muerte. Algunas ramas estarán iluminadas; aquellas que elegirás más probablemente. Tendrás una oportunidad de ver el futuro al viajar hacia arriba por cada rama hasta el final. De ahí es de donde proviene ese sentimiento común de déjà vu; cuando, durante la vida física, de pronto sientes que ya has estado antes en esa situación.

—Por lo que acabas de decir, puedo concluir que no hay tal cosa como el destino y todos los lectores de cartas y de las palmas de las manos, están solo engañando a la gente.

—Okey, el destino no es algo fijo. Ahora estamos creando nuestro mañana con nuestras elecciones. Básicamente, estamos creando nuestro destino en el día a día. Ahora bien, sobre los diferentes tipos de psíquicos: Cuando ellos intentan predecir el futuro, están arriesgándose mucho. Algunos de ellos serán capaces de subir la rama del árbol de la vida y ver el final, pero quién sabe qué decisión tomarás mañana. Como resultado, tú puedes cambiar la raíz y el final.

—Ya veo. No más preguntas. ¿Recuerdo que estabas diciendo algo acerca del Salón de los encuentros?

—Oh, sí, es en donde se nos presentan las almas que influenciarán más en nuestras vidas físicas.

—No lo comprendo.

—Por ejemplo, tú encontrarás a tu futura esposa con la edad y apariencia con que la encontrarás en el mundo físico. En mi caso, yo ya he visto a mi futuro esposo.

—¿Te agrada? —dijo Henry con celos insinuados.

—Yo ya lo amo —dijo Vivi, poniendo los ojos en blanco.

—¿Qué pasará si te mueves hacia arriba por el árbol y llegas a un punto en que él no está ahí? —preguntó Henry.

—Es imposible. Sin importar qué rama yo elija, él aparecerá en cierto punto. Cómo se desenvuelvan después las cosas, eso dependerá de nosotros, pero el encuentro es inevitable.

—Acabo de darme cuenta. Por lo que se, tú no recordarás nada de esto una vez que regreses a la Tierra, así que, ¿qué punto tiene?

—Eso no es cierto totalmente.

—¿Me perdí de algo? —preguntó Henry.

—Intentaré explicarte cómo funciona. Probablemente has escuchado sobre la memoria subconsciente. Ahora bien, la memoria consciente se desarrolla desde el día del nacimiento físico hasta el día en que morimos. Es como si comenzaras desde una hoja en blanco; mientras que la memoria subconsciente consiste en todo con lo que te has encontrado a lo largo de toda tu existencia, desde el día del nacimiento de tu alma.

—¿Cuándo fue eso?

—Fue cuando te diste cuenta de tu propia existencia. Esa memoria nunca se pierde, y se lleva a cuestas hacia un cuerpo nuevo a nivel del ADN. Así que, durante el nacimiento de un bebé, la memoria subconsciente se vela, y la consciente se revela.

—¿Así que no podemos tener acceso a ella? —indagó Henry.

—Sí podemos. A través de nuestros sueños, algunas veces debido a ciertos tipos de accidentes. Algunas personas están usando diferentes tipos de meditaciones, y la peor manera de llegar a ella es mediante drogas. Estamos permanentemente en contacto con nuestra memoria subconsciente. Henry, debes saber que ningún recuerdo se pierde u olvida.

—Si eso es cierto, ¿entonces por qué no recuerdo mis experiencias previas en estos reinos? —preguntó Henry.

—Lo harás, sólo dale algo de tiempo. Esa es la forma de ser de Crotón.

—Ya veo —dijo Henry.

—Será mejor que me lo digas —susurró Vivi en el oído de Henry—. ¿Escuchaste la voz?

—¿Qué voz?

—La voz.

—No lo entiendo —indicó Henry.

—La voz de tus seres amados.

—No, no lo hice.

—Quizá porque no estás escuchando. —Vivi besó la mejilla de Henry y dijo—: Es tiempo de irme. Adiós, abuelo. —Se despidió con la mano antes de desaparecer a través de una de las puertas.

La información que Vivi había expuesto para Henry era demasiado para asimilar. Él decidió ir a casa y pensar en lo que ella había dicho. De vuelta en casa, Henry intentó analizar todo acerca de lo que habían hablado.

—Ella tenía razón —dijo Henry.

En el momento en que vio a Rose, él supo que ella era la indicada. Ella no era la chica más hermosa de la cuadra, pero, para él, ella era un ángel de arriba. Era como si alguien hubiera encendido un interruptor en su cabeza. Se dio cuenta de que una parte de él estaba ausente, y que ella era la única capaz de completarlo.

«Supongo que esa es la definición del amor», se dijo Henry a sí mismo. Él pasó algo de tiempo pensando y comparando sus experiencias de vida con lo que acababa de escuchar.

—¿No es ella inteligente? —preguntó Crotón a medida que entraba en la habitación.

—Oh, me hubiera sentido orgulloso de tenerla como mi nieta.

—Nunca se sabe qué tipo de persona llegará a ser.

—¿Tienes dudas? —preguntó Henry.

—Un humano se convierte en humano sólo en el proceso de emerger lo espiritual en lo físico. El alma es una intrusa para el cuerpo. Tomará tiempo el crear una unión —dijo Crotón.

—¿Cuánto tiempo?
—Depende. Algunas personas no pueden llegar a un acuerdo con su cuerpo en toda su vida. Para otros, la unión está sana incluso antes del nacimiento del niño.
—¿Qué hay de Vivi? ¿Te preocupa algo? —cuestionó Henry.
—Las tentaciones están siempre ahí, y generalmente están dirigidas hacia nuestra esencia física. Se necesita un alma fuerte para controlar al cuerpo. Espero que ella pase sus pruebas —dijo Crotón.
—Yo también —agregó Henry.
De pronto, escuchó una voz en su cabeza, y no era la de Crotón.
—¿En dónde está mi hijo? Quiero verlo —dijo la voz.
—Escuchaste eso? —le preguntó Henry a Crotón mientras lo volteaba a ver.
—¿Escuchar qué?
—¿La voz?
—No
—Si no me equivoco, era la voz de mi padre —dijo Henry inseguro.
—Probablemente te recordó y quiera verte —afirmó Crotón con una sonrisa en su rostro.
—¿Qué debo hacer? —preguntó Henry.
—Sólo piensa en él, y lo verás. Antes de que lo hagas, recuerda algo. Sin importar lo que veas o escuches, no actúes sorprendido ni discutas, acepta su realidad sin intentar cambiar nada y, sobre todo, a nadie —comentó Crotón a medida que se desvanecía.

Padre e hijo

Henry apareció frente a una iglesia magnífica, y fue lo primero que vio. La belleza y magnitud del edificio eran bastante impresionantes. Henry subió las escaleras hacia la entrada. Justo ante la puerta, vio a su padre. Ellos se abrazaron el uno al otro y Henry dijo: —En verdad te he extrañado, padre.

—Yo también, hijo —contestó Richard—. Estaba tan preocupado por ti, pero ahora ya está bien, estoy en paz.

—¿Por qué estabas preocupado, papá? —preguntó Henry.

—Porque no podía encontrarte en el cielo, creí que estabas en otro lugar.

—¿En dónde? —preguntó Henry con una mueca en su rostro.

—Ya sabes en dónde.

—Oh, ¿pensaste que estaba en el infierno?

—Sí —murmuró Richard mientras miraba a su alrededor.

—¿Tienes miedo de algo? —preguntó Henry.

—No, pero este es un lugar sagrado y preferiría no usar esas palabras.

—Claro, papá —acordó Henry—. ¿No vas a mostrarme los alrededores?

—Sí, caminemos, hijo.

El pueblo no era grande, pero el número de iglesias ubicadas entre las calles, era impresionante.

—La ciudad de las iglesias —dijo Henry.

—Bueno, ¿tú qué te esperabas, hijo? Después de todo, este es el cielo.

—¿Has estado en alguna otra parte?

—Lo que sea que necesite, lo he encontrado aquí, y no necesito nada más.

—Entonces, ¿supongo que has encontrado tu felicidad?

—Sí, hijo, encontré a la mayoría de mis viejos amigos. De vez en cuando nos reunimos, divirtiéndonos como en los viejos buenos tiempos, ya sabes. No lo creerías, pero tengo una réplica exacta de nuestra casa. Lo siento por no invitarte, tuvimos una fiesta no hace mucho y está un poco desordenada.

—No te preocupes, papá, te visitaré cuando llegue mamá.

—Buena idea —dijo Richard, y un poco después, preguntó—: Así que dime, por favor, ¿cómo estás? —Sin darle a Henry la oportunidad de contestar, dijo—: Estoy tan agradecido de que hayas sido salvado. Eso significa que hice algo bueno en mi vida.

—Oh, sí, muchas gracias —dijo Henry sinceramente.

—Te estuve diciendo toda mi vida cómo podemos llegar al Reino de nuestro Padre, pero tú no me escuchabas.

—Tenías razón —aseguró Henry.

—Olvidémonos del pasado. Lo más importante es que estás aquí conmigo, hijo.

Henry abrazó a su padre y lo besó en una mejilla de la misma manera en que un padre hubiera besado a su hijo. Por primera vez en su vida, Henry no discutió con su padre. En lugar de eso, lo escuchó paciente y atentamente. Intentó aceptarlo por como él era y simplemente dejarlo ser. Henry había tenido un corazón pesado antes de esta reunión, pero ahora, su alma estaba cantando. Quería gritar de felicidad. En lugar de eso, dejó que todas esas emociones fueran expresadas en ese sencillo beso.

Un poco después, Henry le preguntó a su padre: —¿Cómo te fue en tu audiencia?

—¿Qué audiencia? —preguntó Richard sorprendido.

—La audiencia —respondió Henry.

—¿De qué estás hablando? —preguntó Richard.

—¿El día del juicio?

—Oh, ¡ya sé a qué te refieres! El día del juicio es para los pecadores.

—Entonces, de pronto percatándose de algo, Richard preguntó considerablemente—: ¿Has sido juzgado? ¿Cuál fue tu sentencia? ¡Te he estado diciendo, pero no me escuchas! —Henry sintió dolor genuino en el corazón de su padre por su único hijo.

—No te preocupes, papá, todo terminó. Después de todo, el hecho de que estoy aquí contigo significa que no fui tan malo.

—Nunca fuiste malo, hijo mío —dijo Richard, mientras abrazaba a su hijo—. Sabes, tuve una oferta interesante para llevar a cabo algunas tareas.

—¿A qué te refieres? —preguntó Henry con sorpresa.

—Mi ángel guardián me ofreció una posición para convertirme en albacea de la voluntad de Dios sobre la Tierra.

Henry vaciló un segundo; no podía creer lo que acababa de escuchar. Su propio padre causaría dificultades y problemas a las personas. Quería decir algo para detener a su padre de tomar esa decisión, pero recordó las últimas palabras de Crotón antes de partir. Permaneció callado.

En cambio, dijo: —Eso suena interesante, papá.

—¡Lo sé! No puedo esperar para comenzar. Sabes, hijo, realmente creo que puedo hacer una diferencia.

—Creo que lo harás —dijo Henry.

Un sonido armonioso de campanas en la cima de la torre, distrajo la atención de Richard. —Debería irme —dijo Richard, y luego añadió antes de partir—: Por favor no seas un extraño.

—No lo seré —dijo Henry mientras se despedía de su padre.

Después de lo que acababa de escuchar, Henry no podía esperar a ver a Crotón y pedirle que hiciera algo por él, para ayudar a su pobre viejo y evitar que se comprometiera a tan terrible misión. Henry reunió todas sus fuerzas mentales y gritó «¡Crotón!», dentro de su cabeza.

—No hay necesidad de gritar, puedo escucharte perfectamente —dijo Crotón con voz de lo más calmada, la cual Henry sólo pudo envidiar.

—¿Cómo puedes estar tan calmado?

—¿Por qué? ¿Hay en algún lado un incendio que yo me haya perdido?

—Por favor no pretendas que no sabes nada sobre la decisión de mi padre.

—Oh, su vida, su decisión.

—¿Qué te sucedió? ¿Acaso alguien reemplazó tu corazón?

—Como ya bien sabes, ni tú ni yo tenemos uno.

—Lo sé, pero por favor ayúdame a prevenir una tragedia.

—Quizá debería recordarte algo —dijo Crotón y miró a los ojos de Henry, de forma que congeló su alma.

Henry se encontró a sí mismo en circunstancias muy extrañas; parecía como si estuviera a mitad de una celebración. Mucha gente estaba vestida de una forma muy peculiar. Había visto este tipo de ropa sólo en películas sobre caballeros valientes y hermosas princesas.

—Esto debe ser algo de mi pasado —asumió Henry, y luego añadió—: ¿Qué fue lo que hice esta vez?

Desde el primer vistazo, era una boda en su mejor y más fino momento. Todos estaban bailando, tomando y divirtiéndose. Henry caminó alrededor del lugar, al parecer en busca de alguien. Hubo una ausencia de reacción por parte de las personas a su alrededor; Henry había asumido que él estaba ahí en espíritu. Finalmente, se detuvo frente a un grupo de niños jugando afuera junto a una pileta de aspecto bastante antiguo.

Uno de los niños, aproximadamente de unos cinco años, atrajo su atención. Por algún tipo de magia, comenzó a influenciar la mente del niño y le hizo pararse y caminar hacia la pileta. Al momento siguiente, el niño tropezó y estaba ahogándose indefenso en el agua. Nadie le estaba prestando atención. Lo que horrorizó más a Henry fue que él estaba observando toda la escena de forma indiferente, hasta que el niño se ahogó por completo, irremediablemente. Entonces escuchó a alguien gritando y a los invitados corriendo para salvar al niño.

Henry vio el rostro del padre mientras tomaba el cuerpo sin vida de la superficie de la pileta. Fue testigo de los esfuerzos vanos de los parientes y los doctores por resucitar al niño. Lo que le sorprendió más, fue el hecho de que la forma del espíritu del niño se separó del cuerpo antes de que el niño se ahogara. El alma fue soportada gentilmente y elevada por algún tipo de espíritus alados. Entonces, diciendo que se había hecho justicia, Henry dejó la escena.

—¿Qué fue eso? —preguntó Henry mientras miraba a Crotón con terror en sus ojos.

—Fuiste tú.

—¿Yo maté a ese niño?

—No, tú hiciste que se ahogara.

—¿Por qué hice eso? —preguntó Henry.

—Para restaurar la justicia.

—¿Estás diciendo que yo solía ser un albacea?

—Sí.

Esas noticias sacudieron la existencia completa de Henry, y luego dijo: —No me extraña por qué no recordamos nuestro pasado. —Poco después, le preguntó a Crotón—: Estoy intentando darle sentido a lo que acabas de mostrarme. ¿Qué pudo haber hecho un niño de cinco años para merecer la muerte?

—Él no ha hecho nada malo, pero su padre, sí.

Más escenas comenzaron a pasar por la mente de Henry, pero esta vez él fue un observador. Era la misma época. Dos chicos decidieron tener un paseo divertido y robar un carruaje antiguo de dos caballos, perteneciente al padre de uno de los niños. Al ser tan jóvenes como para controlar a esos caballos poderosos, perdieron el control en una curva y fueron a dar hacia un grupo de niños jugando en la calle. Algunos de esos chicos resultaron lastimados, y uno de ellos falleció.

—Observa los rostros de esos adolescentes —dijo Crotón.

—Sí, uno de ellos me es familiar. ¿No era él el padre del chico a quien hice ahogarse?

—Sí. Ahora observa más. —Los niños ni siquiera se detuvieron, ellos simplemente condujeron de vuelta a casa. El miedo se apoderó de sus corazones y mentes. Debido a los testimonios de los testigos, encontraron a los chicos, pero se las arreglaron para escapar de cualquier castigo. Sus padres pertenecían a la alta sociedad, y los padres del niño fallecido eran solamente campesinos.

—Entiendo que se haya hecho justicia, lo que no comprendo es cuál pudo haber sido el crimen de esos dos niños de cinco años para que murieran a tan temprana edad.

—Debes saber que no hay accidentes cuando se refiere a la muerte, especialmente en el caso de niños. Para que un niño sea jalado fuera del mundo físico, debe haber una necesidad absoluta de ese acto —dijo Crotón—. Ahora bien, tu pregunta sobre la culpa de los niños. Naturalmente, ellos no habían hecho nada malo, y no hay razón para castigarlos de esa manera.

—Entonces, ¿por qué dejaron los organizadores que sucediera eso? —preguntó Henry, agitado.

—La muerte de un niño nunca es por el niño, siempre es una lección para sus padres, ya sea por su presente o por los errores de sus vidas pasadas. Uno de los deberes de las almas avanzadas es tomar un corto periodo de vida sobre la Tierra cuando sea necesario, por el bien de la restauración del balance. Ellos dedican sólo un pequeño porcentaje de la energía de sus almas para este tipo de tarea. Esa es una de las razones por la cual esos chicos son usualmente brillantes. También, su salida del cuerpo físico está planeada cuidadosamente para que sea lo menos extenuante posible. Ellos siempre son revisados antes de la muerte propia de su cuerpo.

—Ya veo —dijo Henry.

—El caso del chico en la pileta, tan cruel como pueda sonar, fue el punto culminante de tu carrera como albacea.

—Eso suena horrible —afirmó Henry con disgusto.

—Lo es ahora, pero entonces estabas bastante satisfecho. Debes aceptar el hecho de que todas las almas deben hacer esto o ya lo han hecho. El proceso de nuestro crecimiento es inevitable, y no es nada más sino natural. No tienes nada de qué preocuparte respecto a tu padre; él está listo para ese trabajo. —Poco después, Crotón añadió con tristeza en su voz—: Desafortunadamente, el amor en sí no es capaz de hacer que el mundo gire. Alguien debe mantener el orden y el balance.

—Me pregunto qué tipo de persona era yo antes de volverme un albacea —preguntó Henry.

—Lo descubrirás en poco tiempo. Ya que estamos en «La ciudad de las iglesias», como tú lo dijiste, tomemos un paseo.

Cruzaron las cuadras una tras otra. Henry perdió la cuenta de cuántas iglesias, capillas y catedrales había ahí.

—¿Hay algún tipo de necesidad para tantas iglesias? —preguntó Henry.

—Si es que existen, sólo puede significar una cosa, que hay una necesidad de ellas.

Las calles estaban bastante ocupadas con personas de diferentes nacionalidades, razas y apariencias. Estaban vestidos en ropas que representaban la moda en diferentes periodos, comenzando desde principios del siglo veinte. Sus rostros demostraban amabilidad y felicidad.

—Todos parecen contentos —dijo Henry.

—¿Por qué no estarlo? Ellos han recibido más de lo que han negociado —replicó Crotón—. ¿Te gustaría ver más ciudades en esta realidad?

—Claro, quiero verlas. No me has estado pidiendo últimamente que cierre los ojos.

—Ya no lo necesitas —dijo Crotón con ternura en su voz. Le ayudó a Henry a visitar y explorar todas las ciudades que representaban las principales religiones en la Tierra. Sin importar la ciudad, los habitantes parecían tan despreocupados y felices—. Esta felicidad no es montada; ¿puedes ver cómo sus almas están brillando?

—Sí, pero ¿por qué? —preguntó Henry.

—¿Por qué no? Ellos recibieron prueba viviente de todo por lo que han rezado y en lo que han creído.

—¿Están conscientes los unos de los otros?

—¿Te refieres a que, si los cristianos están al tanto de los musulmanes y budistas, etcétera? La respuesta es no. Las almas que residen aquí, aún no lo hacen. Sin embargo, a través del estudio y de un acercamiento cuidadoso de sus guías, ellos serán introducidos lentamente a otros sistemas de creencias. Ellos se concentrarán en las similitudes y no en las diferencias. Aunque algunas almas lo tomen bastante mal desde un principio, con el tiempo, ellos aprenderán a respetar y apreciar todas las demás religiones. Básicamente, esta es la lección de despertar el sentimiento más importante dentro del alma, el sentimiento del cual tenemos tan poco sobre la Tierra, la tolerancia.

—Lo comprendo, pero hay algo que me gustaría preguntarte.

—Adelante —contestó Crotón.

—Sin importar a qué ciudad viajemos, he notado la presencia abrumadora de una pirámide colosal en el horizonte. ¿De qué trata eso?

—Permíteme darte una vista de pájaro —dijo Crotón.

Al momento siguiente, Henry se encontró a sí mismo alto en el cielo, observando por encima de todas las ciudades que había visitado antes. Todas habían sido ubicadas alrededor de un gran objeto. Desde una observación más profunda, Henry concluyó que esa era la enorme pirámide. Las ciudades no tenían conexión entre ellas, pero estaban todas conectadas a esta pirámide a través de simples caminos. Henry notó un parecido con la cámara de preparación, el punto negro en el centro y las franjas grises de mármol que conducían a cada puerta.

—¿Cuál es el propósito de esta pirámide? —preguntó Henry.

—Miremos más de cerca —propuso Crotón.

Estaban de pie frente a una pirámide majestuosa que era de tamaño gigantesco. A Henry le parecía que toda la pirámide estaba hecha de mármol blanco, altamente pulido, o al menos cubierta por él. Tan solo la punta de la pirámide estaba hecha de lo que parecía ser oro sólido.

—¿Te gustaría entrar? —preguntó Crotón.

—Sí que me gustaría.

La pirámide tenía cuatro aberturas, una en cada cara. Henry no sabía qué esperar; por lo que recordaba de la Gran pirámide de Giza, se suponía que hubiera pequeñas cámaras unidas a estrechos corredores. Para su asombro, la pirámide estaba oscura y vacía por dentro. La punta que parecía como oro sólido, estaba, de hecho, fabricada de un material transparente, y era la única fuente de luz. El punto más alto de la pirámide para un observador, desde el interior, parecía como si desapareciera entre la cubierta de nubes sobre ella. Los ojos de Henry comenzaron a ajustarse a la oscuridad.

Lentamente, comenzó a diferenciar los tipos de edificios y estructuras que comenzaron a aparecer, aparentemente para ser observados y admirados. Estaban ubicados contra todas las paredes de la pirámide. Desde una mirada más cercana, Henry notó que todos eran diferentes tipos de iglesias, mezquitas y sinagogas. Parecía como si hubieran sido representadas todas las religiones, y todas hubieran encontrado su lugar, una al lado de otra, armoniosamente dentro de un edificio. Cada una de esas estructuras estaba bastante concurrida con visitantes que entraban y salían; se estaban llevando a cabo todo tipo de ceremonias y rituales.

—Esto es genial. Es con esto con lo que siempre soñé, todos bajo un solo techo, un Dios —dijo Henry.

—Sólo espera un momento, no te emociones tanto —afirmó Crotón.

Antes de que terminara su oración, sonidos extraños y profundos llenaron todo el interior de la pirámide. Era difícil identificar lo que Henry escuchaba como música; era más bien como un sonido profundo de baja vibración, creado por cuernos, similares a aquellos que los monjes tibetanos usaban en sus ceremonias. Todos detuvieron lo que fuera que estuvieran haciendo y se giraron hacia el centro de la pirámide.

De pronto, desde la punta del edificio, cayó un pequeño pedazo de cuerda brillante. Iluminó las escaleras fabricadas en piedra, que Henry no había notado antes. Eran bastante anchas y corrían desde la punta de la pirámide hasta el fondo. Una procesión comenzó a emerger desde la fuente de la luz brillante. Estaban tan altos que era difícil decir qué o quiénes estaban bajando. A medida que descendían, Henry comenzó a ver las siluetas de personas que estaban divididas en dos grupos. El primer grupo estaba todo vestido de blanco, y parecían dioses y diosas griegos. El segundo grupo estaba vestido de ropas coloridas y brillantes. Henry notó una presencia entre ese grupo, criaturas bastante extrañas. Eran figuras con muchas manos, una variedad de diferentes animales, y criaturas mitad humanas - mitad animales. Toda la procesión finalizó con una silueta que tenía una antorcha en su mano. De pronto, los cuernos cambiaron su sonido y dos procesiones separadas se movieron hacia la base de la escalera. La primera emergió desde el templo judío, la segunda del hindú.

—¿Están representando el este y el oeste? —preguntó Henry.

—¡Sshh! —lo silenció Crotón.

Los dos grupos de personas desde abajo, comenzaron a moverse hacia el otro grupo que descendía. En algún punto a mitad de las escaleras, el grupo que bajaba se detuvo. Ellos se hicieron a un lado, abriendo un pasaje para la figura principal con antorcha que avanzó a través de la brecha. La primera procesión se giró y prosiguió con su levantamiento. Los otros dos grupos se movieron hacia arriba hacia la figura principal y encendieron sus antorchas con la de él. Después, ellos comenzaron su descenso de vuelta. A medida que ellos llegaban abajo, más grupos se movían hacia la parte baja de las escaleras desde diferentes templos. Los cristianos y musulmanes encendieron sus antorchas desde los judíos; los budistas y taoístas, desde los hindúes. Comenzaron a pasar la luz a otros; todo el interior se iluminó en poco tiempo. Todos bailaron, cantaron, se felicitaron los unos a los otros. Se hubiera podido haber descrito todo con una sola palabra: Unidad.

—¿Por qué no podemos tener esto allá en casa? —preguntó Henry.

—Algún día, algún día —dijo Crotón.

—De cualquier forma, tengo una pregunta.

—Dispara.

—La figura principal con la antorcha, ¿era Dios?

—Claro que no —replicó Crotón—. Al estar en planos transitorios, estamos casi tan lejos del Creador como lo estamos en las realidades físicas.

—Lo entiendo, pero entonces ¿de qué se trató todo eso?

—Es simplemente un espectáculo.

—¿Espectáculo? —repitió Henry, decepcionado.

—Sí. Están mostrando cómo le fue dada la luz del conocimiento a la humanidad, a través de la religión y, más importante, la singularidad de la fuente.

—Lo tengo. ¿Para quién es el espectáculo?

—Para almas como tú y hay muchas de ellas reunidas aquí.

—Muy impresionante —dijo Henry.

Entonces, él escuchó: «Desearía que Henry estuviera aquí para verte».

— ¿Escuchaste eso? —preguntó Henry, girándose hacia Crotón.

—Creo que es Rose.

—¡Sí!

—Bueno, ya sabes qué hacer.

Vivi

Henry apareció en el mismo hospital en donde había dejado de existir físicamente. Esta vez, estaba en el área de maternidad. Gentilmente se le condujo hacia una de las habitaciones en donde se volvió testigo de una gran celebración. Todos sus seres queridos estaban congregados alrededor de un pequeño bebé recién nacido.

—¡Mi nieta ha llegado! —exclamó Henry.

La atmósfera era de total y absoluta felicidad. Nunca había visto a Rose así de feliz, en el tiempo transcurrido desde que él dejó su realidad física. Aún invisible para todos en la habitación, se las arregló para echarle un vistazo más de cerca a la niña, y la miró con una pregunta en la mente: «¿Me recuerdas?»

La pequeña miró directamente a los ojos de Henry y le sonrió. Todos en la habitación notaron eso y comenzaron a cuestionarse el uno al otro. «¿Viste eso?»

—Me pregunto a quién le estaba sonriendo —dijo Rose.

—Son sólo reflejos —dijo Jeff, el papá de Vivi.

Henry sabía que ella lo recordaba y ese hecho fue suficiente para volverlo deliramente feliz.

—¿Ya se decidieron sobre el nombre de la bebé? —preguntó Rose.

—Sí, Vivian —replicó Emily.

—Claro —dijo Henry.

Lentamente, la bebé se quedó dormida y todos se calmaron. Henry decidió quedarse ahí por más tiempo. Quería disfrutar la compañía de sus seres amados.

De pronto, él escuchó: —Oh, gracias a Dios que estás aquí. Estaba esperando verte mucho más temprano.

Henry se confundió por un segundo; no sabía de dónde provenía esa voz. Estaba seguro de que el tono de voz no era de Crotón. Comenzó a mirar alrededor impulsivamente, en busca de la fuente de esa voz.

—Estoy justo aquí —dijo de nuevo la voz.

—¿En dónde?

—Justo frente a ti. Deja de buscar alrededor.

Henry decidió concentrarse en su energía mental e intentar ver la fuente de la voz. La silueta de una joven niña comenzó a aparecer lentamente frente a él; era Vivian.

—¡Oh por Dios! ¿Qué diablos estás haciendo? ¡Vuelve al cuerpo de la bebé! —ordenó Henry, aterrorizado.

—No te preocupes, abuelo. Es un procedimiento normal. Además, tengo una guía espiritual bastante sobreprotectora, y ella no dejará que pase nada malo —dijo Vivi.

Henry notó una figura femenina de una guía en la esquina lejana de la habitación. Él asintió con la cabeza hacia ella, y recibió un saludo positivo de vuelta.

—Ella parece estar de acuerdo con esto.

—Tengo tanto que decirte y tan poco tiempo —dijo Vivi.

—¿Por qué es eso?

—¿No lo ves? Estoy perdiendo mi pertenencia espiritual. Cada vez seré menos y menos visible para ti. Además, podría despertar en cualquier momento, y tendría que volver.

—Ya veo —dijo Henry.

Vivi comenzó diciéndole a Henry el tipo de dificultades que estuvo experimentando durante la introducción de su espíritu hacia el feto.

—El inicio fue lo más difícil. Ella me estaba combatiendo e intentando echarme fuera. Creo que esa fue la razón por la que Emily tuvo un embarazo tóxico.

—¿Durante qué mes del embarazo intentaste ingresar?

—Era el sexto mes, el segundo trimestre. Me tomó el resto de su embarazo para que se acostumbrara a mí. Ahora estamos en paz.

Henry notó que cualquier expresión que veía en el rostro de Vivi, la bebé lo imitaba en su sueño. «Creo que la conexión ya es bastante fuerte», se dijo Henry a sí mismo.

De pronto, Vivi desapareció, y Henry escuchó el llanto del bebé despertando. Después de algo de alimento, ella volvió a dormir, y Vivi regresó. Henry preguntó: —¿Qué sientes al estar de vuelta con la bebé?

—No lo sé, creo que simplemente no soy más yo misma.

—¿Notaste la pausa en nuestra conversación?

—¿Fui llevada hacia la bebé? —preguntó Vivi.

—Sí.

—Lo ves, yo ya no lo noté. Por lo que sé, este estado de consciencia espiritual se terminará por completo en unos dos o tres meses.

—¿Y entonces qué pasará? —preguntó Henry.

—Entonces tendré amnesia total.

—¿No te asusta eso? —cuestionó Henry.

—Sí, pero no soy la primera y definitivamente no seré la última.

Durante los siguientes tres meses, Henry visitó a Vivi cuando fuera que ella quisiera verlo o hablar con él. Henry notó que su voz se volvía más y más débil hasta que se desvaneció por completo. La última vez que Henry la visitó, no hubo nada de conexión. Aparte de eso, ella comenzaba a llorar cuando sentía su presencia. Él nunca volvió a hablar con ella.

En una ocasión, Henry le dijo a Crotón: —Estoy en un mejor lugar ahora.

—Me agrada escuchar eso —dijo Crotón. Poco después, añadió—: ¿Deberíamos terminar la audiencia?

La expresión facial de Henry cambió; se había olvidado por completo de ella. —¿Cuándo deberíamos hacerlo? —preguntó Henry con la cara de una estatua de marfil.

—Estaba bromeando —dijo Crotón riendo—. No hay necesidad, he hablado con los jueces, y están bastante satisfechos con el progreso que estás haciendo aquí. Lo único que dijeron es que deberías explorar y aprender más.

Salón del conocimiento

—El siguiente reino que me gustaría presentarte es de suma importancia —dijo Crotón—. Sólo las almas que han terminado su audiencia pueden tener acceso a él. Es un lugar que ayuda a mantener la existencia de toda la creación.
—Ya estoy interesado —dijo Henry.
—En ese caso, que comience el viaje.
Aparecieron en medio de un gran atrio. Por lo que Henry vio, podría haber sido del tamaño de un campo de futbol. Los jardines bien organizados y bien cuidados estaban impecables. El patio entero estaba rodeado por edificios de la antigua Grecia. Uno de los edificios se levantaba mucho más alto que los otros; Henry asumió que la entrada debía de estar ahí. Un tramo largo de escaleras los condujo hacia la abertura en la pared.
—¿En dónde estamos? —preguntó Henry.
—Lo más sagrado de lo sagrado —dijo Crotón.
—¿Y bien?
—La Biblioteca Real de Alejandría.
—¿Quieres decir la réplica de ella?
—No. La réplica estaba en Egipto, esta es la original —señaló Crotón.
Por lo que Henry recordaba, había sido descubierta en el siglo III a.c. por Alejandro Magno y completamente destruida a finales del siglo IV d.C.
—Estás totalmente en lo cierto —dijo Crotón—. En un acto barbárico de rebelión, la totalidad de un conocimiento colectivo de la antigüedad fue destruido en un incendio. Desafortunadamente, eso ha continuado sucediendo a lo largo de la historia de la humanidad. Ellos recibieron el conocimiento más hermoso del Creador acerca del amor, compasión y perdón, y se las arreglaron para transformarlo en destrucción y baños de sangre, en nombre de exactamente esa fe y conocimientos. Yo fui testigo de esa locura cuando los trabajos

filosóficos más preciados de la antigüedad fueron convertidos en cenizas, en un cerrar de ojos.

—¿Por qué no pudo detenerlos el Creador? Estoy seguro de que él hubiera tenido el poder de hacerlo —preguntó Henry.

—El estar aquí abajo hace difícil el cuestionarse la intención del Creador. Sólo puedo intentar adivinar la respuesta —dijo Crotón.

—Me gustaría escucharla —contestó Henry.

—Si miras atrás, cuán rápido se desarrollaron los humanos desde comienzos del siglo VII a.c., es, de hecho, bastante impresionante. Las mentes más brillantes de ese tiempo emergían una tras otra. Puedo mencionar sólo algunos nombres como Homero, Pitágoras, Sócrates, Platón, Aristóteles. Creo que los humanos comenzaron a aprender demasiado en tan poco tiempo. Con la destrucción de la Biblioteca de Alejandría y la caída del imperio romano, la humanidad en la Europa progresiva llegó a un callejón intelectual. Hubo casi mil años de retroceso, antes del renacimiento italiano del siglo XIV d.C.

—Tiene sentido —dijo Henry—. Ahora estoy realmente ansioso por echar un vistazo dentro de ella.

—Le llamamos a este lugar, o deberíamos decirle este «reino», un Salón del conocimiento.

—¿Entramos? —preguntó Henry, dando un paso al frente.

Ellos entraron; el escenario que apareció ante los ojos de Henry fue increíblemente surreal. Sin importar en qué dirección mirara, el final de la sala en la que estaban no aparecía por ningún lado. Vio hileras de columnas erguidas paralelamente una de la otra y soportando sólo Dios sabe qué. El final de las columnas desaparecía hacia la nada.

—Desde fuera uno no hubiera dicho nunca que este lugar es tan colosal.

—Es sólo una entrada hacia otra dimensión, hermosamente decorada —dijo Crotón.

Hileras e hileras de columnas soportaban un número innumerable de estantes llenos de libros. —¿Cómo alcanza uno los libros de las repisas superiores? —preguntó Henry con sarcasmo.

—Si es esa la repisa que te pertenece, serás llevado hacia ella.

—¿Quieres decir que volaré hacia ella?

—Sí.

—¡Genial! Pero aun no entiendo cuál es el propósito de nuestra visita a este lugar.

—¿No querías saber más acerca de tus vidas anteriores? —preguntó Crotón.

La última pregunta hizo dudar a Henry por un segundo. Conocimiento. Conocimiento supremo; el mismo que Henry solía decir a sus empleados que era poder. Comenzó a despertar mucho temor en su mente. Sólo ahora Henry se percató de que el conocimiento llega con un peso, un peso aplastante de hechos pasados, con cuya exposición, él arriesgaba por completo su existencia. Estaba de pie ante un universo de conocimiento, dispuesto a acogerlo y compartir con él su sabiduría en toda su profundidad. Henry se preguntó a sí mismo: «¿Estoy listo para esto?»

—Sí, lo estás —respondió Crotón.

—Tendré que confiar en ti sobre esto —dijo Henry indeciso—. ¿Cómo sabes qué es lo que estás buscando y en dónde buscarlo?

—Este lugar está muy bien organizado.

—Estoy seguro de eso —dijo Henry.

—El lugar en el que estamos contiene toda la información de nuestro universo. Cada sección de estantes representa el número de galaxias. Están subdivididas por el número de sistemas solares. Después de eso, todo lo que tienes que encontrar es una sección que pertenece al planeta Tierra. Desde ahí, se vuelve más sencillo. Debes encontrar una sección: Historia de la humanidad, en donde los libros que te pertenecen pueden ser fácilmente detectados.

—¿Cuánto tiempo tomará esto, si no te importa que lo pregunte?

—El tiempo es un lujo del que podemos disponer aquí —dijo Crotón con una ancha sonrisa atravesando toda su cara.

—¿Existe algún atajo?

—Sí.

—¿Cuál es?

—Sólo piensa en tus estantes, y aparecerás frente a ellos.

—Lo sabía —afirmó Henry.

Momentáneamente, aparecieron frente a los estantes que, presumiblemente, pertenecían a Henry. Lo que fue bastante inusual fue que ellos estaban suspendidos en medio del aire. Al notar la confusión de Henry, Crotón dijo: —¿Tienes miedo de caer?

—No, pero no puedo decir que me hace sentir cómodo.

Antes de alcanzar un libro, Henry decidió echar un breve vistazo alrededor. En el extremo opuesto de su estante, notó la pared de pergaminos antiguos, tablas de cera, madera y piedra. Las escrituras contenían idiomas desconocidos para él.

—Espero que mis libros estén en español —dijo Henry.

—Te llevarás una grata sorpresa. Me temo que en este punto debo dejarte solo —murmuró Crotón—. Buena suerte. —Y desapareció de la misma manera en que lo hacía regularmente.

El bibliotecario

El ser dejado solo y suspendido en medio del aire, en un lugar de conocimiento infinito, no era en absoluto un pensamiento ideal para el Henry inexperto. Lo siguiente que cruzó por su mente fue: «Si esto es una biblioteca, entonces debe haber un bibliotecario por algún lado».

—¿Te puedo ayudar con algo? —preguntó una voz poco familiar. A su derecha, apareció una figura desconocida y pequeña, vestida en una larga túnica negra. La mayor parte del rostro estaba cubierto por una barba corta y blanca. Tenía una frente bastante ancha y ojos pequeños cubiertos por graciosos lentes con marco de madera, suspendidos sobre su pequeña nariz de botón. Desde una primera mirada, parecía de unos setenta años de edad.

—Hola —saludó Henry—, ¿eres un bibliotecario?

El viejo lo miró de forma que hizo sentir a Henry como el chico más tonto del salón.

—Sólo necesito algo de ayuda —dijo Henry. El viejo continuó mirándolo con la expectativa de escuchar algo que tuviera sentido—. «Quizá él no puede leer mi mente», se dijo Henry a sí mismo.

—Puedo escucharte perfectamente —contestó el viejo extraño—. Solamente estoy esperando una respuesta a mi pregunta.

La rudeza y hostilidad de este viejo hombre aturdieron a Henry.

—Sí —dijo Henry—. Me gustaría saber si puedo tomar esos libros y estudiarlos en mi casa.

—No. No puedes.

—Oookey —dijo Henry, intentando entonces un acercamiento diferente—. ¿Hay aquí un lugar más apropiado para leer? ¿Algún lugar un poco más privado en donde pueda estar más cómodo?

—Sígueme —dijo el pequeño hombre.

Henry tomó rápidamente uno de los libros en la extrema derecha de los estantes y siguió al bibliotecario enojón. Pronto, aparecieron en un salón de lectura muy espacioso. Al menos veinte filas de mesas largas de madera, corrían paralelas una de la otra desde un extremo a otro de la habitación. Las mesas habían sido acomodadas estratégicamente a cada lado de las mesas, para que no se encontraran unas con otras. Henry notó algunos lectores silenciosos, pero no había muchos. El bibliotecario le mostró a Henry su silla y pidió que le hiciera saber si necesitaba ayuda.

—Gracias —dijo Henry amablemente, mientras se acomodaba en su silla de madera.

El libro que tomó del estante tenía una portada de pasta dura, sin nada escrito sobre ella. Henry abrió cuidadosamente la primera página y no pudo creer lo que veía. No había palabras, ni letras, ni idiomas antiguos, sólo imágenes. De hecho, imágenes tridimensionales de su vida pasada en la Tierra. Cada uno de los eventos importantes en su vida fue representado ahí, como si estuviera sucediendo en ese mismo momento. Cosas, lugares y personas de los que se había olvidado por completo, salieron a la superficie desde la profundidad del tiempo. Henry intentó evitar todos los recuerdos desagradables e hizo una pausa en todos los agradables. Sorpresivamente, no había muchos de ellos.

Sólo entonces, Henry se percató de cuán corto es nuestro tiempo dado sobre la Tierra. Entendió que, en sus últimos veinte años de vida, no había vivido para nada; parecía que sólo había pasado a través, intentando evitar cualquier borde afilado de la vida en el trabajo y en casa. En todos lados buscó comodidad en un término medio. No creó realmente ningún recuerdo valioso. Todo fue una rutina; trabajo, casa, TV, fin de semana, pub, y eso era todo.

«Pude haber hecho mucho más» se dijo Henry a sí mismo.

Rose siempre le estaba rogando que viajara con ella, que fueran a explorar diferentes países. De cierto modo, él siempre salía con excusas razonables para no ir. «Viví una vida sosa y aburrida sin emoción en ella».

Llegó a él como una revelación; después de todo, sólo los recuerdos se quedan con uno. Nuestra vida entera es como un gran recuerdo. Si te separas de tus seres más valiosos, no habrá mucho que recordar. Con ese tono triste, decidió mirar alrededor y, no lejos de él, notó a una joven hermosa.

—¡Hola! —dijo Henry.

Antes de que ella tuviera la oportunidad de saludarlo de vuelta, una figura pequeña en negro, apareció entre los dos. —Creo que están aquí por un propósito y si éste ha sido cumplido ya, pueden marcharse —dijo el bibliotecario.

—¿Cuál es tu problema? —preguntó Henry.

—Mi problema, como lo llamas, es mantener el orden aquí.

—Okey, quizá hemos comenzado con el pie izquierdo, intentémoslo de nuevo. Mi nombre es Henry.

—Aaron —replicó secamente.

—Ya que esta es mi primera vez aquí…

—Lo sé.

—Y no se mucho acerca de las normas y reglamentos de este lugar, ¿me podrías ayudar con esto, por favor? —preguntó Henry amablemente.

Aaron cambió su expresión, dejó caer su actitud defensiva y preguntó nuevamente: —¿Cómo puedo ayudarte?

—Siento como si estuviera de pie frente a este océano de conocimiento y no sé por dónde comenzar.

—¿Por qué no comienzas con una pregunta, una pregunta con la respuesta que más estés buscando? —dijo Aaron.

—¿Puedo echar un vistazo al futuro?

—Si quieres saber cuándo se reunirá tu esposa contigo, puedo decirte que estarás perdiendo tu energía.

—¿Por qué es eso?

—Definitivamente puedo decirte que será ahora en algún momento.

—¿Estás hablando sobre este largo día llamado existencia?

—Sí —dijo el bibliotecario, sonriendo inocentemente—. Deberías comprender que el futuro es impredecible, mientras que el pasado está grabado en piedra. Sólo el pasado puede determinar quiénes somos en realidad. El propósito de esta biblioteca universal es mantener el pasado. Cada acto, palabra, o pensamiento, ha sido grabado permanentemente desde el día de la creación de este universo. Cualquier evento o tipo de información que haya sido grabada, se mantendrá por toda la eternidad. Tu humilde servidor es un guardián de eso.

—¿Eres un guardián del conocimiento?

—Sí —contestó Aaron.

—¿El conocimiento necesita ser resguardado? —preguntó Henry de forma inquisitiva.

—El conocimiento puede ayudar o dañar si se presenta a destiempo.

—¿Cómo saber qué debe permanecer desconocido y qué debe conocerse?

—No necesitas saberlo —contestó Aaron—. El conocimiento puede exponerse ante ti sólo si estás listo para recibirlo.

—No lo comprendo.

—De todos estos diferentes portadores de información, sólo tienes acceso a unos pocos.

—¿A cuáles? —preguntó Henry.

—A aquellos con los que resuene tu nivel de consciencia. Básicamente, no serás capaz de mirar a través de la vida de otros, y en cambio, nadie puede ver la tuya. Tu consciencia o nivel de vibración es como una huella dactilar en el mundo físico; siempre única.

—De hecho, me acabo de dar cuenta de lo que me gustaría saber de mi pasado —dijo Henry con emoción.

—¿Qué?

—Me pregunto cuál era mi relación con Crotón en el pasado, si es que había alguna relación.

—Eso puede arreglarse, solo piensa en eso —contestó Aaron.

Un segundo libro apareció frente a Henry, justo como el primero. No podía esperar a abrirlo y, diciéndole gracias, le hizo saber al bibliotecario que necesitaba algo de privacidad.

—Antes de marcharme, deberías saber que mientras te sumerges en un libro, puedes elegir entre ver o participar en la acción —dijo Aaron a medida que desaparecía.

—Casi como un videojuego —dijo Henry.

Venganza

Vio un grupo de hombres reunidos con una nube de ansiedad y agresión flotando sobre ellos. Parecía como si estuvieran ocupados planeando un ataque. Estaban armados con cuchillos y espadas cortas romanas. Todos vestían con túnicas cortas y sandalias de cuero. «Me pregunto si yo estoy entre ellos —se dijo Henry a sí mismo». Inmediatamente fue succionado hacia la escena, y se volvió parte de la acción. Por la forma en como los demás se involucraban con él, llegó a la conclusión de que era el líder del grupo. Enojo y frustración estaban consumiendo su mente y corazón. Henry esperaba el atardecer. Entonces, condujo a su grupo a través de una plantación de olivos hacia una casa magnífica patricia romana. El grupo de invasores estaba intentando mantenerse en silencio, ya que no querían arriesgarse a alarmar al casero.

—Podría tener guardias —dijo Henry a sus cinco seguidores.

La puerta que conducía hacia el interior de la casa no estaba cerrada con llave. Abriéndola cuidadosamente, el grupo de seis entró a la casa. Comenzaron a moverse de habitación en habitación, buscando a alguien. El interior de la casa era igualmente hermoso. Cada habitación estaba decorada con más riquezas que la anterior. Henry no estaba seguro de por qué estaba ahí; cuestionaba sus propias intenciones en su mente. La casa parecía completamente inhabitada. Estaban casi perdidos en un laberinto de pasillos y habitaciones.

De pronto, uno de sus conocidos le llamó por su nombre: —Titus, lo encontré.

Henry entró a una habitación relativamente grande y, a juzgar por el número de pergaminos colocados alrededor de la habitación, era la biblioteca. Justo al otro lado, opuesto a la puerta, estaba un escritorio de madera tallado minuciosamente, detrás del cual estaba un hombre vestido todo de blanco con una túnica ribeteada en rojo, del tipo que sólo usaría un senador romano. Sin prestar atención a los intrusos, el hombre continuó escribiendo. Titus se acercó más al escritorio y se dio cuenta de que había encontrado al objeto de su deseo. Henry fue capaz de identificar el rostro de la persona detrás del escritorio, bajo la luz atenuante de la puesta de sol que se asomaba a través de un agujero en la pared, y de las antorchas colocadas al lado opuesto de ella. Era Crotón.

—No, no puede ser —dijo Henry.

Todo estaba listo en la habitación, pero nadie tenía las agallas para molestar al bien conocido senador. Toda Roma lo conocía. El mismo Titus solía ser un gran admirador de Crotón. Después de lo que había hecho junto con otro grupo de senadores, Titus no tenía piedad por él. La gente de roma solía amar al César por su fuerza como líder y su generosidad como ser humano. Finalmente, las cosas estaban cambiando para bien. Él se las había arreglado para poner fin a la corrupción y falta de leyes, que, como una serpiente, coronaba el cuerpo de Roma y estrujaba, sacando de ella la luz de su vida. Todos solían admirar al César. Las noticias de su asesinato rodearon Roma más rápido que la velocidad de la luz y se las arreglaron para levantar la furia y odio por aquellos que habían matado a su César.

Crotón, conocedor de lo que les había sucedido a sus conocidos, sabía que él sería el siguiente. Sentía el aliento de la muerte sobre su cuello, pero no tenía miedo. Sabía que su participación en el golpe había sido lo correcto. Era un fuerte partidario de la democracia, y estaba seguro de que el emperador y la tiranía no eran buenos para Roma. Esa mañana, había ordenado a cada miembro de su familia, incluidos sus esclavos, que dejaran su casa por la otra que tenía en una remota esquina del imperio. Por tanto, estaba listo para mirar a la muerte directo a los ojos. No tenía dudas en su mente de que estaba actuando en defensa de los acusados. Su consciencia estaba tranquila. El resto del día, Crotón lo pasó detrás de su escritorio, escribiendo su testamento y últimas instrucciones para su esposa e hijos.

Los intrusos se detuvieron indecisos y no sabían qué hacer. El comportamiento del senador era bastante inesperado y ocasionó que todos dudaran por un par de segundos. Los conocidos de Titus lo miraron en busca de instrucciones; él dio un paso al frente y, con un golpe rápido, clavó la punta de su espada en la superficie de madera del escritorio. Ese acto provocó que Crotón bajara su pluma y levantara la mirada para observar directo a Titus. Sólo entonces, Titus se percató de que la misión que había tomado para sí mismo, no sería una fácil de cumplir. En solo un parpadeo de los ojos de Crotón, él sintió toda la fuerza del imponente senador.

El hecho de que no mostrara miedo alguno y que no suplicara por piedad como los otros, hizo que el cometido de Titus fuera más difícil de lo que hubiera podido anticipar. Titus sabía que no podía mostrar ninguna debilidad, pero se dio cuenta de que era él quien debía llevarlo a cabo. Las únicas palabras que dijo Crotón fueron: —Terminemos con esto. —Levantó su mano derecha y expuso rápidamente su hombro derecho.

Titus sacó su espada de la superficie del escritorio y se movió hacia la parte trasera de la silla del senador. Una parte de él quería detener esa pantomima, girarse y marcharse disculpándose, pero la otra parte tomó por completo el control de la mente de Titus. Lo impulsó a cumplir la tarea por la que habían ido. Titus colocó la punta del frío metal entre el cuello de Crotón y su hombro y se detuvo por un segundo.

Los ojos de Crotón se elevaron hacia el techo y dijo: —¡Hazlo!

Titus rugió como un animal herido por unos dientes apretados fuertemente y, aplicando el peso completo de su cuerpo, hundió la daga justo hacia el corazón de Crotón. Los perpetradores estaban sorprendidos por la expresión en el rostro de Crotón; él había apretado sus labios tan fuertemente para no dejar salir ningún sonido, pareciendo como si los hubiera mordido. Crotón se inclinó lentamente hacia el frente y su cabeza sin vida golpeó el escritorio. La sangre se derramaba de la herida abierta y convirtió sus páginas, entintadas recientemente, en un charco de papel rojo. A medida que las páginas comenzaron a inundarse, la última línea llamó la atención de Titus; ésta decía: «No tengo arrepentimientos».

—Vaya hombre tan fuerte —dijo Titus, mientras dejaba rápidamente la escena.

Henry no podía creer lo que acababa de atestiguar. «¿Yo maté a Crotón? No. Después de todo esto, él se volvió mi mentor y guía espiritual. Ayudándome y cuidándome. ¿Cómo pude? Ahora debo vivir con ese conocimiento».

De pronto, Henry se percató de que esta aventura de desenterrar su pasado, no era tan buena idea. «Qué criaturas tan extrañas somos, que estando sobre la Tierra deseamos saber más y más. Culpando a los gobiernos de ocultarnos cosas, siempre viendo conspiraciones en todos lados. Sin darnos siquiera cuenta de que una vez que sabemos, tienes que vivir el resto de tu vida con eso. Ese conocimiento permanecerá para siempre con nosotros, alterando por completo nuestra existencia». Henry notó que había más páginas detrás, y la amarga curiosidad se apoderó nuevamente de él.

No sucedió nada importante en la vida de Titus, después de ese incidente. Sin embargo, fue el final lo que atrajo la atención de Henry. Fue dos años más tarde, y Titus estaba dejando una taberna local a altas horas de la noche, un poco borracho, pero aún capaz de caminar por cuenta propia. En una de las calles más oscuras de Roma, fue detenido por un grupo de tres personas armadas con cuchillos, quienes demandaban su dinero. Además de la oscuridad enceguecedora, Titus no los podía ver detrás de sus máscaras.

—¡Malditos ladrones! —dijo Titus, mientras arrojaba hacia sus pies un saco de cuero lleno con monedas de plata. Sabiendo que el incidente se había terminado y que ellos habían recibido lo que querían, Titus se giró para marcharse. En ese momento, sintió un dolor penetrante en su corazón. Sin percatarse de lo que había sucedido, se giró y vio un cuchillo cubierto de sangre, en manos de uno de los ladrones. Sus piernas no podían cargar más su propio peso. Titus cayó sobre sus rodillas y se desplomó sobre su costado. La última visión que tuvo, antes de que todo se tornara blanco, fue el rostro de Crotón. Henry cerró el libro y dijo: —Se ha hecho justicia.

De pronto, sintió la urgencia de regresar a su casa, alejarse de ese peso aplastante de conocimiento. El bibliotecario apareció antes de que Henry tuviera siquiera la oportunidad de pensar en él.

—¿Sí? —dijo Aaron.

—Me gustaría regresar a mi realidad. Mi hogar. ¿Podrías explicarme el proceso, por favor? —dijo Henry.

—Deja los libros; yo me haré cargo de ellos. Ya que conoces este lugar, no tendrás problemas en volver cuando gustes. Esa silla estará siempre disponible para ti.

—Gracias. —Tomando un respiro profundo, Henry dijo—: Mi hogar.

Retirada

Finalmente, Henry pudo respirar libremente, o algo parecido a ese alivio. Sabía que el proceso de desenterrar el pasado era una absoluta necesidad de su desarrollo personal. Sólo que era demasiado por asimilar. Henry decidió que lo haría gradualmente. Caminó fuera de la casa hacia la playa, y sintió como si algo faltara en su vida, algo muy importante, sin lo cual, la vida en la Tierra hubiera sido inimaginable.

—Noche —dijo Henry.

Estaba tan cansado de este día eterno; en casa, cuando era joven, Henry solía decir: «El sueño es una pérdida de tiempo, estamos malgastando casi la mitad de nuestras vidas en apagones». Ahora, él hubiera dado lo que fuera por una buena noche de sueño. Se dio cuenta de lo importante que era una pausa. Cada mañana solía traer un nuevo comienzo, nuevas oportunidades, y la oportunidad de dejar en el pasado los problemas y recuerdos indeseados. Henry se acababa de percatar de que la noche era la división entre el ahora y el antes, entre el presente y el pasado. El no tener esa división, estaba amontonando todas las experiencias que tenía en un bulto inmanejable de recuerdos. A medida que pensaba, notó que los colores a su alrededor parecían apagarse. Era una especie de puesta de sol sin el sol mismo, y era sencillamente hermoso.

Indescriptible en su magnificencia, la extensión de colores cubrió por completo el horizonte. —Debí haber hecho esto antes —dijo Henry.

Lentamente, los colores se desvanecieron, renunciando a su esencia ante la oscuridad inminente. Henry quería tener una noche perfectamente iluminada por la luz de la luna, cubierta con una manta de innumerables estrellas a través del cielo oscuro. La desaparición gradual de la luz y el progreso de la oscuridad, suscitó miedo dentro de la mente de Henry. —¿Y qué si lo pierdo todo?

Se sentó quieto sobre la arena y observó la luz desvaneciéndose en el horizonte. Antes de que todo se sumergiera en oscuridad total,

Henry notó un destello de luz; era la luna saliente. Sobre la superficie tranquila del mar, apareció un rayo de luz corriendo hacia Henry. Se volvía más y más ancho a medida que la luna revelaba su belleza total. Henry se recostó sobre la arena y observó sobre él millones de estrellas salpicadas por todo el cielo. Por primera vez desde que su tiempo sobre la Tierra terminó, sintió como si no pudiera mantener abiertos sus ojos; quería dormir.

Una sola palabra le vino a la mente: —Perfección —dijo Henry, mientras caía en un sueño profundo.

Henry abrió sus ojos ante la luz del día y, sobre él, vio a Crotón de pie. —¿Dormiste bien? —preguntó Crotón.

—De hecho, sí que lo hice —dijo Henry a medida que se levantaba—. ¿Sabes cuánto tiempo estuve dormido?

—¿Realmente importa?

—Sí, sí importa.

—No lo sé. Yo te encontré ya dormido.

Henry se sorprendió. ¿Cómo podía Crotón no ver la importancia del «tiempo»? El tiempo era la única línea de vida que lo conectaba con Rose. ¿Qué pasaría si visitaba a Rose y descubría que ya habían pasado otros seis años? ¿Cómo no podía ver eso Crotón?

—Ya veo, y sé que el tiempo mantendrá su significado para ti mientras tengas a tus seres queridos en el mundo físico. Una vez que ellos crucen, el tiempo será el menor de tus preocupaciones —dijo Crotón.

—No puedo esperar —afirmó Henry.

—Así que, ¿cómo fue tu excursión al pasado? —preguntó Crotón.

—¿De qué estás hablando?

—La biblioteca

—Oh, por Dios, me había olvidado por completo de eso. Parece que el sueño sí que ayuda. Por favor perdóname por lo que he hecho.

—¿A qué te refieres? —preguntó Crotón, sorprendido genuinamente.

—Tu ejecución.

—Ya veo —dijo Crotón—. Ya lo sabes.

—Sí, y estoy profundamente arrepentido.

—No lo hagas, me lo merecía. De cualquier forma, fuiste sólo una herramienta en las manos de los albaceas. Además, debes saber que, mientras estuviste en la biblioteca, nuestra conexión dejó de existir.

—¿Por qué yo? —preguntó Henry un poco más tarde.

—¿A qué te refieres?

—¿Por qué me elegiste para ser mi guía espiritual?

—Es otra ley de la existencia —respondió Crotón—. Una vez que cometemos cualquier acto de violencia hacia alguna otra alma, estamos unidos, unidos por toda la eternidad hasta que las diferencias se hayan solucionado.

—Ya veo. Para continuar lo que acabas de decir, el hecho de que el albacea me utilizara para castigarte, ¿eso me hace inocente?

—No —dijo Crotón con una voz fuerte—. Ellos no te usaron, usaron tu ira. La ley del libre albedrío prevalece a través de toda nuestra existencia. Ningún albacea puede forzarte a hacer algo en contra de tu voluntad. Esa tarde en mi casa, tú hubieras podido detener ese acto cuando quisieras, pero decidiste continuar.

—Sí. Eso también lo sentí —dijo Henry. Entonces, notando de pronto algo, preguntó—: ¿Eso significa que también tengo un lazo con el asesino de Titus?

—Sí, y pronto descubrirás su identidad.

Una súbita ráfaga de viento golpeó a Henry en el rostro. —Pasa algo malo con mi familia —dijo Henry.

—¿Por qué no ves cómo están?

—Rose —dijo Henry a medida que desaparecía.

Hospital

Henry estaba de pie en uno de los pasillos de un hospital bastante familiar. «Ahora qué?» dijo Henry con un suspiro. Intentó descubrir el nombre del departamento en el que estaba. Estaba escrito directamente sobre su cabeza, Oncología. «Esto no puede estar bien», se dijo Henry mientras buscaba a Rose.

Fue llevado hacia un consultorio médico en donde la encontró sentada en una silla de la recepción. —Has cambiado tanto —dijo Henry mientras miraba a su esposa avejentada.

Notó arrugas que nunca antes había visto bajo sus ojos, sobre su frente y alrededor de su boca.

—Mi querida Rose está envejeciendo. —Entonces se le ocurrió—: ¿En qué año estamos? —Mirando a su alrededor, Henry encontró un calendario de pared—. Oh por Dios, han pasado otros seis años.

Rose parecía bastante preocupada por algo, pero él no tenía idea del por qué. —Puede ver ahora al doctor —dijo la recepcionista mientras observaba a Rose.

Rose entró vacilante a la habitación y se sentó sobre el borde de la silla, frente al doctor. Henry la siguió.

—Me temo que no tengo buenas noticias para usted —dijo el doctor—. Nuestros peores temores han sido confirmados.

—¿Qué? ¿Qué ha sido confirmado? —gritó Henry.

—¿Cuánto tiempo tengo? —preguntó Rose.

—Si elige realizar terapia de radiación después de la cirugía, ganaremos un par de años.

—Tendré sesenta y uno —murmuró Rose.

—Una cosa más, tendremos que amputar su seno izquierdo. —Las últimas palabras sonaron como una sentencia en el infierno para Rose y Henry.

—¡No, no! ¡Esto no puede pasar! —exclamó Henry.

—Me temo que ya está sucediendo —dijo Crotón, mientras aparecía detrás de él.

Por un momento, Rose quiso negarse a la cirugía y preguntó:
—¿Qué pasará si elijo no someterme a eso?
—Entonces tendrás de tres a cinco meses —contestó el doctor.
—Emily aún me necesita. —Rose tomó una decisión en esas pocas palabras que murmuró para sí misma.

Aparte de eso, su amor por Vivi era tan fuerte, que no podía imaginarse perdiéndose un solo minuto de su vida. Rose accedió a la cirugía. Los sentimientos contrastantes estaban rasgando a Henry en pedazos. Por un lado, no podía esperar a que Rose se le uniera, mostrarle el lugar, compartir con ella todo lo que había aprendido. Por otro lado, se dio cuenta de que su enfermedad no permitiría que su transición fuera sencilla.

Rose tuvo la sospecha de tener cáncer por mucho tiempo desde que sintió el pequeño bulto en su seno izquierdo. Siempre se las había arreglado para convencerse de que no había nada que temer, siempre dejando para después la visita al médico. Quizá una parte de ella extrañaba tanto a Henry, que no podía esperar a unírsele. Ahora, de pie ante la decisión entre la vida y la muerte, eligió más tiempo. A pesar de que desde la muerte de Henry había encontrado refugio en libros espirituales, aprendiendo acerca de reencarnación, karma, meditación y muchas otras cosas, aún, muy en lo profundo, tenía sus dudas. «¿Y si están equivocados y no hay nada después de la muerte?»

Hasta ahora, Rose mantuvo discreta su enfermedad de la familia. Nadie sospechaba nada, y ahora tenía que decirles. Rose invitó a Emily y a su familia para cenar. Henry siguió a Rose todo el día, sin saber qué más hacer. La llegada de Emily con su esposo y Vivi fue un regalo agradable para Henry. Estaba sólo un poco preocupado acerca de la reacción de Vivi ante su presencia. Ella ni siquiera lo notó. Después de la cena, Rose compartió con su familia el secreto que había estado guardando. Emily estaba deshecha y culpó a Rose por no haberla escuchado y por haber dejado el chequeo a un lado hasta que fue demasiado tarde.

—Mamá, no debes preocuparte. Pasaremos por esto juntos, y yo sé que todo saldrá bien. Además, tenemos a papá del otro lado.

Henry se detuvo un minuto. —Oh, cielos, ¿cómo voy a ayudar a mi Rose?

El gran día llegó y Rose entró a su cirugía. Henry permaneció en el quirófano durante todo el procedimiento e intentó proporcionar algún tipo de alivio para ella. Lo que le sorprendió fue que Crotón estuvo a su lado todo el tiempo. La recuperación de ella no resultó como debería. Una vez durante la noche, Henry casi sintió la presencia de Rose en el mundo espiritual.

—¿Qué está sucediendo? —le preguntó él a Crotón.

—Es posible que ella no logre pasar la noche —contestó Crotón.

—Por favor, haz algo —suplicó Henry, sin saber qué más hacer.

—Haré todo lo que esté a mi alcance —aseguró Crotón mientras desaparecía.

Justo antes del alba, Crotón reapareció con un hombre bastante extraño junto a él.

—¿Quién es? —preguntó Henry.

—Es uno de los mejores médicos que haya conocido. Cuando fuera que necesitara intervención médica, él era el primero en saberlo, y nunca me ha fallado —respondió Crotón.

El extraño médico estaba envuelto en una tela gris. Tenía una barba blanca larga, un rostro arábico bronceado, ojos oscuros y una nariz larga y recta. Ibn Sina se presentó a sí mismo. Henry, inclinando su cabeza, le mencionó su nombre.

Ibn Sina le preguntó a Crotón:

—¿No ha terminado su tiempo?

—No. Además, ella elige vivir.

Sin perder más tiempo en palabras, él comenzó su trabajo. Elevó su mano derecha y abrió su palma como si intentara soportar un objeto invisible. Colocó su mano izquierda sobre el pecho de Rose y cerró sus ojos.

Un poco más tarde, Henry notó una suave luz colándose a través del techo hacia su palma abierta. Viajaba a través del cuerpo del doctor hacia el pecho de Rose. La luz se tornó más y más fuerte, y pronto el doctor le recordó a Henry a una estatua antigua que era golpeada continuamente por relámpagos. Henry se movió más cerca de Rose y notó que su aliento comenzaba a estabilizarse, el color regresaba a su rostro y ella tenía un semblante de paz y serenidad.

Cuando el procedimiento finalizó, Ibn Sina dijo: —Ella estará bien. No deben preocuparse.

—¿Cómo puedo agradecerle, doctor? —preguntó Henry.

—No tienes por qué, yo ya he sido compensado.

—¿Cómo?

—Al brindarme la oportunidad de ayudar. —El doctor se despidió, se excusó y desapareció.

—¿Quién era él? —indagó Henry.

—Su última vida en la Tierra fue alrededor del siglo X d.C. Era un médico bastante reconocido, científico, filósofo y político.

—Lo sentí —dijo Henry.

—Es un alma bastante vieja. Pido su ayuda sólo en casos extremos. Su grandeza no es debida a la última vida que tuvo, sino por el proyecto en el que estaba involucrado.

—¿Qué proyecto? —preguntó Henry con curiosidad.

—El proyecto —dijo Crotón, elevando sus cejas.

—¿Vas a decirme o no?

—El proyecto de crear un cuerpo humano.

—¿Qué? —Henry estaba sorprendido—. Creí que ese era trabajo del Creador.

—Nada existiría sin el creador. Debes comprender que él inició la creación y estableció las leyes universales. Después de eso, depende de nosotros el continuar, florecer y evolucionar en todas las dimensiones físicas y no físicas.

—¿Así que estaría en nuestro poder el destruirlo todo? —preguntó Henry.

—Las leyes universales están para prevenir una destrucción de la creación. Sin embargo, sin creación no habría Creador.

—¿Podrías decirme más acerca de la creación del primer humano, por favor?

—No fue sencillo. Antes de que surgiera la anatomía del cuerpo que usamos ahora, tomó muchos miles de años de ensayos y errores.

—¿Puedes ser más específico? —insistió Henry.

En ese mismo momento, la puerta de la habitación se abrió y entró la enfermera para despertar a Rose para que tomara su desayuno y para su chequeo matinal.

—Hablaremos más tarde sobre el primer hombre —dijo Crotón.

—Sí, puede esperar. Veamos lo que tiene que decir el doctor.

El médico de Rose confirmó su recuperación exitosa y le dijo que podría ir a casa en dos días.

—Gracias —dijo Henry a Crotón.

—Ni lo menciones.

Rose se negó ante la oferta del doctor de realizarle una cirugía plástica.

—No tengo a nadie a quien impresionar.

Dos días más tarde, durante el chequeo de Rose, Henry volvió a su realidad sabiendo que había hecho algo por Rose, a pesar de estar del otro lado del universo.

El primer hombre

Cuando Henry volvió, Crotón ya estaba esperándolo. —¿Por qué nunca me has invitado a tu casa? —preguntó Henry—. Me gustaría ver qué clase de realidad has creado para ti mismo.
—No lo he hecho porque no tengo ninguna.
—¿A qué te refieres? —preguntó Henry.
—Yo ya no lo necesito. En un principio, tenía mi propia Roma antigua. Más tarde, descubrí que no hay necesidad para tenerla y la dejé ir.
—¿Dejar ir?
—Sí. Se desvanece, o, en otras palabras, se devuelve al balance.
—Ya veo. ¿Qué pasa si quieres estar solo?
—No me ha pasado en tanto tiempo que he olvidado cómo se siente. Además, siempre tengo algo que hacer.
—Oh —dijo Henry con una mirada triste en su rostro, sintiendo pena por Crotón—. Acabo de recordar, me estabas hablando acerca del proyecto.
—Sí, como dije antes, Ibn Sina, siendo un joven científico, estuvo involucrado en el proyecto de la creación para que tuviéramos un cuerpo idóneo. El primer requerimiento fue compatibilidad con el alma, después, ser capaz de darnos la oportunidad de experimentar la realidad física. Más importante aún, entendernos a nosotros mismos. Deberías saber que los científicos que dedican sus vidas a la ciencia sobre la Tierra, hacen lo mismo una vez que se encuentran en el mundo espiritual. Ibn Sina fue uno de ellos y nadie conoció el cuerpo humano mejor de lo que él lo hizo.
—Cuéntame más acerca del primer hombre —apresuró Henry.
—Los primeros humanos no eran como los conoces ahora.
—¿Cómo eran? —preguntó Henry.
—Eran semitransparentes. Algo entre un ser espiritual y uno físico. No tenían necesidad de comida, y la energía universal era suficiente para mantener su existencia sobre la Tierra. Eso no era lo que habían esperado los diseñadores; ellos querían que la gente tuviera

una experiencia física completa e íntegra. Más tarde llegaron los primates. Muchos tipos de ellos fueron creados y descreados, antes de que dieran con el diseño del cuerpo que estamos usando ahora.

—¿Qué quieres decir con descrear? —preguntó Henry.

—Los científicos detuvieron su capacidad para reproducirse.

—Crotón estaba en su medio. Le gustaba compartir todo el conocimiento que se las había ingeniado para recolectar durante su larga estancia en los reinos transitorios. Continuó hablando sobre lo emocionante que fue descubrir la habilidad humana para reflejar su medio y su entorno. Más que nada, su habilidad para darle uso a las paredes de las cuevas para representar la vida diaria y su escenario…

De pronto, Crotón sintió como si estuviera perdiendo la atención de Henry. —¿Te estoy aburriendo? —preguntó Crotón.

—No. Todo es muy interesante; solo que mi mente se fue a otro lado.

—Pude sentirlo, y no logro adivinar en qué está en tu mente.

—De cierta forma, creo que lo que acabas de decirme no tiene importancia. La búsqueda de las respuestas a las preguntas que están más allá de nuestro entendimiento nos está llevando lejos del propósito y las razones de nuestra propia existencia. —Mirando directamente a los ojos de Crotón, Henry preguntó—: ¿Puedes darme una respuesta a la pregunta más importante? ¿A la pregunta que me ha estado desconcertando desde que tengo memoria?

—¿Qué te gustaría saber? —preguntó Crotón seguro de sí mismo.

—¿Me puedes describir al Creador?

Crotón vaciló por un segundo de indecisión y, después de una breve pausa, dijo: —Puedo darte mi forma de percibirlo.

—¿Estás seguro de tu conocimiento? —preguntó Henry.

—Le estás pidiendo a una gota de agua que te describa el océano con todos sus habitantes.

—Ese es exactamente mi punto —dijo Henry—. Creo que sé lo que debo hacer ahora.

—¿Qué? —preguntó Crotón, notado la emoción de Henry.

—Me gustaría volver a la Biblioteca.

—A la velocidad de Dios.

Él sabía que la próxima vez que viera a Henry, notaría una diferencia en él. Un alma diferente, una que ha comenzado su propia misión en búsqueda de una respuesta para las preguntas más importantes. Preguntas acerca de la existencia de nuestras almas. TANTOS grandes pensadores dijeron que las respuestas a esas preguntas se podrían encontrar solamente dentro de uno mismo. ¿Cómo podemos hacer eso si no sabemos en realidad quiénes somos? Nuestro interior fue forjado a través de muchas vidas en las realidades físicas y espirituales. Henry estaba camino descubrir su propio camino al autoconocimiento.

«Cómo ha crecido». Crotón sonrió como un padre orgulloso hablando sobre su hijo.

Crotón tenía razón al decir eso. Había estado cuidando a Henry desde el momento de su decisión de tomar otro viaje a la Tierra. Desde el momento de su nacimiento, hasta el momento de su muerte física. Crotón se percató de que, pronto, Henry sería bastante capaz de continuar por su cuenta. Ese hecho lo volvió un poco triste.

—A la velocidad de Dios —repitió Crotón y abrazó a Henry por primera vez.

Autodescubrimiento

Henry estuvo de vuelta en la Biblioteca en un parpadear de ojos. Aaron había mantenido su palabra y la silla de Henry estaba disponible, llamándole para que hiciera uso de ella. Nunca antes en su vida estuvo más seguro de algo.

«El conocimiento en los reinos espirituales no es poder, como lo dicen en la Tierra. No hay nadie aquí para vencer ni impresionar. El conocimiento es libertad, libertad ante todo miedo. La libertad se puede ganar a través de un gran dolor», dijo Henry para sí mismo.

Él sabía que cada libro de sus vidas pasadas contenía hechos que Henry hubiera dejado agradecidamente en el pasado. Hechos que podrían exponer viejas heridas y ocasionar inmenso sufrimiento.

—No tienes por qué hacer esto —dijo Aaron mientras aparecía de pronto.

—Lo sé, pero elijo hacerlo.

—¿Por qué?

—Creo firmemente que sólo más allá de aceptar los miedos, es que encontramos libertad y, con eso, espero encontrar mi yo verdadero.

—Te ayudaré gustosamente en esa misión —dijo Aaron con un tono de profundo respeto en su voz—. ¿Por dónde te gustaría comenzar?

—Por el principio —contestó Henry.

—Para ser productivos, debemos seguir dos reglas importantes. La primera, debes ser preciso con lo que quieres saber. La segunda, se debe hacer la pregunta correcta.

—Okey. No hace mucho, Crotón me mostró escenas de mi pasado en donde fui un albacea.

—¿Eso te molesta? —preguntó el bibliotecario.

—Oh, sí, me molesta bastante.

—Todos han pasado por eso, y es la contribución más importante para el proceso de nuestro desarrollo. También para el proceso de mantener el balance.

—Sí, comprendo eso. Lo que me gustaría saber es, ¿qué tipo de vida tuve antes de eso? —dijo Henry.

—Ya veo —dijo Aaron. Un nuevo libro apareció frente a Henry—. Ahora te dejaré —dijo Aaron mientras se marchaba.

Henry veía cada libro nuevo como un obstáculo para vencer en su camino para liberarse de su pasado. Con un corazón temblante, abrió el libro. Frente a él estaba una joven con un rostro bastante bonito. A pesar de que vivía en una casa bastante opulenta, su vestido no era tan impresionante. Tenía hermosos ojos azules, una cara pálida y cabello rubio. A juzgar para Henry, podría haber sido una de las ciudades del imperio romano, en algún punto entre los siglos II y III d.c. Más tarde, descubrió que ella vivía en las habitaciones de los sirvientes con su esposo y su pequeño niño. Pronto, Henry se dio cuenta de que la chica y su familia eran de hecho esclavos, en manos de una de las familias romanas más acaudaladas. Obviamente, Henry se concentró en las aventuras de su esposo, pero pronto se volvió más claro que ella era el personaje principal en ese acto.

Las dudas crecieron en su mente y Henry preguntó: —¿Quién era yo?

Inmediatamente se vio llevado hacia la escena. El percatarse de haber sido una joven esclava lo volvió bastante incrédulo. Hubo una urgencia por ser el observador y no el participante del acto.

El bibliotecario, cerca de Henry, notó su confusión y preguntó: —¿Sucede algo malo?

—Creo que todo está mal —dijo Henry.

—¿Qué cosa en particular?

—¿Realmente era yo una mujer?

—Sí —dijo Aaron, con una sonrisa gentil sobre su rostro.

—¿Qué me hizo elegir volverme mujer? —preguntó Henry, sorprendido.

—Los beneficios —dijo Aaron.

—¿Beneficios para quién?

—Beneficios para ti.

—Imposible —dijo Henry, decepcionado.

—Permíteme explicarte por qué elegimos cambiar de género. Como bien sabes, la humanidad se divide en dos géneros, masculino y femenino. Eso sería verdad también para la mayoría del reino animal.

—Estoy de acuerdo —dijo Henry a medida que asentía con la cabeza.

—Sin embargo, lo que somos incapaces de ver, es que la creación entera representa una energía masculina o femenina.

—¿Qué pasa con las personas gay? —susurró Henry mientras observaba a su alrededor—. ¿Puedo decir eso aquí?

La reacción de Aaron fue inesperada, de hecho, estalló en carcajadas. Una vez que el bibliotecario se tranquilizó, dijo: —¿Has notado que incluso en la unión de humanos del mimo género, uno siempre actúa como el esposo y el otro como la esposa?

—Sí, tienes razón.

—Así que el género no tiene nada que ver con ser hombre o mujer, es todo sobre la energía.

—Si es que te comprendo bien, ¿entonces un hombre puede tener energía femenina y una mujer puede tener energía masculina?

—Absolutamente correcto. Esa afirmación es cierta también para el mundo espiritual. Por ejemplo, yo te veo de la forma en que tú te ves a ti mismo. Tú te consideras como un hombre o masculino, y esa es la razón por la cual yo te percibo como tal. En realidad, sin embargo, no tienes cuerpo físico, y como resultado, no tienes género. Todo lo que hay ahí, es energía masculina.

—Lo comprendo —dijo Henry con el rostro de un hombre que no estaba del todo convencido.

—Eso es suficientemente bueno para mí —dijo Aaron.

—Odio hacer esto, pero no me puedo resistir a preguntar…

—¿Qué pasa ahora?

—Has estado en este universo de conocimiento por tanto tiempo, seguro que sabes más que otros.

—Un poco más —dijo Aaron con modestia.

—Sé que no puedes explicarme sobre el Creador, pero, ¿podrías decirme de dónde provienen estas energías masculina y femenina?

—Tenías razón acerca de mi incapacidad para decir qué o quién es el Creador. Mi propia tarea en esa dirección crea aún más preguntas que respuestas. Pero olvidémonos de tus vidas pasadas por un momento. Me gustaría organizarte una excursión.

—¿Una excursión a dónde? —preguntó Henry con un ligero toque de miedo en su voz.

—Nada de lo qué preocuparse. Intentaré ayudarte con la pregunta sobre los hombres y las mujeres.

Atria

Antes de que Aaron terminara su oración, Henry notó la figura de una mujer apareciendo en uno de los arcos de la pared que separaban el salón de lectura del resto de la biblioteca. Ella vestía un vestido largo, ajustado, que cubría sus piernas por completo y mostraba las curvas que enmarcaban su cuerpo inmaculado. Sus ojos café claro parecían estar buscando a alguien. Un segundo después descubrió el objeto de su deseo, se movió hacia Aaron y Henry. Lo que más sorprendió a Henry fue que no estaba caminando; parecía como si ella estuviera deslizándose sobre la superficie del piso de mármol. Una vez que estuvo más cerca, Henry notó una sensación única con su vestido, o, mejor dicho, la tela. Tenía un brillo interno que albergaba un tono plateado con toques ligeros de dorado brillante. Su rostro le parecía bastante familiar a Henry; parecía como si fuera pariente de Elizabeth Taylor.

Ella se detuvo a una distancia cómoda de él y, mirando directo a sus ojos, dijo: —Yo soy Atria.

—Gusto en conocerte, Atria —dijo Henry, presentándose a sí mismo a cambio.

—¿Cómo me veo? —preguntó Atria.

—Espectacular —dijo Henry, intentando calmar las palpitaciones de su corazón.

Atria se giró hacia Aaron y preguntó: —¿Creo que estabas buscando mi ayuda?

—Siempre lo hago —dijo Aaron. Él era incapaz de quitar sus ojos de la mujer ante él.

—¿Cómo puedo ayudar? —preguntó Atria al bibliotecario, intentando regresar su atención hacia lo que concernía.

—Sí —dijo Aaron mientras se espabilaba—. Nuestro amigo quisiera tener una excursión hacia la Cámara de la creación. ¿Puedes asistirlo con esa tarea?

Ella simplemente asintió con la cabeza y, girándose hacia Henry, dijo: —Sígueme. —Le recordó a Henry a los tres jueces. Ojos muy expresivos, pero sin movimiento facial. Tenía nariz y boca, pero difícilmente hacía uso de ellos—. Por favor, disculpa mi apariencia —dijo Atria.

—¿Por qué? —preguntó Henry.

—Parece que no me veo como una humana.

—Oh. Estás casi demasiado perfecta.

—Sé honesto —insistió Atria.

—Si no tomara en cuenta tu extraña forma de moverte y el hecho de que no usas ningún músculo facial durante las conversaciones, entonces estás bastante bien.

—Ya veo. Eso es fácilmente explicable. Nunca he vivido en la Tierra, y, como resultado, nunca he experimentado un cuerpo humano. Así que todos esos movimientos que te parecen naturales, son bastante desconocidos para mí.

—Ahora tiene sentido —dijo Henry.

Caminaron fuera de la biblioteca y antes de alcanzar los escalones, ella se detuvo, se giró y enfrentó a Henry. —Permíteme tomar tus manos. —Henry colocó gentilmente sus palmas sobre las manos de ella. Él sintió inmediatamente la energía cálida y amorosa—. Cierra tus ojos —dijo Atria.

—¿Vas a mostrarme ese lugar? —preguntó Henry.

—No. Te llevaré ahí —dijo Atria, y luego añadió—: Para que seas capaz de percibir esa realidad, debo elevar tu vibración.

—Estoy listo —dijo Henry a medida que cerraba sus ojos.

El atrio entero de la Biblioteca de Alejandría se convirtió en un gran remolino y Henry apareció en el canal. El canal estaba hecho de suaves nubes. Al momento siguiente, estaba acelerando a través del tubo de nubes como si estuviera en una montaña rusa. No veía a Atria por ningún lado. Al principio, fue bastante atemorizante, pero pronto, Henry se acostumbró a esa condición y, de hecho, comenzó a disfrutarlo. No mucho después, notó una colección de puntos brillantes más allá del canal nuboso.

—¡Oh por Dios! ¡Estas son galaxias! —dijo Henry.

Una tras otra, comenzaron a aparecer y desaparecer ante sus ojos. Todos los tamaños y figuras, en colores inimaginables y belleza indescriptible, se volvían una única fuente de luz detrás de Henry. Supuso que la velocidad a la que iba era exponencialmente más rápida que la velocidad de la luz. De pronto, el miedo trepó a su corazón nuevamente, ¿o era arrepentimiento? El arrepentimiento de tomar tal viaje hacia sólo Dios sabe dónde, lejos de Rose y su familia. «¿Cuánto tiempo tomará esto? ¿Rose estará bien sin mí a su alrededor? ¿Crotón sabe a dónde me estoy dirigiendo?» Todas esas preguntas corrieron a través de su mente y crearon un sentimiento de inquietud en lo profundo de su estómago. De pronto, todo se detuvo. Henry se vio a sí mismo en un salón muy espacioso, y Atria estaba de pie ante él.

—No debes preocuparte. Podría haberte traído aquí en un instante, pero quería que experimentaras la belleza de nuestras galaxias y que notaras lo limitante de tu universo.

—¿Disculpa? No sabía que nuestro universo tuviera límites.

—Ahora lo sabes —dijo Atria.

—¿Estamos en un universo diferente? —preguntó Henry, sin intentar esconder la mirada de terror sobre su rostro.

—Tranquilízate, Henry —susurró Atria con una suave voz—. Para cuando regreses, difícilmente habrán tomado lugar cambios en las vidas de tus seres queridos.

—Tendré que tomar tu palabra ante eso —dijo Henry—. ¿Le das este tour a cualquier alma vieja?

—No. Sólo a las más curiosas. —Intentó imitar una sonrisa sobre su rostro inmóvil—. Como ya sabes, estamos en un universo diferente, o, como yo prefiero decir, en una dimensión diferente. El lugar en el que estamos se llama el «Cunero de almas».

—¿Te refieres a todas las almas?

—No, sólo de aquellas con la consciencia más elevada.

—¿Consciencia más elevada? —preguntó Henry.

—Aquellas que seguirán visitando la Tierra o planetas como la Tierra con el propósito del crecimiento espiritual.

—¿Quieres decir almas de tipo humano?

—Sí —replicó Atria.

—Okey.

—¿Entramos?

—Claro que sí —contestó Henry, mientras la seguía a través de la puerta hacia la habitación contigua.

Cunero de almas

La escena que apareció frente a Henry tenía una sensación industrial en ella. Casi parecía una fábrica; una fábrica que producía bolas de fuego.

—¿Qué es esto? —preguntó Henry, sorprendido.

—Es el lugar más sagrado de lo sagrado, una sala de maternidad —contestó Atria.

—A mí me parece más como una línea de producción.

—No comprendo el significado exacto de tus pensamientos, pero permíteme mostrarte lo que tiene lugar aquí.

Ellos se adentraron más en la supuesta fábrica. Eventualmente, caminaron en una habitación bastante grande y alargada. Tenía alrededor de treinta metros de profundidad y diez metros de ancho y altura.

—¡Vaya! —dijo Henry, sin creer lo que veían sus ojos—. ¿Qué es eso? —preguntó, refiriéndose a una pared frente a él, en el extremo más lejano de la habitación. Toda la pared le recordaba a la superficie del sol. El resto de las paredes, sin embargo, incluidos el techo y piso, eran de un blanco nieve frío—. ¿Qué es eso? —repitió Henry, maravillado.

—Tienes que esperar y ver —replicó Atria.

Un minuto después, en la superficie del sol, notó un orbe creciente, sobresaliendo constantemente. Tomó la forma de una pelota perfecta, y estaba lista para separarse de la pared que le dio forma.

—¿Qué acaba de suceder? —preguntó Henry sin pista alguna.

—Acabas de ser testigo del nacimiento de un alma completamente nueva —dijo Atria.

Antes de que la pelota se separara completamente de la fuente, uno de los trabajadores de la maternidad se apresuró para tomar al pequeño sol. Lo ayudó a llegar hacia la cinta transportadora invisible que estaba en la habitación contigua. Las enfermeras se veían bastante inusuales, tenían cuerpos con formas semihumanas. Su cabeza y hombros estaban presentes, pero de la cintura hacia abajo se desvanecían poco a poco. Parecía como si estuvieran hechas de luz. En lugar de manos, tenían una clase de extensiones que a Henry le recordaban unas alas. No eran como de pájaro, más bien como alas que eran iluminadas desde donde se conectaban al cuerpo y, mientras tus ojos las seguían, su luz lentamente se difuminaba.

—Creo que es de ahí de donde salió la imagen de un ángel —dijo Henry.

—Sí —dijo Atria. Poco después miró a Henry directo a los ojos y le preguntó—: ¿Quisieras ver mi verdadero yo?

—Sí, por favor —contestó Henry.

Atria separó sus manos y lo que pareció ser una máscara de un cuerpo humano, se dividió en dos. Una criatura alada se reveló debajo de ella. Fue tan inesperado, que Henry dio dos pasos atrás. Atria había perdido completamente su cara, pareciendo como si estuviera hecha de oro brillante y plata resplandeciente. Ella se veía como una de las enfermeras, sólo que más grande y más glamorosa.

Notando sus alas ampliamente extendidas, Henry preguntó:
—¿Eres un ángel?

—Así es como nos llaman en la Tierra —contestó Atria.

Henry notó que ahora había un leve atisbo de luz en el espacio de sus ojos. —¿Puedo pedirte algo? —preguntó Henry con cautela.

—Sí.

—¿Podrías regresar a tu antigua apariencia nuevamente? Me hará sentir un poco más cómodo para estar a tu alrededor.

—Sí, claro. —Inmediatamente se puso algo un poco más cómodo.

—Eso fue rápido, ¿qué hay de abrir las alas y todo lo demás?

—Eso fue solo un pequeño espectáculo para ti —contestó Atria.

—¿Espectáculo? Casi me ocasionas otro infarto.

Atria sonrió en lo que parecía una sonrisa real y genuina, del tipo que no sólo mueve tu boca, si no que ocasiona que tus ojos brillen también. Henry notó otro orbe nuevo apareciendo en la pared.

—¡Aquí viene otra! —Casi grita Henry.

—No te preocupes, todas serán cuidadas —dijo Atria.

—¿Qué tan seguido sucede el nacimiento de una nueva alma?

—Nadie lo sabe. Hay veces en que apenas y podemos manejarlo, pero también hay ocasiones en que se detiene por completo.

—¿Cómo puedes explicar eso? —preguntó Henry con curiosidad.

—Sólo puedo suponer —contestó Atria—. Creo que tiene que ver con la demanda de almas jóvenes en tu planeta.

Con la siguiente pregunta, Henry supo que probaría su suerte, pero se arriesgó de cualquier forma. —¿Puedo tocar la pared?

—Adelante —respondió Atria.

Ese permiso otorgado fue realmente inesperado. Henry se esperaba un discurso sobre cómo nadie tiene permitido tocar la «Pared prohibida de la vida», o algo por el estilo. Henry miró hacia Atria de forma indecisa, como un niño mirando a un adulto en busca de aprobación. —¿Estás segura?

—Sí —confirmó Atria. Henry estaba de pie a unos treinta metros de distancia de la Pared del sol—. No te preocupes, no te quemará.

Henry comenzó a caminar lentamente hacia la pared. A mitad del camino, la pared apareció ante él mostrando toda su belleza. No era tan plana como le había parecido anteriormente. Tenía un sentido tridimensional y parecía estar consumida por profundidad. La mezcla de luz y sombras de rojo, naranja y amarillo, hacían que el mirarla fuera irresistible. Henry tuvo un sentimiento extraño de estar siendo hipnotizado y deseó estar más cerca. A cada paso que daba, visiones extrañas comenzaron a aparecer en su mente. Visiones de sus vidas pasadas. Vio el asesinato de Crotón, su propia muerte, el chico al que ahogó en la piscina, y muchas otras acciones horribles, de las cuales no tenía conocimiento previo. Con cada paso nuevo que daba hacia la pared, las imágenes se volvían más fuertes y rápidas, hasta que Henry tuvo que detenerse. Cayó sobre sus rodillas y no pudo dejar de llorar. Estaba experimentando sentimientos similares a un niño que, después de haberse perdido, encuentra finalmente a su madre, pero sin poder acercarse y abrazarla.

Atria se apresuró hacia Henry y le ayudó a llevarlo a una distancia más segura. Cuando Henry se las arregló para finalmente controlar sus emociones, ella dijo: —Sólo las almas puras son capaces de acercarse a la pared.

—Ahora lo sé. ¿Por qué no me previniste antes? —preguntó Henry.

—Quería que tú experimentaras eso —replicó Atria.

—Fue mucho más difícil que estar en el juzgado.

—Lo sé. Esta es la única forma en que la pared se protege a sí misma de ser contaminada.

—Hay una pregunta muy importante que me gustaría hacerte —dijo Henry.

—Por favor, hazla.

—¿Esta pared es el Creador?

—No —contestó Atria—. Definitivamente es parte del Creador, como cualquiera o cualquier cosa en esta creación. Una cosa que puedo decirte seguro, el estar en las realidades en las que estamos ahora, es lo más cercano que podemos acercarnos a Él o Ella.

—Lo sabía. Entonces, dime, por favor, ¿por qué son tan puros estos cuidadores de almas?

—Nunca han experimentado la vida a un nivel físico. Han estado aquí desde que han sido creados.

—Ya veo —dijo Henry, y después de algunos pensamientos, añadió—: ¿Me mostrarías más? Tengo curiosidad de lo que viene después.

—Sí, claro. Sígueme —dijo Atria.

Caminaron fuera de la Cámara de la creación, hacia la llamada fábrica. Ahí, Henry vio otra bola naranja flotando hacia la habitación, a través de una abertura en la pared. Las demás enfermeras la levantaron y comenzaron a examinarla cuidadosamente.

—¿Están buscando alguna falla? —preguntó Henry.

—No. No hay imperfecciones en el trabajo del Creador; simplemente están separándolas y asignándoles una energía femenina o masculina.

De pronto. Henry recordó la pregunta que había hecho, la pregunta que lo había enviado a ese viaje inter-universal. —¿Me mostrarías sus diferencias?

Se acercaron a la bola naranja de energía y Atria dijo: —¿Puedes ver que algunas de ellas tienen mayor densidad de color que las otras?

—Sí —contestó Henry—. Permíteme adivinar, ¿las más oscuras serán energías masculinas?

—Eso es correcto —respondió Atria.

—¿Esos orbes de energía tendrán vida sobre la Tierra o... algún otro lugar? —preguntó Henry.

—Esta Cámara de creación en la que estamos, pertenece al planeta Tierra.

—¿Hay otras?

—Cualquier planeta que contiene cualquier tipo de vida, tiene su propia cámara.

—¿Qué hay de animales y otras especies?

—¿Qué pasa con ellos?

—¿Ellos tienen su propia Cámara de creación?

—Sí, la tienen. No es tan poblada como esta.

—Por favor, sé más específica en esa parte.

—Como dije antes, la Cámara de la creación era muy productiva cuando era hora de habitar el planeta Tierra con animales.

—¿Te refieres a los dinosaurios?

—Bueno, ellos también. Difícilmente estábamos manejando la demanda. Los científicos llegaban continuamente con más y más diseños de especies. Necesitábamos más almas que se prendieran a esas creaciones. Cualquier cosa en toda nuestra creación tiene un alma, sólo que en diferentes niveles de consciencia.

—Ya veo, ¿qué hay de...?

—Henry, con esta oleada de preguntas que te mantienes haciéndome, fuera de contexto, debes ser un poco más paciente.

—Lo sé, lo siento mucho. Supongo que el bibliotecario estaba en lo cierto al decirme que cada respuesta nueva suscita nuevas preguntas —dijo Henry, y por un momento, se replegó hacia sus propios pensamientos.

—Parece que no estás en paz —dijo Atria.

—Sí. Una parte de mí quiere sumergirse en este océano de conocimientos, y experimentar cada realidad, una por una. La otra parte, se mantiene pensando en mi familia. Es como si una parte de mi alma siguiera allá abajo, y me siento un tanto culpable. La culpa continúa creciendo rápidamente.

—¿Te gustaría tomar un descanso?

—¿A qué te refieres? —preguntó Henry.

—Puedes regresar a la Tierra y ver a tu familia. Cuando hayas terminado, puedes volver aquí nuevamente.

—Pero estoy tan lejos y...

—Sólo piensa en ellos —dijo Atria y sonrió.

De vuelta a la Tierra

Inmediatamente, Henry apareció en una habitación oscura. El único punto brillante era una lámpara sobre una mesita auxiliar. Cerca, Henry vio a Rose sentada en su sillón. Su cabeza estaba agachada mientras apretaba fuertemente su almohada, abrazándola como si fuera una persona. Henry se acercó y notó que estaba llorando. De pronto, él escuchó la voz de ella en su cabeza. —¿Por qué tuviste que dejarme tan pronto?

Henry quería responder, pero inmediatamente se dio cuenta de que sería una acción sin sentido. Sólo entonces, comenzó a ver por lo que Rose estaba pasando. El ver a Rose en su propio ambiente, sola en una habitación oscura, llorándole a su almohada, hizo que le doliera el corazón. La incapacidad para consolar a Rose y animarla, le hizo ver las limitaciones del mundo espiritual. Entre ellos, vio un vidrio grueso separándolos. Esta pared le dio la oportunidad de ver y sentir los sufrimientos de su Rose, mientras era incapaz de hacer algo.

—¿No es eso considerablemente cruel? ¿Cómo pudo el Creador todopoderoso haber diseñado algo como esto? Esto es peor que estar en el juzgado. ¡Debe haber algo con lo que yo pueda ayudarle! —Henry casi gritó esas palabras.

—De hecho, lo hay. —Henry escuchó una voz familiar. Crotón estaba de pie justo a su lado, con una mirada serena sobre su rostro.

—Oh, Crotón, qué gusto verte. Por favor, ayúdale. Haz algo. Me está partiendo el corazón el verla tan sola. Emily siguió con su vida, y sólo Dios sabe cuántas noches solitarias ha pasado mi Rose en miseria.

—Crotón estaba mirando a Rose y escuchando a Henry con un rostro completamente inmóvil—. No te quedes sólo ahí parado, ¡haz algo, por favor!

—No hay nada que yo pueda hacer por ella —contestó Crotón.

—¿Me estás diciendo que este es su castigo? Ella no ha hecho nada para merecer este dolor y soledad. —La voz de Henry se elevaba más y más con desesperación.

—Cálmate. No dije que no se le pueda ayudar, sólo dije que yo no puedo hacerlo —afirmó Crotón.

—¿Quién puede? No importa cuán alto esté el nivel de desarrollo de esa alma, no me importa, lo contactaré y le haré ver el tamaño de mi amor, ¡le rogaré! —Se detuvo por un segundo y después de una breve pausa, dijo—: Renunciaré a mi alma por ayudarle.

—No creo que eso sea necesario. Además, eso es algo que no puedes hacer, aunque lo desees. Hay un alma que puede ayudarle.

—¿Quién? —preguntó Henry desesperadamente.

Crotón miró directamente a los ojos de Henry y con un rostro sin emoción, le dijo: —Tú.

Henry dudó por un momento, escéptico ante lo que Crotón acababa de decir. —¿Yo?

—Sí. Sólo tú —respondió Crotón.

—Okey, dime qué debo hacer.

—Debes dejarla ir —dijo Crotón mientras miraba directo a los ojos de Henry.

Henry sintió la mano fría de Crotón alcanzando su pecho y tomando su corazón. —¿Cómo puedo dejarla ir si no la poseo? Ella incluso está difícilmente consciente de mi existencia.

—No hay una conexión más fuerte entre dos almas, que el amor. El amor no conoce tiempo ni distancia. De la misma forma en que la extrañas en el mundo espiritual, pero mucho más fuerte, ella te está extrañando en el mundo físico. Nadie más que tú puede ayudarla —dijo Crotón.

—¿Estás diciendo que mi amor la está dañando?

—Sí.

—Pero eso no tiene sentido. ¿Cómo puede dañar a alguien el sentimiento más hermoso, tan pasionalmente descrito por todos esos poetas y artistas, a través de la historia de la humanidad?

—Oh, créeme en esto, puede hacerlo —dijo Crotón.

—¿Cómo puedo confiar en un experto que nunca ha experimentado el verdadero amor, para empezar?

—Te concedo esa, pero recuerda, he experimentado al menos dos mil años terrestres y he sido testigo del poder devastador del amor.

En ese momento, Rose se levantó, limpió su cara y caminó hacia su habitación. —¿Por qué está sola? —preguntó Henry.

—Emily intentó convencerla de mudarse con ella, pero ella se negó fuertemente. Creo que de esa forma ella aún se siente conectada contigo.

Henry la siguió y sólo cuando llegó al final de las escaleras, bajo la luz brillante, notó cuánto había realmente envejecido su Rose. Él nunca la había visto tan deteriorada.

—¿Qué te pasó, mi amor?

—Henry recordó que Rose nunca le hubiera permitido ver siquiera un solo cabello gris sobre su cabeza. Ella siempre había vestido bien, su cabello siempre estaba arreglado, y ella nunca salía de casa sin maquillaje. Incluso en casa, Henry nunca la había visto en sus peores momentos.

— ¿De verdad la está destruyendo mi amor? —preguntó Henry.

—Sí —contestó Crotón.

—¿Se sentiría mejor si yo dejara de amarla?

—No. Ese es el único sentimiento que no serás capaz de controlar.

—Entonces, ¿a qué te referías diciéndome que la dejara ir?

—Ayudándole a salir de la soledad —dijo Crotón.

—Pero ¿cómo? En el mundo físico me siento como un mudo con discapacidad sobre una silla de ruedas. ¿Cómo puedo ayudarla?

—Ayúdale a encontrar a alguien.

—¿Qué estás diciendo? ¿Ayudarle a que deje de amarme y emparejarla con otro hombre? ¿Estás loco de remate? —gritó Henry.

Rose, que estaba casi al borde del sueño, sintió algo extraño y miró a su alrededor, asegurándose de que estaba sola. —Esta casa se está volviendo escalofriante.

Crotón sugirió que bajaran para no molestar a Rose. Una vez en la sala de estar, Henry dijo: —Desde que me marché de su vida, he temido ese día en que la visitaría y alguien más estuviera ahí, alguien que me reemplazara.

—El amor verdadero no tiene reemplazo —dijo Crotón.

—¿Qué sabes tú del amor? —dijo molesto Henry.

—Bastante justo. Me gustaría que vieras a alguien para tocar estos asuntos; quizá él pueda convencerte de lo contrario.

—Lo dudo bastante, pero puedes intentarlo.

—Sígueme —dijo Crotón, mientras ambos desaparecían en el aire.

Amor verdadero

Henry abrió sus ojos a un lado de Crotón. Estaban en el cuadro más hermoso que había visto desde su llegada a los Planos de transición.
—¿Por qué estamos aquí? —preguntó Henry.
—¿Recuerdas la cafetería?
—Claro, la recuerdo —contestó Henry.
—Bien, te presentaré a alguien que sabe de lo que está hablando —dijo Crotón con una sonrisa de satisfacción sobre su rostro.
—Espero que sea Mario.
Antes de llegar a la mesa más cercana, Mario ya estaba ahí. —Me alegra tanto verlos a ambos —dijo Mario.
—El placer es todo nuestro —dijo Crotón, mientras tomaban asiento.
—¿Cómo puedo ayudarles, señores? —preguntó Mario.
—Necesitamos algún consejo experto de tu parte —indicó Crotón.
—¿Tiene que ver con el amor? —preguntó simpáticamente.
—¿Por qué otro asunto te molestaría? —preguntó Crotón. Entonces, girándose hacia Henry, él dijo—: Estás en buenas manos.
—Desapareció.
—Permíteme tomar dos tazas de mi mejor expreso y entonces me pondrás al tanto.
—Okey —replicó Henry.
Mario volvió pronto con dos tazas humeantes de expreso y dos vasos con agua fría. —Así que dime, ¿cuál es la historia? —preguntó Mario, expectante ante la respuesta de Henry.
—Crotón espera que puedas convencerme de renunciar al amor de mi vida.
—Ya veo. —Mario bajó la mirada y suspiró. Parecía que estaba tomándose el tiempo para encontrar las palabras exactas para comenzar su discurso—. Nadie puede convencerte de hacer eso —dijo Mario.

—¡Tienes toda la razón! —respondió Henry, como si esas fueran las palabras exactas que hubiera estado esperando escuchar.

—Lo que me gustaría hacer, sin embargo, es compartir contigo mi propia experiencia personal y mi forma de ver las cosas en estos asuntos.

—Te escucharé con gusto —dijo Henry.

—Amor. El amor es una obsesión. La obsesión de un alma hacia otra. Una obsesión que trae consigo el saber de la absoluta falta de propósito de la existencia de un alma sin la otra. Es un regalo, un regalo dado por el Creador a aquellos que desean experimentarlo. Una bendición para aquellos que lo valoren y una maldición para aquellos que sean insensatos con él. Un regalo que nos vuelve mejores, en cualquier sentido de la palabra, y, si no lo hace, entonces no es amor verdadero.

—De cualquier forma, ¿qué es el amor verdadero? —preguntó Henry.

—El primer amor e inexperto, siempre es seguido de la urgencia de poseer. Un sentimiento fuerte de posesión hacia el objeto de tu amor. En ocasiones es tan fuerte que puede asfixiar hasta matar al amor mismo.

—¿Asumo que eso no se consideraría amor verdadero?

—No. No lo es.

—¿Entonces qué? —preguntó Henry, perdiendo ya la paciencia.

—El amor es una chispa implantada en tu alma por el Creador. El volverlo fuego depende por completo de nosotros. El combustible para encender el fuego del amor es nuestra capacidad para dar un sacrificio mutuo. El sacrificio del espacio de una persona, su comodidad, hábitos, creencias, ataduras... todo aquello por esa alma. No serás capaz de descubrir el amor verdadero en los reinos espirituales; sólo puede encontrarse en el mundo físico. Puede parecer irónico, pero para encontrar la vibración más alta de tu alma, debes pasar por las vibraciones más bajas. Si me preguntas cuál es la recompensa, te lo diré, es darle sentido a toda tu existencia. Todo lo que ha sido sacrificado, lo encontrarás en esa otra persona, y con esa unión, encontrarás la libertad absoluta.

Henry notó que, mientras Mario daba su discurso, envejecía más y más.

—¿Te sorprende mi aspecto? —preguntó Mario.

—¿Qué te está sucediendo?
—Cuando estás alcanzando las cuerdas más profundas de tu alma, tus colores verdaderos comienzan a aparecer.
—¿Encontraste ese amor en tu vida? —curioseó Henry.
—Oh, sí —contestó Mario y, girándose hacia el mostrador, gritó—: ¡Laura!

Un segundo después, una hermosa mujer joven con cabello negro y largo, entró a la cafetería. Tenía ojos oscuros almendrados, una boca pequeña y gentil, y una nariz romana recta y firmemente definida.

—Sí, il mio amore —contestó Laura.

Mario la presentó a Henry y dijo: —Nos encontramos hace casi seiscientos años, y desde entonces hemos estado juntos. Siempre elegimos una vida física al mismo tiempo y encontramos la forma de volver a enamorarnos. Con cada vida, nuestros sentimientos se fortalecen más y más.

—¿Estás diciendo que una vida no es suficiente para encontrar el amor verdadero?

—En nuestro caso, no —contestó Mario.

Laura abrazó a Mario desde detrás y pasó una mano por su cabello gris. —¿Te estás volviendo un filósofo de nuevo?

—A ella no le gusta verme como un hombre mayor —dijo Mario con una sonrisa cálida—. Aunque a mí me guste, siempre tengo la apariencia de un hombre joven para complacerla.

—Gracias —dijo Laura. Miró a Henry y agregó—: El amor verdadero no es egoísta; amar a alguien y dejarlo ser. ¿Qué puede ser más noble que eso? —Henry sólo escuchó su risa haciendo eco mientras ella desaparecía en la distancia.

—Ella es el amor de mi vida. El sacrificar tu bienestar por el bien de tu esposa, a pesar del dolor que te ocasionará, el verla con otro hombre y ayudarle a encontrar a ese hombre, eso es de lo que trata el verdadero amor.

—¿Me estás sugiriendo que debo ayudarle a encontrar a alguien que me reemplace? —preguntó Henry en un tono completamente desconcertado.

—Si tu amor es verdadero, no puede ser reemplazado. Ella siempre te amará, pero todos necesitan de alguien, y en ocasiones, necesitamos ayuda para encontrarlos. Alguien que reduzca su dolor y soledad de momento, hasta que llegue aquí.

—Bueno, cuando lo planteas de esa forma, pudiera considerarlo... pero debe ser decisión mía —dijo Henry con firmeza.

—Tu aprobación será absolutamente necesaria en este caso. Sin ella, Rose no será capaz de encontrar paz en su corazón.

Antes de que Mario pudiera terminar su oración, Crotón apareció ante la mesa. —Me ha llegado la noticia de que, hace aproximadamente un año, una de las mejores amigas de la escuela de Rose, murió de cáncer —dijo Crotón.

—¿Quién? —preguntó Henry.

—Helen.

—¿Helen? Nunca la conocí, solamente escuché de ella por Rose. ¿Por qué me dices esto? —dijo Henry alarmado.

—Ella estaba casada con un hombre bastante bueno llamado Kevin.

—Ya veo a dónde vas con esto. Parece que no perdiste el tiempo mientras no estuviste con nosotros —dijo Henry, ofendido.

—No te molestes conmigo, lo hago por ustedes dos.

—Sí, claro —dijo Henry—. Debo verlo primero.

—Claro, lo harás —dijo Crotón.

Le expresaron su gratitud a Mario por su hospitalidad y consejos, y después se marcharon.

—¿Cómo dijiste que se llama? —preguntó Henry.

—Kevin —contestó Crotón serenamente.

Kevin

Kevin era un caballero guapo y maduro en sus años sesenta. Hacía un año había perdido a Helen, el amor de su vida. Eventualmente, tuvieron que rendirse en su batalla contra el cáncer de mama. Kevin había hecho todo lo que podía hacerse; al final, fue petición de Helen el dejar que las cosas tomaran su curso como debían. Después de que Helen falleció, Kevin se descarriló por completo. Ella solía hacer todo en la casa. Incluso escogía cada mañana la ropa que él vestía. Las únicas tareas de él eran ganar dinero y pagar las cuentas. Arquitecto de profesión, era un hombre bastante amable pero absolutamente inútil en las tareas del hogar. Helen siempre se había esforzado demasiado para crear comodidad y serenidad en su hogar. Tenían un hijo y una hija, pero estaban completamente inmersos en sus propias vidas. Kevin se negó gentilmente a la oferta de su hija de mudarse con ella, diciéndole que se las podía arreglar por sí mismo. Como suele ser el caso, la mujer se adapta más eficazmente a la soledad, que el hombre. A pesar de que él tenía un ama de llaves, el escoger qué vestir y qué comer, se habían vuelto un gran inconveniente para él. Después de la muerte de Helen, Kevin supo que no saldría con ninguna otra mujer. Un año después, el agujero ocasionado por la ausencia de su esposa se tornó tan grande, que comenzó a pensar en llenarlo con alguien.

Todo esto le fue mostrado a Henry por Crotón. —Así que ¿qué piensas? —preguntó Crotón.

—En general, me agrada... pero aún sigue siendo un idiota.

—Posteriormente, Henry agregó—: Se parece en parte a mí.

—¿Por qué? —inquirió Crotón.

—Yo tampoco solía hacer nada en casa. Pobre Rose, después del trabajo solía cocinar y servir la comida para mí, y más tarde yo veía televisión con mis piernas sobre la mesa, mientras ella lavaba a mano todos los platos. Me tomó diez años de matrimonio el darme cuenta de que debía comprarle un lavaplatos. No pude perdonarme cuando ella me mostró sus manos con ampollas y dijo: «Creo que tengo alergia a este líquido lavavajillas». Así que le compré un par de guantes de goma.

—No se puede cambiar lo hecho. Pero aún necesito saber si tengo tu aprobación —dijo Crotón.

—Okey —dijo Henry con un gran suspiro.

—Deben hacerse algunos arreglos. —Crotón desapareció en apuro.

Henry observó el lugar en que había estado Crotón de pie hacía un segundo. —Parece que no puedes esperar a sacarme de la vida de Rose. De cualquier forma ¿cuál es el apuro? —preguntó Henry a Crotón como si él aún estuviese ahí.

La voz de Crotón invadió los pensamientos de Henry. «Espérame en tu realidad, te lo explicaré más tarde».

—¿Hay algo de privacidad en este lugar? —gritó Henry.

«No de mi parte» contestó Crotón.

—¡Maldición! —dijo Henry y después pensó en su hogar.

* * *

Henry no podía determinar cuánto tiempo se sentó en la playa. Esa frase que se mantenía rodando por sus pensamientos, estaba ya quemando hasta ocasionar un hoyo en su cabeza. «¿Realmente voy a ayudar a mi Rose a convertirse en la esposa de Kevin?»

—¿Estás cambiando de parecer? —preguntó Crotón, a medida que se sentaba a su lado.

—No. En mi mente entiendo la necesidad de esto; es mi corazón el que simplemente no lo acepta.

—Eso es comprensible. La frase: «olvida tu cabeza y escucha a tu corazón», es verdad sólo para el amor joven e inexperto. El amor verdadero es una combinación de mente y corazón. La primera siempre debe ser más fuerte.

—Supongo que tienes razón.

—He hecho algunos arreglos.

—¿Qué clase de arreglos? —dijo Henry malhumorado.

—Tuve una reunión con la guía espiritual de Helen.

—¿Por qué?

—También necesitábamos su aprobación.

—¿De quién?

—De Helen —contestó Crotón.
—Ya veo. ¿Cuánto tiempo te tomó convencerla?
—Ella fue mucho más entendida.
—Ya tienes mi aprobación, ¿qué más necesitas de mí? Déjame solo.
—Me gustaría que me ayudaras a establecer su encuentro.
—¿Por qué estás tan determinado a hacerlo ahora mismo?
—Permíteme mostrarte algo —dijo Crotón.

Henry vio a Rose de pie en un baño frente a un espejo, con una mano llena de tabletas blancas. —¿Las tomó? —preguntó Henry horrorizado.

—Eso fue anoche, y ella cambió de parecer. Mañana podría ser demasiado tarde. Además, si comete suicidio, la posibilidad de que la veas en este lado, es bastante baja.

—Creo que estamos perdiendo el tiempo —dijo Henry.

Joven

Crotón pasó la noche junto a Rose. Él sabía que ella estaba pasando por un momento difícil, pero no podía imaginarse la escala de ello. Un día ella parecía estar bien, la tarde siguiente la encontraba en el baño frente al espejo con un puñado de tabletas. Lo que Crotón había pasado para detenerla sería difícil de describir. Utilizó la totalidad de su conocimiento recolectado a través de un centenar de experiencias persuadiendo humanos para cambiar de parecer. Crotón recordó que, no hace mucho, falló su cometido como guía espiritual con un adolescente, quien estaba parado al borde de un balcón en un edificio de nueve pisos. El joven no pudo manejar el rechazo de su familia. El fallar los exámenes escolares y el miedo de enfrentar un padre estricto, lo llevaron al borde de su vida, más allá de la cual, el joven era capaz de ver solo oscuridad.

—No otra vez —dijo Crotón—. No bajo mi supervisión.

Siendo un guía inexperto en asuntos del suicidio, Crotón no podía imaginar el tipo de dificultades que tendría que enfrentar más tarde. Siempre había escuchado de los suicidios sucediendo en algún otro lugar. En dónde exactamente, no tenía idea. También, en lo profundo de su corazón, sentía lástima por el joven sensible, que no era comprendido ni apreciado por sus padres inflexibles. Fue esa pena la que lo contuvo de actuar deprisa y lo hizo volverse un observador silencioso. Hasta el último segundo, Crotón estuvo seguro de que el chico no lo haría. Cuando vio el cuerpo del chico acelerando impetuosamente hacia su liquidación, saltó tras de él. En algún momento en medio de la caída, vio la separación del alma con el cuerpo. Crotón se apresuró para tomar al alma y reconfortarla. El chico estaba tan preocupado con toda la escena de su cuerpo sin vida sobre el pavimento, que no pudo ver a Crotón acercándosele.

A pesar de todos sus esfuerzos, el joven desapareció frente a los ojos de Crotón. Usualmente, no tenía problemas localizando a un alma recién llegada, pero no ocurrió así en esa ocasión. El chico se había ido. Crotón, siempre tan seguro de su conocimiento sobre las realidades de transición y sin problemas para rastrear un alma, estaba completamente pasmado. Buscó en todas las realidades conocidas y desconocidas para él, pero el chico no estaba en ningún lado. Sin saber qué más hacer, decidió pedir ayuda.

La primera persona que se cruzó por su mente fue el bibliotecario. Aaron estaba bastante sorprendido de ver la confusión y vergüenza de Crotón; accedió amablemente a ayudarle.

—No creo que estés buscando en los lugares correctos —dijo Aaron.

—Lo sé. ¿En dónde debería buscar? —preguntó Crotón.

—En el infierno —contestó Aaron.

—¿De qué estás hablando? Sé con total seguridad que no existe algo como tal aquí.

—Búscalo en su infierno personal —dijo Aaron con firmeza.

—¿Qué significa eso?

—Cualquier humano, antes de cometer tan horrendo acto, crea para sí mismo un infierno personal. Todas las fobias que encuentren lugar en su mente, comienzan a encoger su mundo, hasta que finalmente se encuentran a sí mismos en un pequeño recinto. Los miedos crecientes permanentemente, les ocasionan la imposibilidad de ver una salida, a pesar de que siempre esté ahí. Probablemente has escuchado la frase: «Las puertas del infierno se cierran desde dentro».

—Sí —contestó Crotón.

—Eso es veracidad absoluta. En lugar de enfrentar sus miedos e intentar conquistarlos, algunos humanos eligen un escape rápido, o eso creen que están haciendo. Tal acto de inconsciencia, destruye todo el trabajo duro de los organizadores. No sólo afecta el camino de vida del alma, sino también a aquellos que se supone interactúen con él en su vida futura. La mujer a quien se suponía que conociera, los hijos que se suponía que tendrían. Todo eso, como bien sabes, fue planeado antes de su nacimiento en la Tierra. Ahora todo ha sido desechado, y pondrá una cantidad tremenda de presión sobre los organizadores. Sé que probablemente no quieras escuchar esto, pero también es culpa tuya.

—Lo sé —dijo Crotón, mirando fijamente el suelo.

—Además, con esa salida rápida, ese joven se condenó al dolor eterno.

—¿A qué te refieres? —Crotón estaba profundamente consternado.

—Él permanecerá en ese recinto autocreado, hasta que alguien sea capaz de llegar a él en un nivel demasiado personal. Deben forzarlo a ver la luz y elevar su vibración. Él está entre las dimensiones física y la más baja dimensión espiritual.

—¿Cómo puedo llegar a él? —preguntó Crotón.

—No creo que puedas hacerlo.

—¿Estás diciendo que no se le puede ayudar?

—No digo que no se le pueda ayudar —dijo Aaron mientras se sumergía en sus pensamientos.

—¿Estás probando mi paciencia? —preguntó Crotón desesperadamente.

—No lo hago. Sólo estaba recibiendo las respuestas a tus preguntas.

—¿Y?

—Hay dos cosas que podemos hacer. Primero, debemos encontrar a alguien en el mundo espiritual que lo ame profundamente, alguien con quien él haya tenido una conexión emocional profunda allá en la Tierra.

—¡Yo conozco a esa alma! —dijo Crotón con emoción—. Era su abuela.

—Bien —dijo Aaron.

—¿Qué es lo segundo?

—Es intentar localizarlo a través de su último Libro de vida.

—Eso debe ser sencillo para ti —dijo Crotón de forma optimista.

—No exactamente.

—¿Por qué?

—Sólo dos almas pueden tener acceso a ese libro.

—¿Quiénes? —preguntó Crotón.

—El primero es el mismo chico.

—¿Y el otro? —dijo Crotón entre dientes.

—Tu fiel servidor —dijo Aaron mientras se señalaba a sí mismo.

—Oh, gracias a Dios.

—No seas tan positivo con esto, no será fácil hacerlo. Necesito toda la información que puedas darme sobre este chico, antes que nada, necesito su nombre.

—Warrick. Su nombre es... era... Warrick —dijo Crotón con un tono desgarrador.

—Necesito más —dijo Aaron.

Crotón comenzó a transmitirle a Aaron todo lo que sabía acerca de la vida de Warrick, desde que decidió tomar otra vida sobre la Tierra hasta el momento en que su alma se marchó del lugar del incidente.

—Tú ve e intenta encontrar a su abuela. Yo intentaré localizar su libro de vida —dijo Aaron.

Encontrar a la abuela de Warrick no era una tarea difícil para Crotón, el enfrentarla es lo que sería la parte difícil. Crotón tuvo razón con sus expectativas, su recibimiento fue más que frío.

—¿Cómo pudiste permitir que le pasara eso a mi niño? —dijo la abuela, después de la introducción de Crotón—. ¿Qué clase de guía eres?

Crotón escuchó en silencio todas sus acusaciones sin pronunciar palabra. Hubo un momento en que quiso decir cuán poco podía influenciar un guía en una decisión humana, pero, en lo profundo, se sentía culpable; él sabía que hubiera podido haber hecho más desde su lado. La culpa sellaba sus labios. Mientras la abuela hablaba, Crotón notó que ella lucía más vieja ahora que durante su tiempo sobre la Tierra. Eso sólo podía significar una cosa, ella aún estaba lo suficientemente consternada y preocupada como para permitir que afectara su aspecto físico, y ella era la única que podía ayudarle a encontrar al chico.

—¿Puedes sentirlo? —preguntó Crotón gentilmente después de que la abuela se quedara sin ímpetu.

—No. No puedo —dijo la abuela con una lágrima en su ojo.

—Necesito tu ayuda para rastrearlo.

—Sólo dime qué hacer —dijo la abuela con impaciencia, lista para sacrificar cualquier cosa por el bien de encontrar a su nieto.

—¿Has estado en la Biblioteca universal? —preguntó Crotón.

—No. ¿Qué es eso?

—Te lo explicaré más tarde. Por ahora, por favor sígueme —dijo Crotón amablemente, y tomó la mano de la abuela.

Crotón tomó un atajo, evitando el atrio de la Biblioteca de Alejandría, escaleras y escenarios con hermosa arquitectura, y fue directamente hacia la sala de lectura. Aaron ya estaba ahí y sostenía en su mano un libro bastante ligero y brillante, comparado con los otros.

—¿Lo encontraste? —dijo Crotón con entusiasmo. Sin pronunciar palabra, el bibliotecario extendió hacia Crotón su brazo con el libro—. Oh, no tengo palabras para expresarte mi profundo aprecio —dijo Crotón.

—Entonces, no lo hagas, es demasiado pronto. Primero, veamos si podemos ayudar al pobre chico.

Miraron las últimas páginas del libro y vieron qué estaba sucediendo con Warrick. Él estaba sentado en el suelo de una habitación pequeña y oscura, con miedo reflejado por todo su rostro.

—Mi pobre niño. ¿Por qué está tan aterrado? —preguntó la abuela.

—Le teme al infierno —replicó Aaron—. Está dominado por sus propios miedos y pensamientos.

—Bueno, ya que sabemos en dónde está, ¿qué estamos esperando? —preguntó la abuela con desesperación.

—No es así de simple —dijo Aaron.

—¿Por qué? —preguntaron la abuela y Crotón al mismo tiempo.

—El mundo en el que él se encuentra, como dije antes, es demasiado bajo en vibración espiritual. Para poder llegar ahí, ustedes necesitan bajar su propia vibración. No eres tú quien me preocupa, Crotón, me preocupa la abuelita.

—¿Qué me puede suceder? —preguntó la abuela.

—Puedes perder tu sentido de realidad.

—¿Qué significa eso exactamente? —indagó nuevamente.

—Su realidad se volverá la tuya, y tendremos que enfrentar un problema más grande.

—Entonces ¿cuál es el plan? —preguntó Crotón.

—Creo que tú deberías visitarlo primero —dijo Aaron, mirando a Crotón—. Tú también deberás ser cuidadoso. Si sientes miedo escabulléndose en tu mente, esa será tu señal para dejar la realidad del chico.

—Entiendo —dijo Crotón.

—Una vez que el niño esté listo, enviaremos dentro a la abuelita —dijo Aaron.

—Deja de llamarme abuelita —dijo la ahora ofendida abuela—. Tengo un nombre, ¿sabes?

—Disculpen mi indecencia, olvidé presentarlos.
—Dadas las circunstancias, es comprensible —dijo la abuela.
—Aaron, Sharon, Sharon, Aaron —dijo Crotón educadamente.
—Ahora que hemos aclarado eso, ¿puedo continuar? —preguntó Aaron, casi irritable.
—Sí, por favor —contestó Sharon.
—Mi única esperanza es tu amor hacia el chico y el suyo hacia ti —dijo Aaron.
—No hay sentimiento más fuerte en toda la creación que el amor —dijo sabiamente Crotón.
—Tienes toda la razón —contestó Aaron.
—Parece que tenemos un plan —dijo Crotón.

* * *

Un segundo más tarde, él estaba de pie en una habitación frente a Warrick.
—¿Por qué tardaste tanto? —preguntó Warrick.
La pregunta del niño fue tan inesperada que Crotón dudó por un momento y después dijo: —¿Puedes verme?
—Creí que serías mucho más inteligente —contestó Warrick.
—¿Quién piensas que soy? —preguntó Crotón, sin palabras.
—Investigué antes de dar el paso en ese balcón —dijo Warrick.
—¿Y?
—Eres Satanás —dijo Warrick sin miedo—. Creí que serías un poco más aterrador en los ojos.
Le tomó tiempo explicarle al joven Warrick lo que en realidad sucedía, en dónde estaba, y quién era Crotón. La ayuda final provino de Sharon. Sólo después de verla fue que Warrick estuvo finalmente convencido de que estaba en buenas manos. Esta historia asustó profundamente a Crotón y dejó un recuerdo perpetuo de su fracaso.
Esa fue la razón por la que dijo: «No otra vez, no bajo mi supervisión».

Encuentro

—¿En qué me he convertido? —dijo Rose mientras miraba su propio reflejo en el espejo—. Casi lo hago. Debo cambiar mi vida, necesito hacer algo.

Involuntariamente, alcanzó rápidamente su estuche de maquillaje. Veinte minutos más tarde, llamó al salón de belleza para agendar una cita. Tres horas más tarde, ella había salido del salón y, para entonces, ya era mediodía. Decidió parar para almorzar. Eligió un lugar en el que no había estado nunca antes. Escogió el restaurante italiano más concurrido de la ciudad, en donde tenía que esperar algo de tiempo en la fila para esperar mesa.

—Gente. Quiero ver y estar rodeada de gente —se dijo Rose a sí misma.

El simple pensamiento de que ese día terminaría y que debería regresar a su casa fría, poco acogedora, le producía el deseo de poder pausar el tiempo. Estaba disfrutando cada detalle de este lugar, todo el ambiente era acogedor, y a pesar de la prisa y alboroto del espacio, encontró una sensación de tranquilidad.

Un par de minutos después, Kevin entró al mismo restaurante. Era su lugar favorito para almorzar. La ausencia de mesas disponibles le produjo gran decepción. La oferta por parte de la mesera para compartir una mesa con una atractiva dama sentada sola, hizo que desapareciera su decepción.

—Sólo si a ella no le importa —dijo Kevin.

—No le importa, ya tengo su aprobación —respondió la joven mesera, insegura de lo que acababa de hacer, ya que no acostumbraba a sentar a dos extraños en la misma mesa.

—¿Por qué no? —dijo él para sí mismo.

Emociones encontradas estaban llevando a Henry al borde, a medida que permanecía de pie detrás de la silla de Rose.

—Necesito tu ayuda —dijo Crotón, mientras percibía el nerviosismo de Henry.

Acercándose a la mesa de Rose, Kevin dijo: —¿Me parece que no te importa si comparto mesa contigo?
—Para nada —contestó Rose.
Kevin, quien era siempre tímido entre mujeres que no conocía, sintió una urgencia por presentarse a sí mismo. —Me llamo Kevin.
—La confianza con que lo dijo le sorprendió incluso a sí mismo.
—Rose.
Una especie de osadía llegó a él y decidió mantener la conversación fluyendo. —¿Ya has ordenado? —preguntó Kevin.
—Para ser honesta, es mi primera vez en este lugar y...
—Permíteme ayudarte —interrumpió Kevin.
Él conocía el menú de memoria. Como esos meseros confiables que se acercan a tu mesa para ofrecerte todas las especialidades de la tarde, él fue tan fervoroso con eso, que ocasionó que Rose se riera. Ella no podía recordar la última vez que un completo extraño había sido capaz de hacerla reír.
Cuando Kevin finalmente terminó, ella preguntó: —¿Qué pedirás tú?
Con un suspiro profundo, él dijo: —Una ensalada verde.
—¿Eso es todo? —dijo Rose sorprendida.
—Sip. Mi difunta esposa solía forzarme a comer ensaladas en el almuerzo y yo solía odiarlo. Ahora que se ha ido, aún me siento obligado a hacerlo. Supongo que sólo espero hacerla feliz del otro lado.
—¿Crees que ellos están aún alrededor? —preguntó Rose, mirando directamente a los ojos de Kevin.
—No estoy seguro, pero puedo decirte que en ocasiones siento su presencia tan fuerte que me olvido de su ausencia.
—Yo también —dijo Rose.
Sólo entonces, Henry notó una figura familiar, alta, de pie detrás de Kevin. Henry miró a Crotón con una mirada interrogativa.
—Helen —dijo Crotón.
—Por lo que recuerdo, era una señora bajita.
«¿Quién quiere ser bajito por toda la eternidad?» Henry escuchó la voz de Helen en su mente.
«Lo siento. Sigo olvidando la habilidad de las almas de leer la mente del otro». Ella se rio como respuesta, y este alegre estado de ánimo en la mente de Helen, hizo que Henry se relajara un poco. La

siguiente pregunta de Helen fue bastante inesperada: «¿Deberíamos dejarlos solos? Nada acerca más a dos extraños que el dolor común».

Henry asintió con la cabeza y se marcharon.

—Misión cumplida —dijo Crotón a medida que se desvanecían en el aire.

De vuelta al Cunero de almas

Henry regresó a su realidad con una sensación de vacío, como si hubiera dejado algo atrás. A pesar de que Kevin parecía un tipo decente y pudiera ser capaz de reconfortar a Rose en su soledad, Henry aún pasaba un mal momento con su mente rondando el concepto de ellos juntos.

—Sólo debo aceptarlo. Debería mantenerme a mí mismo ocupado con algo más —se dijo Henry.

De pronto, Henry recordó la excursión al Cunero de la creación y a Atria junto con él. —Ahí es donde me gustaría estar ahora mismo —susurró Henry para sí.

* * *

—¿Te sientes mejor ahora? —preguntó Atria.

—Esa es una pregunta que no tiene una respuesta sencilla —dijo Henry, mostrándole a Atria su falta total de interés para hablar del tema. Apareció en la misma escena que había dejado, frente a la bella Atria—. Pareciera como si nunca hubiera dejado este lugar.

—Durante tu última visita, tenías demasiadas preguntas. ¿Aún las tienes? —preguntó Atria.

—No sabría por dónde comenzar —contestó Henry.

—Elige alguna.

—Desde que dejé este lugar, no me pude olvidar de la Pared del sol.

—Le llamamos la Fuente —le corrigió Atria.

—¿Sería posible ver lo que está más allá de la pared y qué aspecto tiene la Fuente?

—Sí, es posible, pero recuerda que sólo puedo mostrarte y decirte las cosas que yo sé.

—Lo entiendo —dijo Henry.

Ella miró hacia arriba y, en el techo de la «fábrica», apareció una rendija. —Sígueme —dijo Atria, a medida que comenzaba a ascender hacia la abertura.

Henry voló después de ella. Se imaginaba a sí mismo como un astronauta que estaba por dar su primer paso en el cosmos. A través del agujero en el techo, Henry vio sólo oscuridad. Este lento y cuidadoso ascenso a través del agujero, comenzó a revelarle qué había realmente oculto más allá. La imagen que apareció frente a él, lo hipnotizó por completo; no podía quitar sus ojos del escenario recién aparecido.

—Si tan solo pudieras verte a ti mismo —dijo Atria sorprendida y con un poco de risa. Henry estaba de pie frente a una bola gigantesca de luz—. ¿Te recuerda a la estrella de tu sistema planetario?

—Sí, sí me lo recuerda —dijo Henry, hipnotizado.

Notó que ahora estaban afuera de la habitación elongada en la que estuvo parado en su última visita. Ya no estaba más adentro, mirando hacia afuera; ahora estaba afuera, experimentando el marco exterior y los engranes de esta absurda creación. Parecía como una tubería cuadrada que estaba unida a la superficie de la esfera descomunal. Luego, fue testigo de cientos de diferentes tipos y formas de líneas de vida conectadas a la Fuente, casi como si fueran canales múltiples dirigiendo a un solo lugar.

—¿Y estás diciendo que este no es el Creador? —preguntó Henry.

—Yo dije que este es parte del Creador. Para comprender qué o quién es el Creador, uno debe entender la creación entera. Desde su partícula más pequeña hasta la vastedad de todos los universos. Tenemos dificultad para comprendernos a nosotros mismos, a otros, nuestras realidades circundantes. En lo único en que somos buenos es observar con nuestra visión limitada e intentar llegar a nuestra propia explicación de algo que está más allá de nuestro entendimiento.

—Atria, sin tener la certeza de que Henry hubiera escuchado sus últimas palabras, dejó de hablar. Durante bastante tiempo, permanecieron juntos el uno del otro, observando la esfera.

»¿Qué sientes ahora? —preguntó Atria, sin dejar de ver la esfera.

—Siento su movimiento magnético de atracción. Si no fuera por lo que experimenté en mi visita previa, me gustaría ser absorbido hacia esa esfera.

—Creo que será mejor que nos vayamos antes de que hagas eso.

—Sí, será mejor que nos vayamos —dijo Henry, mientras se espabilaba y recobraba sus sentidos.

Ambos emergieron lentamente, de vuelta hacia la Fábrica de almas. —¿Fue difícil dejarlo ir? —preguntó Atria.

—Podría haberme quedado ahí para siempre —respondió Henry.

—¿Continuamos con nuestro viaje hacia la Cámara de la creación?

—No puedo esperar —dijo Henry—. Recuerdo que estabas mostrándome las diferencias entre las almas femeninas y masculinas.

—Es correcto.

—¿Qué sucede después?

—Después, son llevadas hacia la enfermería; ¿te gustaría verlo?

—Me encantaría —contestó Henry, aliviado ante el pensamiento de mantenerse ocupado.

Aparecieron inmediatamente en el centro de un gran cilindro. Alrededor de él había una estructura forrada internamente por un panal; figuras hexagonales abrazaban toda la superficie de la pared. Dentro de cada hoyo del panal, Henry vio una pequeña bola de luz.

—¿Cuántos meses son incubadas aquí?

—Atria lo miró con una sonrisa sarcástica en su rostro.

— Sé que fue una pregunta estúpida. No obstante, debo felicitarte por tus expresiones faciales, se te están dando bastante bien.

—Gracias. Eso es gracias a ti.

—Me complace ser de ayuda.

Atria se rio fuertemente al notar la cara malhumorada de Henry.

—Estas almas bebés dejarán su piso de enfermería cuando estén listas. Permíteme mostrarte eso —dijo Atria.

Se movieron hacia arriba dentro del tubo y Henry notó que las bolas ya no eran anaranjadas, sino más bien de un color blanco pálido, casi como si estuvieran maduras.

—¿Esto significa que ya están listas para partir?

—No se trata solamente del color; también deben volverse conscientes de su propia existencia.

Henry vio una de las bolas blancas transformándose en una figura diferente, mientras se desprendía y volaba lejos del agujero de panal. Pareció asemejarse a la figura de las enfermeras. Su ser entero parecía ser una luz brillante con una cabeza distintiva sobre los hombros. La luz ascendía desde el centro de la figura y se desvanecía a medida que se dirigía hacia los brazos y piernas, explicando por qué parecían no tener ninguno de los dos.

—¿A dónde se dirige? —preguntó Henry.

—Una vez maduras, se les lleva hacia los reinos de entrenamiento, o debería decir, los patios de juegos.

—Eso suena divertido —dijo Henry.

—Es bastante divertido —confirmó Atria.

—¿Me mostrarás esos reinos?

—Con gusto. —Tomó las manos de Henry y él cerró los ojos de forma automática, por hábito.

Cuando los abrió, preguntó: —¿Estamos en la Tierra?

—No, esto es una simulación. Nos las arreglamos para crear un ambiente duplicado en este reino, exactamente como el que van a enfrentar en la Tierra. Aquí recibirán las bases de supervivencia que necesitarán para el planeta.

Frente a Henry, se desarrolló una escena. Una escena de naturaleza pura que no estaba manipulada por manos humanas.

—Todo aquí está en balance perfecto, tal como solía estarlo sobre la Tierra.

—¿Te refieres a antes de que los humanos fuéramos introducidos al planeta? —preguntó Henry.

—Lo que me entristece es que los humanos no ven el alma de la Tierra.

—¿La Tierra tiene alma? —indagó Henry.

—Sí, la tiene. Posee un nivel de consciencia, diferente del de nosotros. La Tierra es como una madre amorosa, sin importar cuán mal se comporten sus hijos, ella aún tiene suficiente amor para perdonar, reconstruir y proveer para sus hijos. Como cualquier otra cosa en el mundo físico, la Tierra es una combinación de cuerpo y alma. Justo como los humanos, animales, plantas…

—Ya veo —dijo Henry.

Entonces, notó un grupo de almas bebés jugando libremente bajo el árbol. Cuando se acercaron, él notó muchos otros grupos repartidos por todo el lugar. Hubo algo en la escena que le sorprendió: los cuidadores que estaban cuidando a las almas bebés, tenían apariencia humana.

—¿Te sorprende cómo lucen los maestros? —preguntó Atria.

—No se parecen a las enfermeras en la Cámara de la creación.

—Claro que no. Esas enfermeras nunca han estado en la Tierra; ¿qué podrían brindarles a estas pequeñas? —dijo Atria.

Henry notó que los maestros estaban vestidos como ancianos de tribus de diferentes nacionalidades en diferentes partes de la Tierra.

— Que no te sorprenda su apariencia. Los maestros no pueden estar demasiado adelantados de sus estudiantes. Eso ayuda a crear un buen lazo y entendimiento mutuo. El alma que pasó su vida pasada en una oficina en una gran ciudad, no será útil en este caso.

—Tiene sentido. Parece que se están divirtiendo mucho —dijo Henry mientras veía a las almas bebés jugando sobre el pasto—. Son parecidos a los juegos que solíamos jugar allá en casa.

—Los llevaste contigo en tu subconsciente. ¿Puedes ver, Henry, que están jugando, pero no compitiendo? Parecido a los niños en la Tierra, se trata todo sobre la diversión. Todos los sentimientos y emociones tan familiares para ti, les serán desconocidos a ellos hasta que comiencen a experimentar la vida física.

—Hay algo que no me cuadra —dijo Henry.

—¿Qué es?

—¿Por qué están enviando a estas almas puras, inocentes, a un lugar tan terrible como la Tierra? ¿Exponiéndolos a todo tipo de atrocidades y desafíos de un mundo humano lleno de pecados?

—Me temo que no soy capaz de darte la respuesta a esa pregunta. Todo lo que sé es que así fue antes de mí y así será después de mí; estamos aquí para asegurarnos de la constancia del proceso.

—Tengo tantas preguntas...

—Eso es bastante comprensible. Veo tu hambre por saber más. Sin embargo, recuerda, mi conocimiento es limitado. No debes desanimarte, hay una respuesta a cada pregunta. Las respuestas siempre llegan para aquellos que las buscan. La ausencia de respuestas significa sólo una cosa, que el tiempo no es el correcto.

—En otras palabras, ¿no estoy listo para las respuestas? —preguntó Henry.

—Sí. No estás listo para las respuestas. La paciencia es la clave.

Henry pasó bastante tiempo en estos reinos. Visitó salones de clase y descubrió que en cada clase había un promedio de veinticinco a treinta almas. Aprendió que sus compañeros se convertirían en hermanos. Ese lazo lo llevarían a través de toda su existencia, estuvieran en los reinos físicos o espirituales. Henry se dio cuenta entonces de que todas las almas que lo rodeaban en ambos mundos, fueron alguna vez sus compañeros de clases.

—¿Has estado alguna vez en la Tierra? —preguntó de pronto Henry.

—Sí, he estado allá. Pero eso sucede sólo bajo pedido especial —contestó Atria.

—¿Pedido de quién?

—De los guías espirituales. Cuando las cosas se les salen realmente de las manos, supongo.

—¿Tienes algún poder especial para ayudarles?

—De hecho, sí lo tenemos. Tenemos esta habilidad de ser visibles para los humanos por un corto periodo de tiempo. Cuando sea que suceda un asunto de vida o muerte, somos llamados por guías espirituales para asistirlos en tareas de rescate.

—Es de ahí de donde vienen las historias de ángeles —dijo él con el rostro de un hombre que acaba de tener una gran epifanía—. Creo que he aprendido suficiente. Me gustaría agradecerte por este maravilloso tiempo que pasamos juntos.

—Eres muy bienvenido cuando gustes —dijo Atria mientras se despedía con la mano.

* * *

Henry se sentó en el sillón de su sala de estar e intentó analizar todo lo que acababa de aprender. Comenzó a percatarse de la vastedad de estos reinos espirituales y su relevancia en la vida de los humanos.

—¿Así que has visto un ángel? —preguntó la habitual voz autoinvitada.

Henry ya se había acostumbrado a las visitas inesperadas de Crotón y lo había anticipado. —Para mí, eran sólo cuentos de hadas para niños. ¿Quién lo hubiera dicho?

—¿Acaso no está la vida llena de maravillosas sorpresas, sin importar en qué realidad te encuentres? —preguntó Crotón.

—Sí, sin duda —respondió Henry.

Crotón cambió la dirección de la conversación. —He sido informado de que Rose visitará de nuevo a Janet.

—¿Quién es Janet? —contestó Henry.

—¿Janet? ¿Janet la psíquica?

—Crotón lo dijo en sílabas, sorprendido de que Henry ya lo hubiera olvidado.

—Oh, la psíquica —dijo Henry, a medida que su humor de pronto caía hasta el piso.

—¿No quieres hablar con Rose? —preguntó Crotón.

—¿Hablar? ¿Te refieres a decirle lo que debo y no lo que quiero?

—Lo siento mucho, pero el sacrificio personal es una esencia de la vida.

—Después de un tiempo en silencio, Crotón dijo—: Hazlo por Rose.

Con un corazón pesado y el conocimiento de lo que es correcto, Henry dijo: —Lo haré.

Nuevamente con Janet

Rose volvió a la misma habitación oscura en que había estado antes. Janet ya estaba en el sillón esperándola. Ella estaba consciente de la presencia de Henry. Janet siempre se daba tiempo antes de cada sesión que tenía para sintonizarse con las vibraciones más altas. Henry notó su guía espiritual de pie en la misma esquina. Sus animales estaban sentados a cada lado de ella. Janet comenzó su lectura haciéndole saber a Rose de que estaba consciente de los cambios que habían estado sucediendo en su vida.

—Debo decírtelo, ella da en el clavo —dijo Henry a Crotón, quien estaba a su izquierda.

—Mira a su guía —dijo Crotón.

Sólo entonces, Henry notó que la psíquica estaba traduciendo imágenes que le eran enviadas por su guía. —Veo que tienes un nuevo hombre en tu vida —le dijo Janet a Rose.

—Sí, esa es el principal motivo por el que estoy aquí ahora —contestó Rose.

—¿Qué te gustaría saber? —preguntó Janet.

—Si es posible, me gustaría saber si él está de acuerdo con eso.

—¿Te refieres a tu difunto esposo?

—Sí.

Henry escuchó la voz de Janet en su cabeza: —¿Lo estás? —Para un observador distante, la escena en la habitación tenía parecido a naturaleza muerta. Todos se congelaron por un par de segundos. Rose miró a Janet con anticipación, esperando el veredicto. Janet, con los ojos cerrados, estaba intentando capturar la respuesta de Henry. La guía espiritual de Janet estaba observando a Crotón, esperando que él pudiera influenciar en Henry para romper su largo silencio. Crotón miró a Henry con tal intensidad, que pensó que le haría un agujero a través de su ser.

Finalmente, Henry rompió el silencio: —Yo lo elegí a él para ti.

Janet vocalizó inmediatamente sus palabras. Rose liberó inmediatamente la tensión de su cuerpo y recuperó su aliento.

Con un gran suspiro, dijo: —Gracias.

Crotón posó su mano sobre el hombro de Henry y asintió con la cabeza en admiración y respeto.

—¿Cómo está él? —preguntó Rose.

—Está bien. Estoy recibiendo una imagen de ti en lo que parece ser un restaurante, ¿parece que hay otro hombre contigo?

—Sí —dijo Rose emocionada.

—El nombre que recibo suena como… —después de un tiempo de pensamientos y, por último, el chasquido de sus dedos, Janet dijo—: ¿Kevin?

—Eso es absolutamente correcto —dijo Rose, con una sonrisa de sorpresa.

—Henry me acaba de decir que fue él quien organizó tu encuentro con Kevin.

—No puedo creer lo que me estás diciendo —dijo Rose con felicidad revelada en su rostro—. Estaba tan preocupada por lastimarlo.

Crotón giró su cuerpo entero hacia Henry y con una reverencia, dijo: —Gracias.

—No sé a dónde me llevará esta reunión, pero pensé en obtener antes que nada la aprobación de Henry.

—Ahora la tienes —dijo Janet. Después de una breve pausa, ella dijo—: Veo oscuridad alrededor de tu pecho. Eso sólo puede representar células muriendo. Creo que deberías visitar a un doctor.

Rose le platicó acerca de la cirugía que tuvo y su recuperación milagrosa en sólo una noche, literalmente.

—Siento que él te está ayudando y cuidando desde el otro lado. —Los ojos de Rose se inundaron—. Necesito hacerte ver que sus poderes son limitados; te sugiero fuertemente que visites nuevamente al doctor —insistió Janet.

—Lo haré —dijo Rose.

—¿Kevin sabe de tu cirugía?

—No. No somos tan unidos. Además, sólo lo he visto una vez. Él perdió a su esposa por cáncer de mama.

—Asegúrate de que él lo sepa antes de que sea algo delicado —aconsejó Janet.

—Definitivamente lo haré. —Entonces, Rose agregó—: ¿Puedo hacer una pregunta más?

—Por favor hazla —dijo Janet.

—¿Le podrías preguntar si aún me ama?

Henry se acercó a Rose, la miró directo a los ojos y le dijo: —Más que nunca.

Esas tres palabras que Rose escuchó en su mente, enviaron escalofríos por sus brazos y piernas, y ocasionaron que una lágrima corriera hacia abajo por su mejilla.

—Creo que ya se la respuesta a mi pregunta —dijo Rose, mientras se limpiaba la lágrima y dejaba la habitación.

—Vayamos a mi casa —dijo Henry a Crotón, a medida que ambos desaparecían.

La cita

Era domingo por la tarde y Rose se apresuraba hacia su casa para después encontrarse con Kevin. Desde que Henry había fallecido, la mitad de la humanidad dejó de existir para ella. Nunca cruzó siquiera por su mente el tener una amistad con otro hombre, mucho menos el tener una relación con uno. La idea completa de eso, le era repulsiva e indigna. Ahora, ella tenía una cita.

—¿Qué está sucediendo? ¿Soy capaz de enamorarme nuevamente? Esto es una locura. ¿Qué le diré a Emily?

Todas estas preguntas y acusaciones corrían a través de su mente, a medida que se alistaba para su cita con Kevin. Él la había invitado a un restaurante elegante, uno del que ella había escuchado, pero no había tenido la oportunidad de comer ahí. La reservación tenía que ser hecha al menos un mes antes. Desde que se habían conocido durante ese almuerzo, ella no podía dejar de pensar en ese hombre. Ese sentimiento tremendo de culpa era como un peso muerto jalándola hacia la realidad y restringiéndola de explorar sus sentimientos libremente. Él la había invitado oficialmente, claramente no eran dos amigos tomando una comida. La mente de Rose se resistía a su corazón. Después de su visita a Janet y la aprobación en nombre de Henry, su corazón estaba ganando la batalla sobre su mente.

—Nunca dejaré de amarte —dijo Rose a medida que miraba el espejo, imaginando que Henry podía escucharla.

Ella no se equivocaba. Henry podía escuchar cada pensamiento sobre él que pasaba por la mente de Rose. Cada palabra dirigida hacia él lo alcanzaba en el extremo opuesto del universo.

Crotón le dijo una vez a Henry: —Algunas personas sobre la Tierra que creen en la vida después de la muerte son demasiado ingenuas al pensar que, una vez que estás aquí arriba, eres libre de tus problemas en la Tierra. A pesar de que no tenemos retos físicos aquí, los mentales son duplicados de alguna forma.

—¿Quizá eso sea debido a nuestros seres amados que dejamos detrás? —preguntó Henry.

—Sí. Nos liberaremos de nuestras preocupaciones sobre ellos, sólo cuando ellos nos dejen ir y aprendan a vivir sus vidas sin nosotros. Hasta ese momento, Henry no estuvo de acuerdo con Crotón, pero ahora ya lo comprendía. De cierta forma, el regreso de Rose a su vida estaba afectando positivamente a Henry.

—Yo estaba tan preocupado sobre el cambio en la vida de Rose. Ahora, de cierto modo su felicidad se ha vuelto mía.

—De la misma forma en que su dolor era tu dolor. La ira, celos, envidia y muchas otras emociones negativas que ejercemos mientras estamos en nuestro cuerpo físico, nos las arreglamos para traerlas con nosotros hacia lo no físico. Todas esas emociones tienen nacimiento sólo en la realidad física, y deberían permanecer ahí. A pesar de que sé que tomará tiempo el deshacerse de ellas, tiempo es algo que tenemos más que suficiente por aquí.

—Estoy trabajando en eso —dijo Henry con una ancha sonrisa sobre su rostro.

* * *

Durante las últimas semanas, su casa no había sido tan fría ni hostil. Rose comenzó a ver de nuevo los colores. Ella notó las flores vibrantes floreciendo afuera, podía oler sus esencias de nuevo. Estaba regresando a la vida.

Exactamente a las 7 en punto, Rose escuchó el sonido del timbre y fue a abrir. Kevin permanecía de pie ante la puerta, esperando por ella en un traje azul marino perfectamente entallado, con una corbata delgada negra. Ella podía oler su loción almizclada desde donde estaba parada, y lo encontró irresistiblemente guapo. Se saludaron el uno al otro con un «Hola» y una cálida sonrisa. Kevin la condujo hacia su Mercedes plateado y, para sorpresa de Rose, él abrió la puerta del auto para ella. Este era un acto de inmensa importancia para ella y, para finalizar la batalla entre la cabeza y el corazón de Rose, ella encontró un ramo de rosas rojas sobre el asiento del auto. Por primera vez en muchos años, Rose se sintió como una verdadera mujer. Se sentía como si alguien quisiera cuidarla, complacerla, realmente esforzarse por ganar su atención. Era indescriptiblemente placentero.

Durante la cena, Rose le dijo a Kevin: —Parece que te conociera hace tiempo. ¿Crees que eso sea posible?

— De hecho, yo iba a decirte lo mismo —contestó Kevin.

Durante la conversación siguiente, descubrieron que habían asistido a escuelas diferentes, universidades diferentes y que nunca habían siquiera vivido en el mismo vecindario. Durante el postre, Kevin decidió llevar la conversación al siguiente nivel.

En el momento en que mencionó el nombre de Helen, Rose inmediatamente se percató: —¡Oh por Dios! ¿Eres Kevin, el esposo de Helen Hult?

—Sí —dijo Kevin contrariado.

Rose le explicó que ella y Helen habían sido muy buenas amigas durante la escuela; mencionó que ella incluso había asistido a su boda. Desafortunadamente, después de un tiempo, sus caminos de vida las llevaron por diferentes direcciones. El hecho de que Rose conociera a Helen antes de que Kevin la descubriera, llenó el corazón de Kevin con calidez. A través de las historias de Rose acerca de la juventud de Helen, él encontró una nueva conexión con su difunta esposa, y esa conexión era Rose.

Poco después, Kevin preguntó acerca del esposo de Rose y, antes de que ella abriera la boca, Henry ya estaba en la habitación. Él no haría usualmente eso, pero alguna fuerza invisible lo condujo hacia ahí. Quizá sabía en el fondo que esa sería su última visita con el amor de su vida.

—¿O quizá sea curiosidad? —preguntó Helen, quien apareció detrás de la silla de Kevin.

—¿Qué te hace decir eso? —preguntó Henry.

—¿O quizá el deseo de descubrir qué dirá ella sobre ti?

—No. Absolutamente no —protestó Henry—. ¿Puedo suponer que esa es la razón por la que tú estás aquí?

—Sí, me gustaría saber qué es lo que él dirá sobre mí —dijo Helen. —Contrario a las mujeres, los hombres no somos tan curiosos.

—Relájate, sólo estaba bromeando —rio Helen.

—Tienes un sentido del humor bastante raro —dijo Henry, riendo también.

—¿Te gustaría ir a otro sitio? ¿Algún lugar en donde podamos hablar?

Henry, no familiarizado con acercamientos tan directos, dudó por un segundo, inseguro de qué hacer, pero dijo: —¿Por qué no? —Se acercó a Helen valientemente, tomó su mano y dijo—: Sígueme.

Helen

Después de un viaje de medio segundo, estaban en la cafetería que ya era familiar para Henry.
—¿Tomamos asiento? —preguntó Henry, a medida que sacaba una silla para ella.
—¿Por qué no? —dijo Helen.
Mario ya estaba ahí. —¿Qué les puedo ofrecer?
—Sorpréndenos —contestó Henry.
Esas dos palabras fueron como música para los oídos de Mario. Fue a la cocina para preparar una «obra maestra gastronómica», como él solía decir.
—¿Habías estado aquí? —preguntó Henry mientras observaba la curiosidad de ella por su entorno.
—Aquí no. Pero he ido a Roma muchas veces, esta es mi piazza favorita.
—Me alegra escuchar eso —dijo Henry.
—Así que dime, ¿por qué los estabas espiando?
—No lo hacía. Sólo pensé que quizá sería buen momento para despedirme. ¿Quién sabe cuándo volverá a pensar ella en mí?
—Probablemente no me creerás, pero esa era exactamente la misma razón por la que yo estaba ahí —dijo Helen con un tono serio.
Permanecieron sentados ahí, en silencio, por un par de segundos, cada uno en sus propios pensamientos. Luego, Helen rompió el silencio—. Sabes, es irónico que mi mejor amiga me reemplace para estar con mi marido y que yo esté de acuerdo con eso. Allá en casa, la hubiera ahorcado con mis propias manos, pero ahora, ni siquiera estoy celosa. ¿No lo encuentras un poco extraño?
—De hecho, sí, y te diré algo más. Parece como si hubiera encontrado paz mental sabiendo que hay alguien que cuidará de ella. Me hace un hombre más feliz.
—Eso es exactamente lo que siento —dijo Helen.

Antes de que ella terminara su oración, Mario apareció con una bandeja en su mano. —Todos vienen aquí por una taza de café —se quejó Mario—. Finalmente, tengo clientes reales.

—¿A qué te refieres por clientes reales? —preguntó Henry.

—Alguien que extraña realmente la comida de buena calidad. Mientras más permanecen en estas realidades, menos recuerdan el sabor en sus lenguas.

—Pero eso es algo normal, ¿o no? —preguntó Helen.

—Lo sé, y eso es lo que me entristece. No tengo a nadie a quien impresionar, mio Amico.

—Ahora lo tienes —dijo Helen con una risita.

A medida que servía los platos con comida, Mario le preguntó a Henry: —¿Quién es tu encantadora compañera? ¿No vas a presentarme?

—Oh, sí, disculpa mi impertinencia. Mario, te presento a Helen. Helen, te presento al mejor chef en toda Roma.

—¡Bellissimo! —dijo Mario, complacido con la introducción, después de besar la mano de Helen.

—Así que cuéntanos, ¿qué comeremos hoy? —preguntó Helen con curiosidad.

Mario adquirió la pose de un chef orgulloso, listo para impresionar a sus invitados con sus creaciones. —Comenzaremos con una entrada, como pueden ver, tenemos algo de bruschetta. El segundo tiempo será una sopa de nombre minestrone. Cuando hayan terminado de disfrutarla, serviré mi pasta especial de nombre arabiatto.

—¿Qué tiene tu pasta de especial? —bromeó Helen.

—Es la salsa que se ha mantenido en mi familia por generaciones.

—Ya veo —dijo Helen riendo.

Henry la estaba mirando y pensando. «Es realmente divertido estar alrededor de ella, está tan llena de vida y energía positiva. Probablemente suene extraño, pero estoy disfrutando de su compañía».

—Okey, ¿qué sigue? —preguntó Helen.

—Posteriormente, habrá un cacciatore.

—¿Qué es eso? Nunca he escuchado de él.

—Oh, signora, es carne preparada al estilo cazador con tomates, cebollas, hierbas y un poco de vino. ¡Se chuparán los dedos! —dijo Mario con emoción.

—¿No crees que tantos platillos serán demasiado? —señaló Helen, sintiendo como si Mario fuera un vendedor intentando venderles el menú completo.

—No, signora, ¡mi comida hará su hermoso cuerpo aún más estilizado!

—Me encanta este hombre —expresó Helen mientras reía—. Okey, Okey, ¿qué habrá después?

—Lo siguiente será dulce, les ofreceré algunos cannolis de Sicilia con un delicioso expreso, ¿si no les importa?

—A mí no, ¡y no puedo esperar a probar todas esas delicias!

—¿Qué hay del vino? —preguntó Henry.

—Oh, scusi, ¡casi lo olvido! Les recomiendo un vino tinto con un nombre misterioso, Nebbiolo.

—¿Qué significa eso? —preguntó Helen.

—En italiano, significa fogoso.

—¿Por qué fogoso?

—Durante la cosecha, una neblina mística se asienta sobre la región en donde se ubican los viñedos en Italia.

—Vaya, ¿no es eso romántico? —preguntó Helen, mirando a Henry.

—Oh, sí, no puedo esperar a probarlo —contestó Henry.

—Uno momento —dijo Mario mientras desaparecía hacia la cocina.

—Así que dime, ¿qué piensas de todo esto? —le preguntó Helen a Henry.

—¿De qué? —contestó él.

—De todo acerca de estas realidades. ¿No te emociona que la vida siga? La libertad que tenemos aquí, puedes hacer lo que sea que quieras. A propósito, ¿notaste lo alta que soy ahora?

—Oh, sí, de hecho, eso fue la primera cosa que noté cuando te vi —replicó él.

—¿No es increíble? Siempre había querido ser alta. Solía odiar a esas modelos flacas con sus piernas altísimas. Ahora yo tengo unas mejores —dijo Helen poniéndose de pie y mostrándole sus piernas deslumbrantes en una mini falda.

—Debo halagarte toda tu apariencia. Está impecable.

—Además, puedo cambiar mi vestuario cuando quiera. Si hubiera sabido que esto iba a ser tan divertido, hubiera llegado aquí mucho antes —dijo Helen riendo—. Deberías ver mi vestidor. Es más grande que toda mi casa.

—Créeme; no tengo problemas para creer eso.

Entonces, ella miró directo a los ojos de Henry y le dijo sinceramente: —Realmente estoy disfrutando estar aquí.

—¿No extrañas a Kevin o a tus hijos? —preguntó Henry.

—Mis hijos han seguido su propio camino por mucho tiempo; ellos en realidad sólo pensaban en nosotros cuando necesitaban algo. Kevin, como pudiste notar, se está enamorando de mi mejor amiga. Así que, básicamente tengo dos opciones, sentarme y enfadarme por eso, o intentar disfrutar mi vida. Yo elegí lo segundo.

—Quizá tengas razón —dijo Henry—. Aquí estoy yendo de una realidad a otra, intentando encontrar el sentido de la vida o incluso del creador mismo. No he tenido éxito en eso. En lugar de hacer lo que tú haces, disfrutar mi existencia.

—¡Claro! —dijo Helen—. Mira toda esta comida. Podemos comer todo lo que queramos sin engordar, ¿no es eso grandioso?

—Sí, lo es —contestó él. Henry pensó para sí mismo que ella tenía toda la razón. «Puede haber mucha más diversión aquí si tan solo elijo experimentarla».

—Probemos el vino —dijo Helen. Alzaron sus copas y ella dijo—: Me gustaría proponer un brindis por la juventud eterna.

—¡Salud! —dijo Henry mientras vaciaba su copa.

Cuando terminaron el segundo plato de Mario, Helen dijo: —Mario tenía razón, este vino puede crear niela en tu cabeza.

—Sí, sin duda —dijo Henry mientras pretendía estar borracho.

Uno tras otro, Mario sirvió sus maravillas gastronómicas, como prometió. Con cada plato nuevo, él tuvo que explicar cómo fue preparado, los ingredientes que utilizó y cómo debería saber. Esto fue absolutamente necesario, debido a las realidades en las que estaban. Helen estaba familiarizada con toda la comida y no tenía problema disfrutándola; para Henry, por otro lado, era un gran desafío. Helen sintió gran placer contribuyendo a Henry para que disfrutara y que aprovechara al máximo esta experiencia. Con el último platillo, Helen alcanzó su bolsa, sacó sus cigarrillos y preguntó: —¿Tú fumas?

—No sabía que se podía fumar aquí.

—¿Quieres decir en este restaurante?

—No. Quiero decir en este reino.

—Henry, puedes hacer todo lo que tú quieras. Sobre todo, disfrutar tu vida. ¿Qué podría ser más placentero que un cigarrillo y un expreso? Prueba uno —dijo Helen sacando un paquete de cigarrillos.

—No, nunca antes fumé; no creo disfrutarlos ahora.

—Lástima. Te estás perdiendo la vida, no es como si fuera a matarte, de cualquier manera.

—¡Qué diablos! Déjame probar. —Ella encendió un cigarrillo en su boca y después se lo pasó a Henry diciendo: —Inhala.

—No. Nada —dijo Henry un segundo después.

—Porque nunca los probaste en la Tierra —dijo Helen decepcionada. Poco después preguntó—: ¿Disfrutas pasando tiempo conmigo, Henry?

—Inmensamente —dijo Henry con una sonrisa amable sobre su rostro.

—Entonces, debemos hacer algo con esto... —Helen hizo gestos mientras movía su mano en círculos alrededor el rostro de Henry, desde el otro lado de la mesa, gesticulando una opinión sarcástica con sus miradas.

—¿A qué te refieres? —preguntó Henry, sorprendido.

—Me refiero a tus ropas.

—¿Qué hay de malo con ellas?

—¿Estás bromeando? No puedo señalar una sola cosa que esté bien con ellas. Estoy segura de que, adoptando la apariencia de tu juventud, adoptaste también el estilo antiguo de las ropas.

—Quizá tengas razón —dijo Henry, apenado mientras bajaba la mirada y examinaba su elección de atuendo.

—No te preocupes, te arreglaremos —dijo Helen con la voz de una mujer que conjetura negocios. Se giró hacia el mostrador y le preguntó a Mario si tenía un espejo grande.

—Un momento, signora —dijo Mario mientras regresaba con un gran espejo entre sus manos.

Ella le pidió a Henry que se parara frente a él y dijo: —Mírate.

—De hecho, tienes razón —dijo Henry mientras observaba su reflejo, rascando su cabeza.

Estaba vestido con un estilo que hubiera sido aceptado a principios de los años noventa, e incluso entonces, eso hubiera sido con gran dificultad. De alguna manera, Henry nunca prestó demasiada atención a lo que estaba usando allá en casa, y aquí, era lo último que cruzaba por su mente.

—Así es como me gustaría verte —dijo Helen.

Henry vio en el reflejo del espejo a un hombre joven en sus treintas, vestido como un modelo de revista de moda.

—¿Crees que soy yo? —preguntó Henry con incertidumbre.

—Sólo imagina todo esto en ti, y así será.

—Okey —dijo Henry.

Mario, que estaba observando esta acción desde detrás de su mostrador, gritó: —¡Bellissimo! Ahora lucen como una pareja.

—De hecho, me agrada —dijo Henry mientras observaba su nueva imagen en el espejo.

—Y te gustará aún más —dijo Helen.

—¿A qué te refieres? —preguntó Henry con precaución y con trasfondo de miedo.

—Quiero decir que te mostraré algo —dijo en extremo emocionada mientras se volvía bastante complacida con su creación—. Mario —gritó Helen.

—¿Sí, signora?

—Nos marcharemos ahora, pero antes de que lo hagamos, debo decir que Henry tenía razón, eres el mejor chef en toda Roma.

Mario estaba casi abrumado con lágrimas de felicidad.

—Oh, gracias, signora —dijo Mario con mejillas sonrojadas y una sonrisa extraña.

—Nos estarás viendo más seguido —dijo Helen mientras tomaba la mano de Henry—. Vayámonos.

Dudas

Ellos aparecieron frente a dos magníficas mansiones. —¿En dónde estamos? —preguntó Henry.
—Estas son mis casas en mi realidad —respondió ella.
—¿Le llamas casas a esto?
—¡Espera a que entres! —dijo ella con emoción. Desde afuera, parecían dos edificios enormes uno junto al otro. Estaban conectados sólo por un pasaje arqueado, hecho de rosales, que lo envolvían por completo con hermosas hojas y tallos verdes. Uno de los edificios estaba diseñado con estilo contemporáneo. Era una combinación de vidrio, concreto y metal. El otro parecía como un castillo medieval.
—Déjame adivinar, la moderna, la que parece nueva, es tuya —dijo Henry.
—Sí, y es una réplica exacta de mi casa en la Tierra. Sólo tiene una diferencia...
—Sí, la recuerdo —interrumpió él—. Un vestidor del tamaño de una casa.
—¿Entonces si has estado escuchando? —preguntó ella sorprendida.
—Más de lo que crees.
—¿Entramos? —dijo Helen, invitándolo.
La casa se veía aún más grande desde dentro. Techos altos, habitaciones espaciosas con muebles elegantes, los colores, todo revelaba el gusto excepcional de su propietaria. Henry no sabía mucho sobre diseño de interiores y nunca le había interesado en la Tierra; aquí, sin embargo, había algo más. Todo estaba en balance y armonía total. Las habitaciones, de las que Henry había perdido la cuenta, daban todas hacia un magnífico bosque que rodeaba toda la propiedad.
—Así que, ¿no hay playa? —preguntó Henry.
—Allá en casa, teníamos una casa vacacional justo en la playa, y yo ya tuve suficiente de eso. El bosque me interesa más, por ahora. Cuando me canse de él, crearé algo diferente.
—Dudo que alguna vez dejes de fascinarme —comentó él.

—Espera, tengo más para mostrar. —Fueron directo hacia la habitación principal. Helen se detuvo frente a una gran entrada de puertas dobles, blancas, y le pidió a Henry que cerrara los ojos. Un minuto después, ella dijo—: ¡Ta-ran!

Henry se encontró a sí mismo de pie entre hileras e hileras de ropa de mujer. —Vaya —dijo Henry, pretendiendo estar sorprendido y emocionado. Ella lo llevó hacia la siguiente sección en donde sólo había zapatos.

—Esto sí que es impresionante —dijo él—. ¿Tú diseñaste sola todo esto?

—No seas tonto, casi todo esto lo obtuve de espectáculos de moda de Milán. Son creados por los mejores diseñadores de la industria de la moda humana.

—Tenemos una industria de moda en estos reinos?

—No se le puede llamar una industria, ya que no hay una producción real. Hay un ejército de diseñadores aquí que inspiran a los diseñadores de la Tierra y, a cambio, los de aquí también se inspiran de los de allá. Y esto —dijo apuntando hacia su colección—, es un resultado de esa inspiración.

—Este aspecto de la vida es completamente desconocido para mí, ya sea aquí o en la Tierra —dijo Henry.

—Sería extraño que te fuera conocido —dijo Helen con una risita.

Henry se percató de que era la última parada en el tour y se quedó en silencio por un momento. Entonces, preguntó: —¿Me mostrarás la casa de Kevin?

—Sí, con gusto. —Ella dirigió el camino hacia el túnel arqueado hecho con rosales—. Como ves, a Kevin siempre le fascinaron los castillos medievales ingleses. Decidí sorprenderlo cuando llegue aquí. —Se detuvo un segundo y luego dijo—: Si aún quiere estar conmigo.

—Más le vale —dijo Henry, pretendiendo estar enfadado.

El castillo parecía un castillo no sólo desde el exterior, sino también desde dentro. Por un segundo, Henry sintió como si hubiera retrocedido en el tiempo. Mobiliario pesado, de colores oscuros, candelabros forjados en hierro y candeleros con cera colgando en capas. En las paredes oscuras de piedra colgaban cuadros de caballeros, con marcos tallados elaboradamente. Estaban decoradas con todo tipo de armas y armaduras que habían sido usadas por guerreros en los tiempos de los caballeros templarios. Inclusive los cubiertos sobre la mesa de madera maciza, pertenecían a la misma época. No había una sola cosa fuera de lugar, todo pertenecía perfectamente justo al lugar en el que estaba. Helen lo llevó después a través de un pasillo oscuro, alumbrado únicamente por velas; éste los llevó hasta una bodega de vinos. En medio de la habitación había una mesa de roble macizo, rodeada de sillas pesadas.

Alrededor de la mesa de roble había paredes llenas por completo de interminables botellas de vino. Vinos de todo tipo, madurez y marcas que uno hubiera podido imaginar. Después, ella le mostró la biblioteca de Kevin. Los estantes estaban llenos de libros de arriba abajo. En el centro de la habitación había una mesa de madera hermosamente tallada, un gran sofá de cuero y pesadas sillas ocasionales a su alrededor. Helen caminó directo hacia el escritorio de Kevin ante la ventana y pasó su mano por la cubierta. —¿Te parece familiar este escritorio?

—¿Debería?

—Es de lo que estoy más orgullosa.

—¿Qué tiene de especial este escritorio? —preguntó él.

—Es el escritorio Resolute, el que está en la oficina oval en la Casa Blanca.

—Ya veo —dijo Henry.

—Kevin siempre lo admiró. Sólo espero que aprecie todo por lo que pasé por él.

Henry estaba profundamente impresionado, y cuando terminó la excursión alrededor de la casa, preguntó: —¿Te las ingeniaste para arreglar todo esto tú sola?

—¿Estás bromeando? Claro que no. Aunque el ser la esposa de un arquitecto reconocido me ayudó bastante. Siempre estuve bastante involucrada en los proyectos de mi esposo. De hecho, si quieres saberlo, todas las cumbres que consiguió alcanzar en su carrera, fueron gracias a mí. De no haber sido por mí, probablemente seguiría siendo otro dibujante ordinario en alguna firma arquitectónica desconocida.

—Supongo que es verdad lo que dicen, detrás de cada hombre exitoso hay una mujer fuerte.

—Sip —dijo Helen—. ¿Preguntabas acerca de este proyecto?

—Sí.

—Mis conexiones de hecho me ayudaron bastante.

—¿Qué conexiones? —preguntó Henry, sorprendido.

—Me las ingenié para ponerme en contacto con algunos arquitectos que han cruzado; eran amigos de Kevin, y estaban felices de ayudarme.

—Nunca dejarás de sorprenderme —dijo Henry.

Entonces, de pronto, le llegó una revelación y decidió preguntarle lo que les preguntaba a todos. De alguna manera, se le había olvidado preguntarlo antes. Quizá porque, en lo profundo de su mente, le asustaba estropear por ello toda la experiencia y la diversión que estaba teniendo.

—¿Hay algo que te gustaría preguntarme?

—De hecho, sí lo hay, pero no sé si será apropiado.

—Inténtalo —dijo Helen.

—¿Tuviste la oportunidad de enfrentar a los jueces? —preguntó cauteloso.

—¿Qué jueces? —preguntó Helen.

Henry pensó para sí mismo, «Oh Dios, ella no tiene idea alguna de las audiencias en la corte ni las consecuencias de eso».

—¿Qué jueces? —preguntó nuevamente Helen.

—La audiencia de tu última vida sobre la Tierra.

—Oh, supe de eso por mi guía espiritual, pero ella dijo que podemos hacerlo cuando sea que estemos listos... y, vaya, puedo decirte que definitivamente no estoy lista aún. Honestamente, no sé si alguna vez llegue a estar lista.

—Estoy teniendo la extraña sensación de haber sido engañado por mi guía espiritual.

—¿A qué te refieres? —preguntó Helen riendo.

—Él me hizo enfrentarme a los jueces desde el momento en que llegué aquí.

—Oh, pobrecito —dijo Helen a medida que lo besaba en la mejilla—. Fue entonces cuando esta carga pesada se puso sobre tus hombros. Deja de torturarte; de cualquier forma, no puedes cambiar el pasado. Lo que está hecho, está hecho. Olvídalo e intenta disfrutar este momento, nunca más volverás a tener este en particular.

—Desde que llegué aquí, fui de un lugar a otro intentando aprender y, con eso, comprender estas realidades y...

—¿Eso te hace un hombre más feliz? —lo interrumpió Helen tapando su boca y presionando todo su cuerpo contra el de él.

Él la miró con los ojos aterrorizados y moviendo su cabeza de derecha a izquierda, dijo: —No.

—Dame un momento —dijo Helen a medida que dejaba la habitación.

—Así que ¿has sido engañado por mí? —dijo Crotón mientras hacía su acto de aparecer desde la nada.

—Oh, Dios, me asustaste —chilló Henry entre dientes.

—Algún día me agradecerás por lo que he hecho por ti.

—Por favor baja la voz, ella regresará en cualquier momento.

—¿Y qué? ¿Estoy estropeando tu pequeña aventura?

—No, no lo comprendes. No es lo que parece.

—¿En serio? ¿Cómo crees que va a terminar esto?

—No lo sé, y nunca lo sabré si no me lo permites. Por favor, vete —Henry estaba casi rogándole.

—De acuerdo —dijo Crotón mientras desaparecía.

Helen regresó con un camisón bastante revelador. —¿Te agrada lo que ves? —preguntó Helen.

—Sí —susurró Henry con un tono de confusión y mirada sorprendida.

—Sabes, durante los últimos tres años de mi vida en la Tierra, pasé por numerosas cirugías; a pesar de mis cirugías plásticas, mi pecho seguía siendo un desastre. Me avergonzaba incluso mostrarme ante mi marido. Ahora no tengo a nadie a quién presumírselos. —Al final de la oración, ella hizo que su bata cayera de su hombro y expusiera la parte superior de su cuerpo—. ¿Qué te parecen? —preguntó Helen.

—Perfectos —dijo intentando evitar mirarlos demasiado tiempo.

—No seas tímido —dijo Helen con una sonrisa gentil.

—Aunque sepa que ese cuerpo tuyo es sólo una creación de tu mente, sigo teniendo mente de hombre.

—Está bien —dijo ella—. Puedes tocarlos si quieres.

—Toda la situación comenzaba a sentirse un poco extraña; él sintió como si el universo entero lo estuviera observando y esperando que él hiciera lo correcto. Él se puso de pie, caminó hacia Helen y se detuvo frente a ella. Ella cerró sus ojos, expectante ante el toque de él, pero, por el contrario, sintió su bata cubriendo nuevamente su cuerpo.

— ¿No te agrado? —preguntó.

—Envidio al hombre que tendrá el privilegio de disfrutar esta perfección, pero desafortunadamente, no seré yo —dijo él, mientras besaba gentilmente la mano de ella.

—Lo comprendo —dijo ella con tristeza en sus ojos.

—Me gustaría agradecerte por el mundo nuevo que has abierto para mí. El mundo de la diversión, alegría, placer, y especialmente te agradezco por mi aspecto mejorado.

—Siempre serás bienvenido. —Después agregó—: Veo que quieres marcharte y estás buscando una excusa para hacerlo. Antes de que te vayas, recuerda que siempre tendrás una amiga en el lado divertido del universo.

—Gracias —dijo Henry a medida que desaparecía.

La puerta

Henry volvió a su realidad con una sensación de alegría. El hecho de no sentirse atraído hacia Helen le dio gran alivio. En lo profundo de su corazón, sabía que temía defraudar a Rose. Una cadena de preguntas indeseadas inundó su mente e invitó con ella a la confusión e incertidumbre.

—¿Es posible volverse a enamorar? ¿Encontrar a alguien que reemplace a Rose? ¿Lo necesito?

«¡No!» Henry escuchó la misma voz sin invitación, apareciendo como respuesta ante su pregunta.

—¿Por qué no? —preguntó Henry a cambio.

—No podemos encontrar el amor en estos reinos. Podemos sentirnos atraídos a ciertas almas, pero no podemos encontrar el amor.

—¿Por qué? —preguntó Henry de nuevo.

—El amor verdadero debe resistir la prueba del tiempo. Como habrás notado, el tiempo aquí no existe —contestó Crotón.

—¿Eso es todo? —preguntó Henry.

—No, debe sobrevivir a cada prueba y obstáculo que ofrece la vida sobre la Tierra.

—¿Así que el amor verdadero se puede encontrar únicamente pasando por el infierno?

—Si es así como quieres plantearlo, sí. En estos reinos, no podemos probar la fuerza de un sentimiento; no tenemos retos ni nada por lo que pelear.

—Ya veo —dijo Henry, percatándose de la verdad en las palabras de Crotón. Después de cierto silencio, Henry miró los ojos de Crotón e hizo la pregunta que había estado en la punta de su lengua desde el día en que Rose conoció a Kevin.

— ¿Ella se enamorará de él? —preguntó temeroso ante la respuesta de Crotón.

Crotón alzó las cejas con una mirada profunda hacia Henry, y por un segundo, él pensó que Crotón lo quemaría hasta agujerearlo en la cabeza. Un momento después, Crotón dijo: —No.

Con esa respuesta, el peso que cayó de los hombros de Henry se sintió como el peso del planeta entero.

—¿Por qué no? —preguntó Henry con un suspiro de alivio.

—No habrá suficiente tiempo —contestó Crotón. La respuesta a esa pregunta fue tan bienvenida por Henry, que no prestó atención a su significado. Pero pronto, todo estaría tan claro como el agua.

— ¿Aún sigues celoso? —preguntó gentilmente Crotón.

—No, para nada. Todo lo contrario, estoy feliz por Rose —contestó intentando sonar convincente—. El hecho de que ella no se enamorará de Kevin me vuelve triste y feliz al mismo tiempo.

—Puedo ver eso —dijo Crotón.

De pronto, Henry recordó la puerta hacia la habitación de Rose. Se puso de pie y se dirigió hacia ella; no podía esperar a estar dentro nuevamente, a ser absorbido por la luz de Rose. Pero cuando llegó, la puerta no estaba por ningún lado. Parecía como si la puerta hubiera simplemente desaparecido. Henry comenzó a sentir la pared en donde estuvo alguna vez la puerta. Se había ido sin dejar rastro.

Abrió sus brazos y presionó todo su cuerpo contra la pared, manteniendo esa posición por algunos segundos. A medida que se giraba, aún con los brazos abiertos, buscando a Crotón, él ya se había ido. Henry permaneció de pie de esa forma por un tiempo. Parecía como si estuviera despidiéndose de su Rose y su única conexión con ella en este mundo. Mucho después, salió del edificio para revisar el jardín trasero. Todo el escenario hermoso, con estanques en cascadas y magnífica naturaleza, se había ido. Henry encontró sólo la continuación de la playa, convirtiéndose lentamente en un bosque de palmeras cocoteras. El sueño de Rose, que alguna vez se había vuelto su realidad, se había ido, desvanecido sin rastro alguno. Henry no pudo definir sus sentimientos; se encontró en un área gris. Se sentó en la arena, enfrentando el horizonte, completamente confundido y desorientado. Se recostó y cerró sus ojos.

Un tiempo después, abrió sus ojos. Normalmente, la primera pregunta que habría llegado a su mente es: «¿cuánto tiempo estuve fuera?» Pero no esta vez. Decir que a Henry no le importaba más el paso del tiempo en la Tierra no hubiera sido del todo cierto. De algún modo, se encontró a sí mismo en paz con el fluir de las cosas. Se dio cuenta de la necesidad de permitir que las cosas pasen como lo hacen, sin interferir, resistirse, o intentar influenciarlas, sólo aceptándolas tal como son y viendo el orden absoluto y el significado en cada cambio que hay en la dirección de ese fluir.

«Debo ocuparme a mí mismo con algo».

De pronto, recordó sus estudios inconclusos sobre sus vidas pasadas. —¡Aaron! —dijo Henry con gran emoción en su voz. Un segundo después, él estaba en la sala de lectura de la biblioteca. Su silla aún estaba ahí esperándolo.

—¿Has vuelto? —preguntó Aaron sorprendido.

—¿No se suponía que lo hiciera?

—En definitiva, se suponía que lo hicieras, pero no muchos lo hacen.

—¿Por qué no?

—Creo que, en algún punto en medio de la búsqueda, se dan cuenta de que el conocimiento de su pasado sólo complica su presente.

—Coincido absolutamente con ellos —dijo Henry.

—En ese caso, ¿cuál es el propósito de tu visita? —preguntó Aaron.

—Hay una razón, la única, la que no me dejará encontrar la paz en este paraíso.

—¿Cuál es esa única razón?

—Es mi curiosidad.

—¿Curiosidad sobre qué?

—Sobre todo y particularmente la parte que me hizo volverme un albacea.

—Creía que ya habías superado eso —dijo Aaron.

—No. Aún quiero estudiar mis vidas previas, en especial aquella que me convirtió en una criatura descorazonada que puede ahogar a un niño inocente.

—Todavía te molesta —dijo Aaron con tristeza en su voz.

Aaron se sentó y sacó una silla a su lado para Henry, como si se estuviera poniendo cómodo para una larga conversación. Henry aceptó su oferta, diciendo: —No pienses que puedes cambiar mi opinión.

—Permíteme al menos intentarlo —dijo Aaron con una ancha sonrisa.

—Claro —dijo Henry educadamente.

—Durante tu última visita, encontré una excusa perfecta para que detuvieras esta excursión a tu pasado.

—Lo recuerdo —dijo Henry—. Era Atria.

—¡Exacto! Y esperaba no tener que verte de nuevo. Obviamente, me equivoqué; eres bastante terco.

—¿Terco? Ponme a prueba —dijo Henry con un brillo juguetón en sus ojos.

—Sólo quiero advertirte; el hecho de que no recordemos nuestras vidas pasadas, está ahí por una razón.

—Lo sé, para no complicar nuestra vida actual. Ya me lo habías dicho.

—¿Recuerdas la vida que estabas estudiando en tu visita anterior?

—Sí, yo era una mujer esclava en una familia romana acaudalada —contestó Henry.

—Bien, sí que lo recuerdas —dijo Aaron saliendo de la sala de lectura. Un poco más tarde él estaba de vuelta con un libro en su mano. Pasándoselo a Henry, dijo—: Adelante.

Henry abrió el libro y se vio arrastrado hacia el escenario de un antiguo imperio romano.

Esclava

Henry eligió observar la acción y no ser parte de ella. La idea de estar en el cuerpo de una mujer era bastante extraña.

«¿Me arrepentiré de esto? —se preguntó Henry a sí mismo, mientras recordaba las palabras de Aaron. Pero, por otro lado, se mantenía pensando—: ¿podemos sinceramente decir que sabemos quiénes somos en realidad, sin conocer nuestro pasado? Haré esto. —Henry se convenció a sí mismo mediante sus pensamientos y se adentró valientemente».

Henry movió rápido sus dedos por las páginas del libro y apresuradamente descubrió que el nombre de la niña era Aurelia. Ella tenía un adorable hijo de seis años y un esposo de nombre Lucas. Él estaba cuidando los caballos del amo, mientras ella estaba ocupada en la habitación principal, sirviendo a la señora de la casa. Había muchos otros esclavos en la casa, y todos parecían estar bien cuidados. Henry hojeó las páginas, incapaz de encontrar algo digno de su atención mientras leía entre líneas, excepto por el día en que el amo de la casa de pronto la notó. Él le lanzó una mirada, aquella con la que cualquier mujer era bastante familiar; esa mirada hizo que la sangre de Aurelia corriera por sus piernas y dejara su rostro tan pálido como las sábanas de la cama de su amo.

«Esto no puede ser bueno», pensó Henry para sí mismo.

Aurelia escuchó de otros esclavos que el amo podía ser en ocasiones bastante duro con las jóvenes esclavas, pero eso nunca le había preocupado a ella. Ella jamás prestaba atención a esos chismes. Ahora ella lo sabía.

Desde ese día, ella intentó evitar quedarse sola con el amo en la misma habitación. Sin embargo, en lo profundo de su mente, ella sabía que era cuestión de tiempo y que tendría que enfrentar a un demonio.

Era una noche fría, y la señora de la casa estaba entreteniendo a sus invitadas en la sala de estar. Aurelia estaba preparando la cama marital para esa noche. Sabiendo que el amo estaba fuera de la casa, ella se permitió la libertad de recostarse sobre su cama. Ella estaba sobre las sábanas con su rostro hacia arriba, casi feliz, mirando hacia el techo, imaginando que algún día su hijo podría convertirse en un ciudadano romano. Con ese pensamiento, Aurelia se adentró en un sueño profundo. La incapacidad para respirar la despertó. Ella olía el hedor a alcohol y sintió una gran presión sobre su pecho.

A pesar de que Henry sólo estaba observando la escena, se dio cuenta de que él también se estaba quedando sin aire. Básicamente, comenzó a experimentar todo por lo que Aurelia estaba pasando. El primer pensamiento que pasó por su mente fue: «Pesadilla». Pero cuando abrió los ojos, vio la cara roja de su amo. Ella sintió el peso aplastante de su cuerpo gordo y se percató de que su mano izquierda estaba cubriendo la boca de ella.

Henry, incapaz de observar más esa escena, cerró el libro y saltó de la silla.

—¡Qué bastardo! ¡Qué bastardo! —repitió en voz alta, una y otra vez.

—¿No te lo advertí? —dijo Aaron mientras aparecía frente a Henry.

—Sí, lo hiciste —replicó Henry.

—Y empeorará aún más.

—Lo sé —soltó Henry entre dientes.

Aaron se acercó a Henry; gentilmente apoyó su mano derecha sobre el hombro izquierdo de él y dijo: —No tienes que hacer esto. Deja el pasado en el pasado. No te tortures a ti mismo.

—No puedo explicarlo, pero siento que esto tiene que hacerse.

—Libre albedrío —dijo Aaron mientras se marchaba.

Henry volvió a sentarse en la silla y abrió nuevamente el libro, esperando escapar de lo peor. Se vio arrastrado otra vez hacia la escena, y vio al amo cerrando la puerta mientras se retiraba de su habitación. Aurelia permaneció en la cama en donde reposó su cuerpo destrozado. Por un segundo, Henry pensó que ella estaba muerta. Al acercarse, él notó que ella aún respiraba pesadamente. Su rostro estaba inexpresivo, excepto por las lágrimas que corrían desde las esquinas de sus ojos, desapareciendo en las hebras de su cabello espeso.

Un momento más tarde, ella se levantó lentamente, intentando encontrar sus propios pies. Arregló su vestido, que ahora tenía una gran rasgadura en un costado. Se limpió la mejilla y comenzó a limpiar la habitación del amo, sin dejar rastro alguno de que ella hubiera estado ahí. Su cara se mantuvo inexpresiva a medida que salía de la habitación.

Henry la siguió todo el camino hacia las habitaciones de los sirvientes, una habitación en donde vio a su esposo, Lucas, durmiendo ya en la cama, con un niño pequeño a su lado. Ella se deslizó cuidadosamente bajo la sábana, esperando que escondiera su pena. No durmió la noche entera; la cara roja y el aliento de su amo borracho, acechaban sus sueños. Cerca del amanecer, cayó en un sueño ligero, sabiendo que en unas pocas horas tendría que levantarse y regresar a sus deberes. Por la tarde, regresó justo a la misma habitación para ayudar a la señora de la casa a vestirse. Ella era una mujer hermosa en sus años cuarenta, demasiado estricta y extremadamente atenta ante sus sirvientes. Nada podía escapar de su mirada.

Lo primero que dijo a una Aurelia que se acercaba fue: —¿Está todo en orden?

—Sí, señora —contestó ella.

Henry sintió su corazón palpitando en su pecho. Sintió que el miedo se colaba en su mente, miedo por la vida de su hijo, su esposo y ella misma. Todos sabían cuán cruel y vengativa podía ser la señora de la casa si alguno de sus esclavos la hacía enojar.

Era bastante habitual en la sociedad romana que los amos tuvieran aventuras con sus esclavas. La mayoría de las esposas elegían ignorarlo. Pero ese no era el caso en esta casa.

El resto del día transcurrió como solía hacerlo, lo que le dio a Aurelia la falsa esperanza de que el problema pudiera haberse acabado ya. Fue solo cuando, alrededor de la mesa para cenar, tuvo que enfrentar al amo y a la señora al mismo tiempo y en la misma habitación; entonces Aurelia notó que no podía controlarse a sí misma. El cambio en su conducta fue notado por la señora, pero lo ignoró. Poco después, ella se confundió por el cambio en la forma en que su esposo notaba a Aurelia de vez en cuando. Eso fue suficiente para llegar a la conclusión de que algo había sucedido entre ellos dos, algo imperdonable. La señora decidió no enfrentar a su esposo; en cambio, lidiaría con eso más tarde a su manera.

Aaron, quien estaba checando ocasionalmente a Henry, desde un segundo plano, vio un sudor frío en su rostro y pensó para sí mismo: «¿No es maravilloso cómo podemos actuar como humanos sin siquiera tener un cuerpo físico? Las reflexiones dejan una gran huella en nuestras almas».

La mañana siguiente llegó como cualquier otra, sin ningún problema. Sólo en algún momento por la tarde, Aurelia escuchó de parte de otros esclavos, que la señora había perdido su brazalete favorito. Ella no le había prestado atención en ese momento, pero después, se dio cuenta. Aurelia se apresuró a su habitación, pero ya era demasiado tarde. El hombre a cargo de los esclavos estaba ya ahí. Después de una corta búsqueda, él sacó el brazalete de debajo del colchón de Aurelia. Se le llevó inmediatamente a ella con la señora, y una vez que vio su cara, la esperanza de probar su inocencia se desvaneció por completo. Aurelia sabía que la señora había descubierto lo que había sucedido hace dos noches. Ella no intentó defenderse. Se entregó a sí misma hacia su destino. La sentencia fue veloz y dura. Diez azotes. Se le escoltó hacia fuera de la casa hasta el patio. En la puerta de la casa, se encontró cara a cara con Lucas. La confusión estaba escrita por todo su rostro. Los eventos se desenvolvieron tan rápido que no tuvo oportunidad para comprender lo que estaba sucediendo en realidad.

Las únicas palabras que Aurelia pudo pronunciar para él, fueron:
—Yo no lo hice.

Se le arrastró hacia la pared de los castigos y se le encadenó a ella. Sus brazos estaban abiertos, muy separados entre sí, y ella estaba de frente a la pared. El ejecutor arrancó su vestido desde la parte superior de su cuerpo, exponiendo su espalda desnuda. Diez azotes eran difíciles de aguantar, incluso para el hombre más fuerte. Todos sabían que era una sentencia a muerte y ella podría sobrevivir sólo por milagro. Todo lo que Aurelia podía escuchar era el llanto de su niño. Él intentó correr hacia su madre, pero fue detenido por Lucas. Lucas abrazó al chico, llevando el rostro de él contra su pecho, protegiéndolo ante el acto que estaba por llevarse a cabo. El ejecutor era experto en su trabajo y no tenía piedad.

El grito de Amelia rompió el silencio de muerte que estaba suspendido por todo el patio. Lucas cubrió los oídos del niño. Después de seis latigazos, Aurelia dejó de gritar. Henry vio una nube familiar separándose del cuerpo de la joven y la observó mientras se alejaba lentamente. El cuerpo sin vida de Aurelia quedó colgando desde sus brazos encadenados. Los últimos cuatro azotes rompieron la piel de un armazón sin vida.

Henry cerró el libro y miró a Aaron con dolor escrito por todo su rostro.

—¿Estás satisfecho? —preguntó Aaron.

—Sí y no. Al menos ahora sé qué tipo de vida me hizo convertirme en albacea. No logré ver lo que le sucedió al niño ni a Lucas.

—Porque ya no eran más parte de tu vida. Pero puedo decirte. Al día siguiente, Lucas y su hijo fueron enviados al mercado de esclavos, y se convirtieron en propiedad de un hombre diferente en una ciudad vecina. El niño murió un año después de una enfermedad incurable.

Henry interrumpió: —Tengo otra pregunta.

—Dispara.

—¿Interactué con ese gordo bastardo en alguna de mis vidas siguientes?

—¿Estás hablando del amo de Aurelia?

—Sí.

—¿Realmente quieres saber eso?

—¡Sí! —respondió Henry decididamente.

—Permíteme un minuto —dijo Aaron mientras desaparecía por la puerta.

Antes de aparecer de nuevo con otro libro en sus manos, Henry buscó a través de docenas de personas en su mente, intentando adivinar quién podría haber sido. Pero nada pudo prepararlo para lo que estaba por descubrir.

Aaron le entregó un libro a Henry y dijo: —Esta es tu vida más reciente.

Henry abrió la primera página y vio a un bebé recién nacido.

—¿Soy yo? —preguntó Henry con ternura en su rostro—. ¿Y? —preguntó Henry.

—Continúa mirando —insistió Aaron.

Después, Henry vio el rostro de su padre, lleno de felicidad.

—¡Ese es mi niño! —dijo Richard mientras cogía su pequeño cuerpecito y lo presionaba contra su pecho. Henry sintió una enorme corriente de amor que cubría toda su alma. Estaba disfrutando cada momento de esa escena.

—¿Y? —preguntó nuevamente Henry, buscando una respuesta de parte de Aaron.

—Lo estás mirando —dijo Aaron.

—Espera, ¿quieres decir que el hombre era mi padre?

—Sí. Un acto de lujuria incontrolada le ocasionó una vida entera de compromiso.

Henry quedó asombrado. No podía creer lo que acababa de aprender.

—Ahora puedes ver cuán complicados y enredados son nuestros múltiples viajes en el mundo físico. Una cosa que deberías saber es que no hay personas aleatorias a nuestro alrededor. Todos estamos visitando ese planeta para remediar los errores del pasado y crear nuevos. ¿No es irónico?

—Sí, sí que lo es —estuvo Henry de acuerdo—. Ahora tengo miedo de hacer mi siguiente pregunta.

—Has llegado tan lejos —dijo Aaron.

—¿Tengo futuros encuentros con la señora de la casa, en mis siguientes vidas? —preguntó.

—No físicamente.

—¿A qué te refieres? ¿No se suponía que debería pagar por lo que me hizo?

—Tranquilízate. La escala universal siempre se balanceará a sí misma, sin importar lo que suceda.

—¿Entonces?

—La vida que acabas de estudiar vino justo después de la otra en donde mataste a Crotón. Así que, de alguna forma, debías pagar esa deuda. Pero hay otro giro. ¿Recuerdas al chico que se ahogó exitosamente por ti en la pileta?

—¿Cómo podría olvidar eso?

—En la siguiente vida que tomó la ama de Aurelia, ella fue la mamá de ese niño.

—Oh, mierda. Ahora me siento peor. —Después de algún tiempo, dijo—: Ahora veo por qué lo hice sin pizca de arrepentimiento. ¿Qué hay de Lucas?

—Fue tu primer encuentro con Rose —contestó Aaron.

—¿Estás diciendo que Lucas era Rose? —preguntó Henry.

—Sí, eso es exactamente lo que estoy diciendo.

—Quizá tenías razón sobre dejar el pasado en el pasado —concluyó Henry mientras se desvanecía de la librería. A medida que regresaba a su realidad, pensó para sí mismo: «No, esto es una locura. Nunca jamás haré eso de nuevo. —Henry comenzó a pensar sobre Crotón, esperando que Crotón nunca dejara pasar una oportunidad para aceptar su invitación. Pero él no apareció—. Debe haber algo mal. —Intentó concentrar todo su poder mental para llegar a Crotón, pero no tuvo éxito—. Oh, Dios. ¿Por cuánto tiempo estuve estudiando mis vidas pasadas? ¿De qué me he perdido? ¿Estará bien Rose?»

De pronto, Henry se sintió aislado del universo. Crotón, quien usualmente lo estaba irritando con sus intrusiones en su vida, ahora no aparecía por ningún lado. «Rose, necesito checar a Rose. —Cerró sus ojos, listo para ser transportado hacia el mundo físico. Cuando los abrió, estaba aún en el mismo lugar—. Quizá no me estoy concentrando lo suficiente. —Intentó de nuevo, pero no sucedió nada, el pasaje se había cerrado».

Entonces recordó que cada vez que había estado de vuelta en la Tierra, Crotón lo había acompañado. La única vez que Henry fue por su cuenta fue cuando Rose pensó en él o cuando ella requirió su ayuda. Pero, incluso en ese entonces, Crotón estaba al alcance. Todo ese razonamiento lo llevó a la conclusión de que puedes aparecerte nuevamente en el mundo físico sólo si eres convocado por algún ser amado, pero no puedes aparecerte a placer.

«¿Entonces qué pasa con Crotón? Él no tiene a nadie allá. ¿O quizá estoy equivocado?»

—Definitivamente lo estás —dijo la voz familiar.

—¿En dónde estabas? ¿Está todo bien?

—Todo bien. Todo está de manera en que debe estar. Incluso si no sea en la forma en que nosotros deseamos —dijo Crotón mientras se acomodaba en el sofá.

—¿Crotón? —repitió Henry varias veces, intentando atraer su atención.

—¡Sí! —contestó Crotón mientras se espabilaba de algo en lo que estaba ocupando su mente por completo.

—Hay una cuestión que me gustaría preguntarte.

—Adelante —dijo Crotón con indiferencia en su voz.

—¿Por qué no puedo acudir a Rose sin que ella piense en mí? —preguntó Henry.

—Sólo pueden hacerlo los guías —contestó Crotón.

—¿Estás diciendo que tú estás guiando también a Rose? —preguntó Henry incrédulo.

—Sí, lo hago. Sin embargo, lo que me estoy preguntando es por qué te tomó tanto tiempo descubrirlo.

—Es de ahí de donde vino ese conocimiento. El conocimiento de todo lo que estaba sucediendo en mi familia.

—Desafortunadamente, sí —dijo Crotón.

—¿Por qué dices desafortunadamente?

—Creo que nuestro trabajo es de los más difíciles en estos reinos.

—¿Por qué?

—Verás, Henry, las almas que elegimos guiar en el mundo físico son como nuestros hijos, las cuidamos desde el día de su nacimiento hasta que mueren. Su éxito se convierte en nuestro éxito. Sus fracasos se convierten en nuestros fracasos. No hay nada más difícil que saber que tu hijo será lastimado y que no hay una maldita cosa que puedas hacer al respecto.

—Lo comprendo —dijo Henry en un tono compasivo.

—No, no lo haces. No hasta el día en que te conviertas en un guía.

Henry no prestó atención a las últimas palabras de Crotón. Lo que le preocupaba más era el humor de Crotón. —¿Por qué presiento que algo malo está por suceder y no me lo estás diciendo?

—Henry, no hay cosas buenas o malas. Sólo hay cosas. Bueno, en realidad no son cosas, son solo eventos —respondió Crotón.

Henry nunca había visto a Crotón tan disperso. No era él mismo. De pronto, dio en el blanco. —¿Estás borracho? —preguntó Henry.

—Borracho es una palabra fuerte; yo diría, relajado —contestó Crotón—. He hecho un buen trabajo contigo, ¿por qué no puedo celebrarlo un poco? Mario estuvo de acuerdo conmigo y... —Las últimas palabras de Crotón se volvieron tan incomprensibles que Henry no pudo escucharlas.

—¿Por qué tengo el presentimiento de que esto es por algo más?

—Esto es todo culpa de los organizadores. Están planeando nuestras vidas sin preguntarnos si lo queremos o no. ¿Y sabes cuál es la peor parte de todo esto? Que siempre tienen la razón. Ellos te lo comprobarán, y no hay nada que puedas hacer al respecto.

—¿Sobre qué? —preguntó Henry, incapaz de ocultar su preocupación.

—Henry, no he dormido por siglos. Incluso he olvidado cómo hacerlo. Pero parece que lo estoy recordando ahora. ¿Puedo hacerlo? —preguntó Crotón a medida que se recostaba en el sofá de Henry y cerraba sus ojos.

El acto de Crotón fue tan inesperado que dejó a Henry totalmente incrédulo. Mirando a Crotón, quien estaba ahora dormido pacíficamente, Henry dijo: —No me extraña que la humanidad sea todo un desastre.

Kevin y Rose

Habían pasado casi seis meses desde que Rose conoció a Kevin. Su relación se estaba desarrollando gradualmente. A pesar de que Kevin insistía en que se vieran con más frecuencia, Rose aún estaba indecisa. Con cada encuentro, Kevin intentaba impresionar más a Rose. La llevó a diferentes restaurantes, galerías de arte, exhibiciones, espectáculos; él sabía tanto de todo. Todo eso espantaba a Rose. A donde quiera que fueran, siempre había un rostro familiar que reconocía a Kevin, pero Rose siempre pasaba desapercibida. Con cada encuentro, ella aprendía algo nuevo sobre arte y arquitectura. Era inmensamente interesante estar alrededor de él y, al mismo tiempo, era igualmente intimidante. Ella no tenía nada que ofrecer excepto su atención, admiración y emoción. Este sentimiento de no ser merecedora de tan interesante y acaudalado hombre, creaba indecisión y miedo en el corazón de Rose.

Rose temía que algún día la emoción se terminaría y Kevin ya no se dejaría engañar. Literalmente la mataría el bajar la guardia, abrir su corazón, volverse vulnerable y ser rechazada. Además, el asunto de la posibilidad de encontrar nuevamente el amor a esa edad, siempre estaba rondando su cabeza. De manera subconsciente, se mantenía comparando a Henry con Kevin, y Kevin siempre ganaba. Con cada encuentro, él le llevaba pequeños regalos, siendo precavido para no asustarla con cosas grandes. Lentamente, Rose comenzó a bajar sus barreras, más y más abajo.

«Quizá merezca ser amada por un hombre tan genial. ¿Por qué no?»

Kevin, por su parte, no había conocido nunca a una mujer como Rose. Él veía una pureza en ella de la cual se había olvidado por completo. A su lado, él se sentía como todo un hombre, en todos los sentidos de la palabra. Él estaba abriendo todo un mundo nuevo para Rose, un mundo de arte, tan familiar para él y tan desconocido para Rose. En pocas palabras, ella le estaba permitiendo tomar las riendas y tirar de las cuerdas. Esa debilidad encantadora era atractiva de forma irresistible. Nunca había experimentado eso con Helen. Ella siempre había sabido lo que quería, cómo lo quería y cuándo lo quería. La dominante Helen, durante toda la duración de su matrimonio, se las arreglaba para ensombrecer la personalidad de Kevin. El gusto inmaculado de Helen para todo, dejaba poco espacio para improvisar o incluso para sorprenderla. El fracaso hubiera sido inminente.

Sus casas estaban decoradas de acuerdo a su visión, sin dejar nada de espacio para que Kevin opinara. Las ropas que él utilizaba, la comida que él comía, las películas que veían, todo era elegido por Helen. Y más importante, Kevin sabía que ella sabía lo que era mejor. Mientras estaba en el trabajo, él era el jefe y líder indiscutible. En casa él disfrutaba la comodidad que creaba Helen y aceptaba el alto precio que traía consigo esa comodidad. Él era muy generoso siempre que era tiempo para gastar. Nunca controlaba los gastos de Helen y siempre le decía que mientras tuvieran lo suficiente para pagar las cuentas, entonces él estaba bien.

Ese nuevo rol de líder en una relación con una mujer, era bastante desconocida para él, pero agradable al mismo tiempo. Ellos eran dos polos opuestos, cada uno en cada extremo de la Tierra; ese campo magnético invisible los estaba atrayendo uno con el otro. Uno tenía mucho por dar; el otro, mucho por aprender.

Un día en que Kevin y Rose estaban tomando una taza de café en una cafetería que solían frecuentar para encontrarse, Kevin le preguntó cuidadosamente a Rose: —¿Has ido alguna vez a Italia?

—Para ser honesta, nunca he tenido la oportunidad de viajar. Pero Italia siempre estuvo en primer lugar de mi lista —contestó Rose.

—En ese caso, me gustaría invitarte a que te unas a mí en mi siguiente viaje.

—¿Cuál es el motivo de ese viaje? —preguntó Rose.

—Milano será sede de una gran exhibición de arquitectura, y no me la puedo perder.

—No creo que mi presencia sea exactamente apropiada —dijo Rose con modestia.

—¿De qué estás hablando? Eso sería lo ideal. Hay tanto que me gustaría enseñarte.

—¿Cómo qué? —preguntó Rose.

—Antes que nada, hay un teatro de ópera reconocido mundialmente, La Scala. Por cierto, ¿alguna vez has ido a la ópera?

—No, nunca —dijo Rose mientras ladeaba la cabeza.
—Lo disfrutarás. He revisado, interpretarán la famosa «Cio-Cio-San», que traduciendo desde el japonés significa: «Madame Butterfly», de Giacomo Puccini. ¿Has escuchado de él? —preguntó con voz emocionada.
—Sí, pero no se la historia.
—Oh, es bastante simple. Es una historia de amor entre una joven japonesa y un guapo marino estadounidense, con un final demasiado triste, que no te contaré, para no estropear la experiencia. Después, me gustaría llevarte al Show de moda de Milán. Es algo que debes ver. Luego, te llevaré a las calles de la ciudad antigua, en donde cada lugar será mágico.
—Todo suena maravilloso y bastante tentador —dijo Rose, para después cambiar de tema.

* * *

Una vez que hubo llegado a casa, Rose le llamó a Emily y compartió la propuesta de Kevin con ella. —¡Claro que deberías hacerlo! —dijo Emily con emoción—. Quién sabe, quizá él se te declare ahí.
—¿Estás loca? —dijo Rose.
—Creo que sería demasiado romántico —dijo Emily con una risita.
—Aunque decida acompañarlo, no tengo nada de ropa que pueda usar allá.
—No te preocupes, mamá, yo te llevaré de copras.
Las prendas que Emily compró para Rose hubieran sido rechazadas por Helen sin darles una segunda oportunidad. Pero estaban bien para Rose; todo eso le dio el coraje para permitir que Kevin supiera que ella aceptaría su invitación.
Emily tenía razón, Kevin estaba planeando proponérsele a Rose. Él compró para ella un anillo magnífico de diamantes con corte princesa, y estaba planeando soltar la pregunta en el famoso Castillo Sforza. El castillo había sido construido en el siglo quince por Francesco Sforza y era el lugar favorito de Kevin en todo Milano.

El día que habían estado esperando ambos tan ansiosamente, finalmente había llegado. Ya que Kevin vivía cerca del aeropuerto, Rose insistió en que no se preocupara por pasar por ella.

—Te encontraré en el aeropuerto en el registro —insistió Rose.

El taxi que ordenó Rose, llegó con retraso. Ella estaba vestida apropiadamente para su edad, con un vestido blanco muy cómodo, con ribetes negros; llevaba un bolso blanco a juego, colgando sobre su brazo derecho. Rose planeó llegar un poco después de Kevin, para no parecer tan desesperada, aunque no tomó en cuenta el tráfico en el que ahora estaba atrapada. Para cuando se liberaron del tráfico, ella le pidió al conductor que pisara a fondo el acelerador. Mientras más se acercaban al aeropuerto, más fuerte latía su corazón en su pecho. La emoción sobrepasaba su comprensión.

«¿Realmente iré a Italia? —se mantenía diciéndose a sí misma—. La Scala, espectáculos de moda, las calles de Milán».

Todos esos pensamientos rondaban su cabeza y la llevaban a altos picos de felicidad, los cuales sólo se podían imaginar, no vivir.

Confusión

Henry se sentó en el sillón frente a Crotón e intentó recordar de qué estaba hablando Crotón, o quizá, de lo que no hablaba. «Obviamente lo sorprendió algo extraordinario, o lo sacó de balance. Recuerdo que hablaba del buen trabajo que ha realizado conmigo. Después, se quejó de los organizadores. Ellos probablemente organizaron algo que no formaba parte en los planes de Crotón».

Mientras Henry intentaba comprender las razones detrás de la conducta inexplicable de Crotón; un fuerte presentimiento de que algo malo estaba por suceder, comenzó a colarse dentro de su mente. Entonces, Henry recordó a Crotón diciendo que no existe tal cosa como algo bueno o malo. Son solo eventos.

«¿Qué podría significar eso? —se preguntó a sí mismo».

De pronto, Crotón abrió sus ojos y se enderezó como si alguien acabara de encenderlo. —Debemos irnos —dijo.

—¿Ir a dónde? —preguntó Henry, sorprendido.

—No preguntes, sólo sígueme —dijo Crotón, inmerso completamente en su tarea.

En nada de tiempo, aparecieron en la Tierra, en la banqueta de una intersección concurrida.

—Si puedo preguntar, ¿qué estamos haciendo aquí exactamente? —preguntó Henry.

—Espera y verás.

Era la primera aparición de Henry en un lugar público, desde que había cruzado al otro lado. Mientras Crotón permanecía quieto, Henry intentaba evitar choques con los peatones que pasaban, moviéndose hacia un lado para salir de su camino.

—No te molestes —dijo Crotón, manteniendo su mirada sobre la intersección. Henry dejó de saltar y dejó que los peatones pasaran a través de él.

— ¿Qué sucede? —preguntó Crotón.

—No he sentido nada.

—El efecto es el mismo que si pasaras radiación a través del cuerpo humano. No se siente nada —dijo Crotón, sin quitar sus ojos del camino.

—¿Qué diablos estamos haciendo aquí? —preguntó Henry, ahora impaciente.

—Aquí viene —dijo Crotón, mientras apuntaba a un taxi en el cruce.

—Lo veo, ¿qué tiene?

Un segundo después, Henry vio un camión pasándose la luz roja y estampándose contra el taxi, justo en donde estaba sentado el pasajero. El impacto fue tan severo que hizo que el taxi girara. Cuando todo se quedó quieto, Crotón dijo: —No importa lo que veas, permanece tranquilo como yo lo hago. —Se apresuró hacia la escena del accidente.

—Okey —dijo Henry mientras lo seguía, aún confundido y sin pista alguna.

Cuando Rose recuperó su consciencia, estaba de pie junto a un taxi. Se dio cuenta de que había sucedido un accidente, entonces comenzó a revisarse para asegurarse de que todo estaba bien. No tenía ningún daño.

Mirando las condiciones del auto, dijo: —¡Esto es un milagro! Gracias a Dios que estoy viva. —Rápidamente revisó al conductor, quien aún estaba en el auto y con miedo a moverse—. ¿Estás bien? —preguntó Rose. Ella no obtuvo respuesta. De pronto, Rose recordó que Kevin estaba esperándola en el aeropuerto y que ella llegaría tarde. Rápidamente revisó la cajuela del coche. Era un completo desastre.

— Olvídate de tu maleta —se dijo Rose a sí misma, a medida que intentaba encontrar su celular, el cual no estaba por ningún lado.

Entonces una idea loca cruzó por su mente; notando que no estaba lejos del aeropuerto, decidió caminar hacia él. Primero, comenzó a caminar, después le agregó algo de velocidad; lo siguiente que pasó fue que estaba corriendo más rápido que el viento. Rose se sintió moviéndose a la velocidad de un muchacho. El lugar del accidente estaba a casi un kilómetro de la terminal.

—¡Sí voy a llegar! Además, este accidente me dio un estímulo de energía. Me siento joven de nuevo.

Estaba esperando que su dolor de rodilla apareciera en cualquier momento, pero eso no sucedió. Lo único en su mente era alcanzar a Kevin; todo lo demás no importaba.

Mientras Henry estaba con Crotón, se acercaron a la escena del accidente y Henry vio a una señora vestida con ropa elegante junto al auto. Parecía que buscaba algo. Entonces se giró y se alejó.

—¡Oh por Dios! —dijo Henry—. ¿Era Rose?

—Sí, es Rose.

—¿A dónde va? —preguntó Henry.

—Déjala —dijo Crotón.

Pero Henry ya estaba en camino detrás de Rose. La siguió directo hacia el aeropuerto, en donde vio a Kevin de pie ante el registro y ansioso revisando su reloj. «Me pregunto a dónde la llevará».

Rose vio a Kevin en el mismo momento en que entró a la terminal. Ella comenzó a mover su mano, esperando que él la notara.

—¡Kevin! ¡Kevin! —gritó Rose mientras se le acercaba. Él aún no le prestaba atención.

«¡Qué bastardo! —dijo Henry, incrédulo ante cómo Kevin estaba ignorando a Rose».

Ella casi llegaba a él, pero Kevin sacó su celular y comenzó a llamar a alguien. Rose se paró justo frente a él, esperando que la notara cuando finalizara su conversación.

—¿Puedo hablar con Rose, por favor? —preguntó Kevin.

—¡Estoy aquí! —dijo Rose, moviendo su mano justo en frente del rostro de Kevin. De pronto, Rose pudo escuchar la voz del hombre del otro lado de la línea.

—Lamento informarle, señor, pero la propietaria de este teléfono estuvo involucrada en un accidente de coche.

—¿Ella está bien? —preguntó Kevin con voz nerviosa.

—Lo siento, señor, pero ella no sobrevivió —contestó la voz en el teléfono.

En las siguientes dos oraciones, Kevin descubrió la localización del accidente y se apresuró hacia la salida de la terminal.

—No, esto no puede ser —dijo Rose, confundida—. Estoy aquí, estoy viva, ¿por qué no puede verme?

Henry, quien estaba de pie a un par de metros de distancia de Rose, comenzó a entender lo que había realmente sucedido. Él se movió más cerca de Rose, con la esperanza de que ella lo viera. La confusión y el miedo estaban claramente reflejados por todo su rostro.

—¿Puedes verme? —preguntó Henry con voz cautelosa.

—No lo creo. Todavía está intentando comprender lo que ha sucedido —contestó Crotón.

—¿No deberíamos ayudarla? —preguntó Henry.

—Dale algo de tiempo.

—¡Accidente! —dijo Rose, como si estuviera recordando, y en seguida desapareció.

Henry y Crotón la siguieron; un segundo después estaban todos en el lugar del accidente. Rose vio a los paramédicos y doctores intentando liberar al cuerpo de la mujer del mismo taxi en que ella había estado. Al acercarse, ella se vio a sí misma; para ser exactos, vio su cuerpo.

Henry no pudo soportarlo más; se acercó más y gritó:

—¡Rose!

Rose escuchó la voz familiar, la voz con la que había estado soñando escuchar desde el día en que lo perdió.

Ella no sabía de dónde venía, pero miró arriba hacia el cielo y dijo:

—Voy en camino, amor mío. —Después, ella comenzó su lenta ascensión por encima de la escena del accidente.

—¿Ahora qué? —Henry estaba buscando una respuesta. Él estaba al borde de perder la consciencia; la anticipación de tan esperada reunión con Rose iba más allá de la comprensión.

—Ahora, ella entrará en el túnel de luz. Y más vale que tú estés listo para encontrarla del otro lado.

—¿Ella me verá? —preguntó Henry.

—Debemos esperar y ver —contestó Crotón.

Rose comenzó a sentir esa extrema falta de peso, sintiendo la ausencia de gravedad. El tirón gentil que estaba experimentando era tan abrumador, que se olvidó por completo del cuerpo sin vida que estaba tendido en algún lugar allá abajo. Esa ascensión con una lenta aceleración, ocasionó escases de miedo en su mente. Todo en la Tierra se estaba volviendo más y más pequeño y se estaba volviendo completamente insignificante. Ella sabía que Henry la estaba esperando del otro lado del túnel y eso, por sí solo, era suficiente. Era suficiente como para dejar todas las cosas terrenales y aceptar el encuentro feliz con lo desconocido.

—¿Cómo la encontraremos? —preguntó Henry.

—Yo te encontré, y confía en mí si te digo que fue una tarea difícil —contestó Crotón—. No debes preocuparte por encontrarla. Aunque sí hay algo más por lo que deberías preocuparte.

—¿Qué es? —preguntó Henry asustado.

—Debemos hacer algo contigo.

—¿A qué te refieres? —preguntó Henry confundido.

—Para ser sincero, esta apariencia que adoptaste últimamente, puede que no le sea de ayuda a ella para reconocerte.

—Oh, ¡tienes razón! ¿Qué debería hacer?

—Sólo recuerda cómo te veías antes de tener un infarto y terminar aquí.

—Sí, claro.

Henry apareció frente a los ojos de Crotón como si fuera la primera vez que entraba en el mundo espiritual, desorientado, confundido y un poco asustado.

—¿Cómo me veo ahora?

—¡Perfecto! —dijo Crotón mientras ponía su mano sobre el hombro de Henry—. ¿Estás emocionado por verla?

Henry no pronunció una sola palabra. Todo estaba escrito en sus ojos, húmedos con lágrimas.

—Vayamos —dijo Crotón, a medida que ambos desaparecían como una niebla mañanera con el primer toque de un sol alzándose gentilmente.

Recepción

Rose estaba volando, o, para ser exactos, estaba siendo jalada a través de un tubo hecho de una sustancia difusa y nubosa. La velocidad de su movimiento aceleró gradualmente hasta el punto en que tuvo que cerrar sus ojos y esperar que todo saliera bien. De pronto, todo se detuvo. Cuidadosamente abrió los ojos y notó una silueta humana acercándosele.

—Henry, ¿eres tú? —preguntó Rose con cautela.

—Sí, mi amor, soy yo.

La respuesta de Henry era tan poco parecida a él, que Rose dudó por un momento. Ella no había escuchado la palabra amor, saliendo de boca de Henry, desde hacía muchos años. Sólo cuando él se acercó y ella tuvo la oportunidad de verlo con más claridad, entonces dijo:

—Eres tú.

Henry no pudo contenerse más; se apresuró hacia ella y la abrazó. Ella colocó sus brazos cuidadosamente alrededor de él, como si estuviera temerosa de despertarse del sueño más placentero y frágil. Permanecieron en silencio en los brazos del otro, y lágrimas incontrolables corrieron hacia abajo por sus mejillas; eran dos almas derritiéndose la una en la otra, almas que decidieron una vez tomar este viaje hacia aguas impredecibles, difíciles y despiadadas, hacia lo que llamamos vida.

—Ahora ya estoy completo —dijo Henry. Gentilmente tomó las manos de ella frente a él, mientras daba un paso hacia atrás y decía—: Déjame observarte.

—No —dijo Rose, ocultando su rostro en el pecho de Henry.

—¿Por qué? He esperado por este momento por toda la eternidad.

—No soy la misma Rose que recuerdas. He envejecido mucho desde la última vez que nos vimos. Mi cara está cubierta de arrugas.

—Rose, sólo quiero mirar tus ojos —dijo Henry.

Ella levantó su cabeza y lo miró directamente. Esa mirada llevó a Henry a un giro incontrolable, hacia nuevas y desconocidas alturas de la existencia.

—Ahora ya encontré el cielo —dijo Henry mientras la abrazaba nuevamente.

Un tiempo después, Rose miró alrededor hacia la oscuridad que los rodeaba y preguntó: —¿Esto es la vida después de la muerte?

—No, querida, es la antesala a ella. —Abrazándola con más fuerza, agregó—: Cierra tus ojos.

—Ya están cerrados —contestó Rose.

Ella sintió que giraron lentamente, similar a la experiencia que tuvo durante el primer baile lento con el amor de su juventud. Un momento después, Henry susurró gentilmente: —Ahora puedes abrirlos, pero hazlo muy lento.

—¡Oh por Dios! —dijo Rose en completa incredulidad—. ¿Esta es nuestra casa?

—Sí, mi amor, lo es. Ahora gírate.

El mar y la playa nunca habían estado tan hermosamente irresistibles como lo estaban en ese momento. Rose no podía quitar sus ojos del escenario; estaba hipnotizada ante él.

—Siempre quise vivir en la costa —dijo Rose a medida que se giraba hacia Henry—. ¿Es esto un sueño?

—No, mi amor, todo esto es más real que todo lo demás sobre la Tierra y, sobre todo, es completamente tuyo.

—¿A qué te refieres? —preguntó Rose.

—Este es nuestro mundo. Nuestra propia realidad.

—Comencé a odiar esta casa desde el día en que me dejaste sola. No sé si podré perdonarte algún día por eso —dijo ella mirando nuevamente hacia la casa.

—Lo siento, Rose. Esas cosas están más allá de nuestro control. Sólo espero que puedas amar esta casa de nuevo.

—Sé que lo haré —dijo Rose con una sonrisa. Lo primero que dijo al entrar en ella, fue—: Pareciera que retrocedí en el tiempo.

—¿Por qué? —preguntó Henry.

—Todo aquí está igual a como tú lo viste por última vez. Muchas cosas cambiaron desde entonces, no sólo la decoración de la casa.

—Lo sé —dijo Henry, notando los tonos de culpa colándose entre las palabras de Rose.

—Tuve que...

—No —interrumpió Henry—. No has hecho nada malo. Solo espero que el amor que alguna vez experimentaste por mí, no se haya perdido en el camino.

—No lo hizo —dijo Rose, mirando a Henry con ojos llenos de amor.

—Aún la paso mal creyendo que tú estás aquí conmigo, en nuestra casa —dijo Henry.

—Sé que esta no es nuestra casa, aunque lo parezca, esta es mucho mejor. Me llevará hacia atrás y me ayudará a olvidar los años de soledad.

De pronto, Henry recordó la habitación de Rose. Un vistazo rápido a la anteriormente desaparecida puerta, le hizo decir: —Tengo una nueva extensión en nuestra casa.

—¿Qué extensión? —preguntó Rose, intrigada.

Caminaron hacia la puerta, Henry puso sus manos contra la manija y se detuvo. —Antes de que lo hagamos, me gustaría mostrarte un pequeño regalo.

—¿Qué es?

En la entrada, siempre habían tenido un gran espejo. Aún estaba ahí. Hizo que Rose se parara frente a él y dijo: —Mírate a ti misma.

—Bueno, ¿te gusta mi nuevo vestido?

—Claro que sí. Pareces un ángel con él.

—Me pregunto, ¿en dónde habrás visto un ángel tan viejo? —dijo Rose, aún avergonzada de su apariencia.

—Por favor cierra los ojos y recuerda el día en que nos conocimos por primera vez. ¿Recuerdas cómo nos veíamos?

—Claro que me acuerdo —contestó Rose.

—Ahora, manteniendo esa imagen en tu mente, abre los ojos.

—¡Oh! —gritó Rose—. ¿Quién es ella? ¿Soy yo?

—Sí. Ahora mírame —dijo Henry.

Dos jóvenes estaban de pie uno frente al otro, tomados de las manos. Con esa nueva apariencia, habían adaptado el sentimiento de amor recién nacido, amor en su forma más perfecta, sin retos por los obstáculos de la vida sobre la Tierra.

—Parece que los años que vinieron después, nunca existieron —dijo Rose.

—No pienses en ellos. Quédate conmigo ahora e intenta disfrutar este momento, porque nunca lo volveremos a tener.

—¿Desde cuándo te volviste tan romántico? —preguntó Rose, mientras miraba a Henry con los ojos llenos de amor—. Ese es el mejor regalo que podrías haberme dado.

—¿Te refieres a tu nueva apariencia? —preguntó Henry.

—No. Me refiero a ti. Estoy hablando sobre el chico del que me enamoré por primera vez, bobo.

Entonces, ambos se rieron y disfrutaron su «momento». Ambos sabían que la felicidad, por definición, era la cosa más efímera. Y, por ese instante en la existencia, el pasado y el futuro se conocieron y se volvieron una cadena insignificante de eventos. Algunos por venir, algunos que ya se habían ido.

Entonces Rose se giró y preguntó acerca de la puerta. —¿Qué hay detrás de ella?

—Detrás estaba mi conexión contigo, una parte de mí que me hacía seguir adelante.

—Ahora estoy intrigada —dijo Rose. Henry abrió la puerta y permitió que Rose entrara. Todo estaba preservado de la misma forma en que Henry lo vio por vez primera. Después de la primera observación sustancial de la habitación, Rose caminó hacia el balcón y dijo—: Nunca he visto nada más hermoso que esto.

—De hecho, tú lo hiciste —dijo Henry.

—¿A qué te refieres? —preguntó Rose.

—¿No te recuerda todo esto a algo?

—Ahora que lo dices, tengo la sensación familiar de que he estado aquí antes.

—Este es el sueño que alguna vez me describiste.

—¡Oh, sí! Ahora lo recuerdo —dijo ella, mientras miraba más allá del balcón y admiraba el escenario—. ¿Dijiste que esta era tu conexión conmigo?

—Sí, querida.

—Esto prueba cuán poquito me conoces —dijo Rose, riendo.

De pronto, escucharon a alguien tosiendo detrás de ellos. Girándose, Rose vio a un senador romano típico, de pie frente a ella.

—Jum, de hecho, fue idea mía. Así que, por favor, no lo culpes a él. En aquel momento, me pareció bastante apropiado y funcionó.

Rose miró a Henry buscando que los presentara. —Oh, sí, él es Crotón, tu guía espiritual —dijo Henry.

—¿Por qué tengo el presentimiento de haberte visto en mis sueños? —preguntó Rose.

—Algunos de los sueños humanos no son sueños para nada. Pero discúlpenme por mi interrupción; los dejaré solos. Parece que tienen mucho para ponerse al corriente —dijo Crotón a medida que desaparecía.

—¿Qué le sucedió? ¿A dónde fue? —exclamó Rose—. Todo esto es tan surreal y confuso. Necesito que me pongas al tanto.

Al momento siguiente, Henry comenzó a explicarle a Rose cómo funcionan las cosas ahí; dejó fuera todos los detalles técnicos. Sorpresivamente, Rose no hizo ninguna pregunta, lo único que dijo fue: —¿Eso significa que puedo deshacerme de todo este blanco abrumador?

—Creía que te gustaba el blanco —dijo Henry.

—Me recuerda a un hospital, necesitamos algo de color, algo de vida. ¿Puedo hacerlo?

—Adelante —dijo Henry, un poco decepcionado.

Ella cerró sus ojos y la habitación favorita, toda blanca, que había creado Crotón, comenzó a transformarse lentamente. Cuando terminó, Henry dijo: —Me agrada.

—Genial —dijo Rose—. De hecho, esto es bastante divertido.

—Es todo diversión hasta que…

—¿Hasta que qué? —preguntó Rose con curiosidad.

—Hasta que Crotón te lleva a enfrentar a los jueces.

—¿Qué jueces? —preguntó Rose.

Henry le platicó a Rose sobre su audiencia en la corte, las cosas que los jueces le forzaron a recordar, las cosas de las cuales él tuvo que darse cuenta, el verse a través de los ojos de otros.

—¿Te hicieron verte a ti mismo a través de mis ojos? —preguntó Rose.

—Oh, sí, y no fue divertido —contestó Henry.

—¿Por qué no lo fue? —tanteó Rose por respuestas.

—No sabía que tú sabías que yo te había engañado —admitió Henry sin levantar su mirada del piso.

—En ese entonces, yo tuve el corazón roto. Pero después intenté entender y perdonar.

—¿Cómo es posible comprender algo así? —preguntó Henry.

—¿Me engañaste después de eso? —preguntó ella.

—No. Tuve que cargar con la carga del secreto durante toda mi vida. Hasta ahora, me sigo castigando a mí mismo por no tener el coraje de confesar y pedir perdón.

—Lo sabía. Es por eso que fui capaz de perdonarte. A pesar de que ese evento también me haya ayudado a mí.

—¿En qué sentido? —preguntó él.

—Para ser más sensible ante las necesidades de mi esposo —dijo Rose con un brillo seductor en sus ojos.

Entonces ella caminó hacia Henry, quien estaba sentado en el sillón, y gentilmente tocó la oreja de él con sus labios.

—¿Puedo hacerlo aquí?

—Te refieres a tener...

—Sí, amor. Ya que hemos rejuvenecido nuevamente, no veo razón para no explorar —dijo Rose.

—No estoy seguro de que eso sea posible aquí, porque lo llamamos cuerpo, no es para nada un cuerpo. Es sólo una proyección de tu mente y...

—No me des esta basura técnica. ¿Quieres intentarlo o no? —preguntó Rose impacientemente.

—Si no lo intentas, supongo que nunca lo sabrás —dijo Henry con una mirada filosófica en su rostro.

Rose tomó el brazo de él y lo llevó hacia la habitación principal.

Tales

Crotón, siendo un observador invisible y silencioso de esta reunión, no esperaba tal giro de eventos. Sin saber qué hacer, recordó su mundo, el mundo que hace mucho le proveyó de serenidad y retiro.

—Extraño mi casa —dijo Crotón a medida que abría los ojos hacia un campo romano, antiguo y remoto, frente a su vieja casa. Esa era la casa en la que vivió durante su última visita a la Tierra como humano. Subió las escaleras y abrió la puerta. Parecía como si esperara escuchar las voces de sus hijos y de su esposa. En su interior, tenía la ilusión de que alguien en realidad lo extrañara, que alguien en realidad esperara que regresara a casa. La casa siempre había estado llena de voces, vida y amor; ahora se había convertido en el museo silencioso de un poder y abundancia previamente poseídos. Siempre había estado demasiado orgulloso de sus logros en el mundo espiritual; todas y cada una de las almas guiadas por él estaba encontrando su camino de vuelta a casa. Por algún tiempo, esperó por una nueva asignación. Pero no le llegaba ninguna.

—¿Nos estamos quedando sin almas? —se mantenía quejándose con los organizadores.

Rose fue la última de ellas a quien cuidó. Lo único pendiente era ayudarla a enfrentar a los jueces. Pero, desde la experiencia de Crotón, sería una única audiencia y probablemente una bastante placentera. Caminó por las habitaciones, una por una, y recordó los buenos tiempos. Eventualmente, llegó a la puerta que conducía a su oficina. Empujó la puerta cuidadosamente y lo primero que vio fue su propia sangre manchando el escritorio.

—Henry —dijo mientras sonreía.

Escenas del pasado comenzaron a llegar a él, algunas agradables, algunas no tanto. Sentimientos extraños encontraron su camino hacia su mente; sentimientos de los que Crotón había estado tan seguro de haberse desapegado. Sentimientos de pertenencia, pertenencia a alguien, algún alma, alguien quien algún día o en algún momento en esta existencia interminable, le preguntara con sinceridad si se encontraba bien. Alguien con quien pudiera compartir sus fracasos y éxitos. Alguien que lo mirara directamente a los ojos y dijera: «te extraño, amor mío». Y que realmente lo sintiera. La soledad estaba encontrando su camino hacia el alma de Crotón, cambiando su mente y dejando cavidades al salir.

—Tales —dijo Crotón, esperando que él pudiera ser escuchado por un guía espiritual olvidado desde hace tiempo, pero muy querido y echado de menos, quien lo había guiado a través de múltiples vidas pasadas sobre la Tierra. Crotón siempre lo había buscado. Tales simbolizaba todas las virtudes universales conocidas para él. Era testimonio de la moral más alta, honor e integridad. Gracias a una amistad larga, Crotón sabía que siempre podría contar con él y con su sabiduría infinita. De pronto, Crotón notó una pequeña bola de luz suspendida en medio de la habitación.

—¿Tales? —preguntó Crotón.

La luz se agrandó hasta tomar forma de un viejo envuelto en una túnica blanca. Su hombro derecho y parte de su pecho estaban completamente expuestos. Rizos largos y grises cubrían su cabeza y cara, enmarcada por una barba china y un bigote corto y gris. La totalidad de su postura proyectaba fuerza y amabilidad al mismo tiempo. Tales, en su última visita a la Tierra, fue un filósofo griego que vivió entre los siglos VII y VI a.C. Fue uno de los primeros pensadores occidentales que intentaron ver una razón en su realidad circundante. Crotón esperó pacientemente a que Tales completara su apariencia.

—Hola, mi viejo amigo —dijo el griego, con una sonrisa gentil sobre su rostro ligeramente arrugado, pero aun así perfecto—. Ha pasado mucho desde la última vez que hablamos.

—Sí, Tales, gracias por tu visita —coincidió Crotón.

—No me lo perdería por nada en el universo. Eres uno de mis estudiantes favoritos —dijo Tales.

—¿Por qué te tomó tanto tiempo mostrarte? Aún ahora, estás tan brumoso y difuso.

—Aún estoy trabajando en eso. Tuve que reducir bastante mi frecuencia vibratoria.

—¿Eso significa que desde que te vi por última vez, migraste hacia realidades con vibraciones más elevadas?

—Eso es correcto. Pero, a pesar de eso, siempre estaré disponible para ti. Así que, dime, ¿qué está molestando a mi «gran romano»?

—Probablemente no me lo creerías, pero he llegado a la conclusión de lo inútil de mi existencia. Es como si no perteneciera a este lugar. Parece como si hubiera algo faltante en mi vida, o quizá un alma desconocida para mí, o incluso parte de mi alma.

—Conozco ese sentimiento—dijo Tales.

—¿Me estoy enfermando? —preguntó Crotón.

—Sí, amigo mío. Y el nombre de esa enfermedad es «amor».

—No.

—El amor es una debilidad; estropea completamente tus perspectivas y pensamiento racional. Te pone bajo control y dependencia de otra alma, llevándose tu libertad e inmovilizándote con dolor insoportable en caso de rechazo.

—No. Es lo último que necesito ahora —dijo Crotón.

—Permíteme estar en desacuerdo contigo en este asunto. El amor es la causa de toda la creación; si no fuera por el amor de nuestro Creador, nada de esto existiría. Así que, el negar la importancia del sentimiento mismo, no sería inteligente —dijo Tales.

—Me las ingenié para existir sin él —argumentó Crotón.

—Sí, tienes razón. Pero yo no quiero que existas, quiero que vivas; que vivas plenamente. Para poder entender la creación, tenemos que experimentar el amor. El amor es la expresión más alta y más inexplicable del alma. Cualquier alma sin amor está incompleta. Tu condición actual es prueba de la verdad de mis palabras.

—Crotón sabía que Tales tenía razón. Todo este tiempo en los reinos de transición, había esperado que ese asunto nunca saliera a la superficie, y que se pudiera mantener haciendo aquello en lo que era mejor. Sin embargo, los organizadores, como siempre, tenían otro escenario planeado para su futuro.

»Esto es algo que debes recordar siempre. Una de las razones por las que continuamos regresando a la Tierra es para encontrar el amor y aprender a mantenerlo hasta el final de nuestros días. Entonces, elegimos ir ahí para compartir ese amor con otros.

—¿A qué te refieres? —preguntó Crotón, confundido—. ¿Cómo puedes compartir ese amor?

—Todo puede ser compartido; después de todo, el amor es una energía, y así lo es cualquier otra emoción. La única diferencia es que cuando compartes energía física, terminas perdiendo. Cuando compartes la energía misma de la emoción, ésta aumenta tu propia energía.

—¿Eso significa que, si compartes odio, te llenas más de odio? ¿Si compartes amor, eso incrementa tu capacidad de amar? —preguntó Crotón.

—Sí —dijo Tales—. Hay tantas almas en el planeta buscando el amor verdadero, y tan pocas de ellas lo encontrarán. E incluso menos serán capaces de mantenerlo. Sin embargo, hemos sido creados así. A pesar de los fracasos, aún vamos por ello —explicó.

—Sí que comprendo eso; además, soy un fuerte creyente de que no podemos encontrar el amor verdadero en estos reinos.

—Sí, tienes absolutamente toda la razón —dijo Tales.

—Así que ¿qué propones? —preguntó Crotón.

—Tomar otra vida y encontrar a esa única alma que puede completarte.

—Eso está descartado —lo cortó en corto Crotón.

—También, deberías saber que esa es la única forma en que puedes elevar tu vibración y moverte hacia reinos más elevados. Sin eso, estás mirando una eternidad en este lugar de transiciones.

—No lo sé. Regresar y comenzar todo de nuevo… —Se rascó la parte posterior de su cabeza, pensando—. Sé que encontrar el amor no será un problema, ¿pero mantenerlo…?

—No lo sabrás hasta que no lo intentes —dijo Tales.

—¿Tú me guiarás? —preguntó Crotón.

—Me temo que no, pero me gustaría planear tu vida física.

—¿Eso significa que ahora eres un organizador? —preguntó Crotón.

—Sí.

—Si alguna vez decido hacerlo, tengo ciertas condiciones.

—¿Qué condiciones? —preguntó el griego con una sonrisa en su rostro.

—Una muerte sencilla y sin dolor.

—Sabes exactamente que puedo planear tanto como quiera y, aun así, al final serás tú quien cree su propio destino. Sin embargo, puedo conseguirte un guía espiritual de confianza.

—¿Quién? ¿Lo conozco? —preguntó Crotón.

—No estoy seguro todavía, pero estando más cerca del momento, lo conocerás —dijo Tales mientras comenzaba su lenta desintegración. Antes de que se desvaneciera por completo, Crotón escuchó—: El amor hace que las galaxias se muevan.

Revelación

Henry y Rose se recostaron en su cama uno al lado del otro, ambos observando el techo con los ojos abiertos de par en par y con asombro visible por todo su rostro.

—¿Lo sentiste? —preguntó Rose, sin quitar su mirada del techo.
—Sí... ¿tú?
—¡Vaya! —dijo Rose en total incredulidad ante lo que acababan de experimentar.
—¡Vaya! —repitió Henry, incapaz de encontrar mejores palabras para expresarse a sí mismo.
—¿Qué fue eso? —preguntó Rose.
—No lo sé, y dudo que sea apropiado preguntárselo a Crotón, ni a nadie más, de hecho.
—Concuerdo totalmente —dijo Rose.

Un poco después, Henry se giró hacia Rose y dijo: —Hay un asunto que me ha estado molestando desde que llegaste.
—¿Es acerca de Kevin? —preguntó Rose.
—¿Cómo lo supiste?
—He vivido lo suficiente contigo como para leerte —dijo Rose con una risita—. ¿Quieres saber si tuve intimidad con él?
—¿La tuvieron? —preguntó Henry cuidadosamente.
—No —dijo Rose, mientras le daba un gran beso.
—Ya sabes, ya que estás aquí, todo ha cambiado.
—¿A qué te refieres? —preguntó Rose, indagando juguetonamente para obtener un cumplido.
—Todo es diferente; mirando atrás, puedo decir que yo no estaba completo. Es como si una parte importante de mi alma estuviera ausente. Recorrí todos estos reinos buscando respuestas a mis preguntas, intentando descubrir cómo es que funcionan las cosas por aquí. Sin embargo, parece que estaba intentando mantenerme a mí mismo ocupado. O intentando llenar el vacío en mi alma.
—Cuidadosamente tocando el cabello de Rose, Henry agregó—: ¿Por qué no viniste antes?

—Creo que sabes la respuesta a esa cuestión. Ambos necesitábamos ese tiempo. Ahora, cuando miro hacia atrás e intento analizar nuestro pasado... perdimos algo en el camino.

—¿Qué? preguntó Henry.

—Perdimos nuestro amor —contestó Rose.

—He pensado en eso por bastante tiempo, y llegué a la conclusión...

—Eso es interesante —dijo Rose a medida que se sentaba e inclinaba su cabeza hacia un hombro.

—Creo que no puedes perder el amor. Si es que existió alguna vez, siempre permanecerá con nosotros; el amor no se aplasta por las rocas de la rutina diaria, no se confunde ni se gasta por la duración del matrimonio.

—¿Entonces qué le pasó? —preguntó Rose curiosamente.

—El amor se ignora.

—¿Ignora?

—Sí. Y la mayoría de las veces, la culpa la tiene el hombre.

—Ya me está gustando esto —dijo Rose, sonriendo.

—Los jueces me ayudaron a ver mi vida pasada desde una perspectiva diferente. Creo en las sociedades modernas; las viejas tradiciones ya no aplican más.

—Continúa —dijo Rose.

—El concepto del hombre siendo quien se gana el pan y la esposa cuidando de la casa y los hijos, no le permite al hombre ver a su esposa como a una compañera equitativa en el matrimonio.

—Creo que eso tiene que ver con la fuerza física del hombre —dijo Rose.

—Quizá tengas razón. Me recuerdo a mí mismo sentado en el sofá frente a la televisión, mientras tú cocinabas y limpiabas la casa. Mis visitas frecuentes al pub...

—Oh, yo solía odiar ese pub —dijo Rose.

—¿Y por qué no me lo dijiste? —preguntó Henry.

—Intentaba darte tu espacio personal, además, yo creí que tú disfrutabas estando ahí.

—Entonces ambos permanecieron callados, cada uno en su propio viaje al pasado, cada uno preguntándose cuántas cosas podrían haber hecho de forma diferente. Henry pensó para sí: «Si hubiera sido más considerado, si hubiera puesto sus necesidades antes que las propias...»

»Había tantas cosas que yo quería decirte —interrumpió Rose.

—¿Entonces por qué no las dijiste?

—Porque esperaba que quizá algún día tú lo vieras o lo comprendieras.

—¿Cómo qué?

—¿Recuerdas cuando estábamos recién casados y tu solías decir cada día cuánto me amabas?

—Sí...

—¿Qué pasó con eso? Dejaste de hacerlo. Llegó a un punto en donde no podía recordar la última vez que usaste la palabra «amar».

—Pero eso no significa que haya dejado de amarte —dijo Henry.

—Quizá tengas razón, pero así es como somos las mujeres, necesitamos escucharlo. Halagos; no recuerdo cuándo fue cuando escuché el último. Era como si hubieras dejado de notarme. Las mujeres estamos siempre buscando validación por parte nuestros maridos, así que, cuando dejaste de halagarme o decirme cuánto me amabas, mi mundo se derrumbó a mi alrededor. ¿Nunca escuchaste que las mujeres aman con las orejas y los hombres con los ojos?

—Henry decidió no contestar esa pregunta. Decidió, en cambio, darle la oportunidad para sacarlo todo.

»U otra cosa, sabes cuánto me gustan las flores.

—Yo solía comprarlas para ti —saltó Henry, intentando defenderse.

—Sí, solías hacerlo, pero sólo en ocasiones especiales, cuando éramos jóvenes. Después de eso, sólo eran regalos.

—Pensaba que los regalos eran importantes.

—Sí, lo son, pero un ramo de flores ocasional, que salga de la nada, es mucho más importante.

—Desearía que me lo hubieras dicho antes —dijo Henry.

—No se pueden decir esas cosas; entonces no hubieran salido de tu corazón. Yo estaba esperando y deseando que algún día aprendieras a leerme y, con suerte, que me sorprendieras agradablemente, pero...

—Rose permaneció callada con el rostro de un niño enojado.

Una mirada hacia ella fue suficiente para derretir el corazón de Henry y decir: —Por favor perdóname por haber sido un idiota insensible.

Rose estalló en carcajadas y dijo: —Está bien, al menos ahora he encontrado a un Henry diferente. Además, parece que he comprobado tu punto.

—¿Qué punto? —preguntó Henry.

—Que el amor es ignorado.

—Sí, definitivamente lo hiciste —dijo Henry y, mientras abrazaba a Rose, la luz se apagó de nuevo...

* * *

—Déjame visitar a ese par de tórtolos —dijo Crotón después de que Tales desapareció.

Pero Henry no estaba disponible. Debido al cambio de circunstancias, Crotón ya no podía interrumpir más. Desde que Rose apareció de nuevo en la vida de Henry, la conexión entre Crotón y Henry se debilitó. Él tenía que respetar su privacidad, además, él dejó de ver a Henry como su estudiante. Las palabras de Tales pusieron patas para arriba la bien balanceada existencia de Crotón.

«Dos mil años terrestres pasaron desde que yo estuve en lo físico. Quizá Tales tenía razón, quizá merezco tener mi propia felicidad. Todos estos años los dediqué al bienestar de otros; ayudándoles y dirigiéndolos he encontrado propósito en mi propia existencia. Mírame ahora, completamente solo en mi mundo privado. Incluso esta realidad antigua, apesta».

Con un movimiento rápido de su mano, arrojó una hermosa vasija romana antigua desde la superficie de la mesa. Las piezas de cerámica destruida salpicaron el piso de mosaicos por todas partes.

Firmemente dijo: —Tales tenía razón, es tiempo de crear nuevos recuerdos, es tiempo de un cambio.

* * *

Cuando la luz volvió, Rose y Henry aún estaban recostados en la cama.

—No creo que pueda cansarme de esto —dijo Rose.

—Yo tampoco —coincidió Henry.

—Me pregunto si podemos pasar una eternidad en esta cama —dijo Rose riendo.

—Ya sabes cómo es nuestra naturaleza; podemos aburrirnos incluso del mismo cielo.

—Sí. Tienes razón. Debemos mantener esto como algo especial —dijo Rose mientras se levantaba de la cama.

—Había olvidado lo hermoso que es tu cuerpo —dijo Henry.

—Deja de mirar, lo bueno llega en porciones pequeñas —dijo Rose a medida que se vestía—. Así que, dime, ¿tuviste encuentros con otras energías femeninas mientras yo estuve ausente?

Henry iba a decir: «No, ¿de qué hablas? Estaba demasiado ocupado para eso» Pero entonces, recordó a Helen. Desde que Rose llegó, se había olvidado por completo de ella y del tiempo que pasaron juntos. Así que la cuestión, tan antigua como la existencia misma, de contar o no contar, no se le ocurrió a Henry en esta ocasión. Había aprendido, de la manera más difícil, que es mejor decir las cosas y dar la cara.

—Sí, conocí a la esposa de Kevin —dijo Henry cuidadosamente.

—¿Helen? —dijo Rose, subiendo las cejas.

—Sí...

—¿Intentó seducirte? ¿Tuviste con ella lo que nosotros tuvimos? —preguntó, ahora con enojo creciente.

—¡Oye, oye, oye! —dijo Henry, intentando bajarle los humos—. Nada sucedió, sólo pasamos algo de tiempo juntos.

—Quiero saberlo todo —insistió Rose. Henry le mostró a Rose todas las imágenes concernientes a Helen que pudo recordar. Cuando terminó, Rose dijo—: Fue noble de tu parte. Actuaste como un verdadero caballero. —Lo recompensó con un abrazo y un beso.

—¿Te gustaría verla? —preguntó Henry con cautela.

—No creo estar lista para eso —dijo Rose.

* * *

—Siento mucho haber interrumpido su reunión —dijo Crotón, cuando finalmente obtuvo su invitación por parte de Henry—. Hay ciertos procedimientos que necesitan seguirse.

—Lo siento, nos olvidamos por completo de ti —dijo Rose.

—Es completamente comprensible —dijo Crotón—. Lo que iba yo a preguntar es, ¿te gustaría ser testigo de tu propio funeral?

—¡Realmente me encantaría! —dijo Rose.

—¿En verdad? —preguntó Henry.

—Sí, ¿tú no lo hiciste?

—No, es espeluznante —contestó Henry.

—¿Cómo puedo decirle que no a ver a Emily y a la pequeña Viv? Me encantaría verlas —dijo Rose mientras miraba a Crotón totalmente decidida.

—¿Te unirás a nosotros? —dijo Crotón, mirando a Henry.

—Ah, qué diablos, vayamos —dijo Henry y abrazó amorosamente a Rose.

El funeral de Rose

Los tres aparecieron en una sala parroquial muy grande, en medio del altar. —¡Vaya! —dijo Rose, admirando el tamaño de la iglesia y la cantidad de gente reunida—. ¡No sabía que fuera tan popular!
—No te halagues tanto, estoy seguro de que a la mayoría ni siquiera los has conocido —dijo Henry.
—¡No revientes mi burbuja, estas cosas son importantes para mí! —exclamó Rose.
Lentamente caminaron por el altar, mientras miraban a su alrededor para encontrar caras familiares.
—Tienes razón, muy pocos de ellos me son conocidos —dijo Rose, decepcionada.
Observando en toda la iglesia, Rose notó que el interior estaba adornado con cientos de rosas rojas y arreglos extravagantes.
—Me pregunto quién estará pagando por todo este lujo —se cuestionó Rose. De pronto, recordó a Kevin—. Pobrecito, ¿en dónde estará?
—En la primera fila, en donde se supone que esté —contestó Crotón.
Rose se apresuró hacia el frente de la iglesia y a la primera persona que vio fue a Emily. Toda vestida de negro, estaba sentada justo en el borde de la silla, mientras apretaba un pañuelo blanco entre sus dedos. Su cabello estaba cubierto con una chalina negra. Al mirar a Emily, Rose de pronto se percató del dolor por el que estaba pasando y que ella era la causa de ese dolor.
Un gran sentimiento de culpa la inundó, como una oleada de conmoción que sacudió su consciencia. Rose cayó sobre sus rodillas frente a Emily e intentó tomar sus manos. Era la primera vez que Rose había sentido que era intangible, parecida a un fantasma. Este dolor fuerte que quemaba desde el interior, estaba apoderándose del alma de Rose. Quería abrazar a Emily, reconfortarla, decirle que ella estaba bien y feliz, pero no podía.

Henry intentó acercarse a Rose y ayudarla, pero Crotón lo detuvo y dijo: —Creo que es mejor que la dejemos.

—¿Dejarla? —preguntó Henry, mientras miraba a Crotón en total incredulidad de lo acababa de escuchar—. ¿Dejar a Rose ahora, cuando está más necesitada de mi apoyo?

—Ella estará bien —dijo firmemente Crotón, asegurándole a Henry que esa era la mejor opción.

Rose estaba intentando limpiar las lágrimas del rostro de Emily, esperando que, si se mantenía haciéndolo lo suficiente, eventualmente funcionaría. —¿Por qué es eso? ¿Por qué mi felicidad ocasiona tanto dolor y no puedo hacer nada al respecto? —Rose se mantenía preguntando una y otra vez. Notó a la pequeña Vivian sentada calladamente a un lado de Emily, jugando con su juguete—. Te extrañaré sobre todo a ti, mi pequeña calabacita —dijo Rose.

Vivian miró directamente a los ojos de Rose, la saludó con la mano y volvió a concentrarse en su juguete. Rose estaba sin poder creer que la pequeña Viv pudiera verla, sin embargo, solo le regresó el saludo gentilmente y le sonrió con calidez.

«Imagínate», se dijo Rose a sí misma mientras seguía apreciando ese momento que había compartido con Viv.

A un lado de Vivian, vio a Jeff. Se despidió de él y finalizó diciendo:»Cuida de mis chicas.

El espacio a un lado de Jeff estaba vacío, pero en el siguiente estaba Kevin, con una mujer muy joven y atractiva sentada a su izquierda. Rose se sentó en el asiento vacío a su lado y dijo:»Gracias por estar ahí para mí, por llevarme de vuelta a la vida y, sobre todo, por hacerme sentir especial.

—Sí, eso es algo que él sabe cómo hacer —dijo la joven al lado de Kevin, inclinándose hacia adelante y mirando directamente a Rose.

Rose sintió tal conmoción en ese momento, que perdió por completo su habilidad para hablar. Las únicas palabras que pudo sacar, fueron: —¿Disculpa?

—No, no creo que lo haga —dijo la joven atractiva.

—¿Puedes verme? —preguntó Rose, completamente confundida.

—Ya que te estoy mirando y estoy hablando contigo, ¿eso no significaría que sí puedo?

—Espera un minuto, tu rostro me es muy familiar.

La hermosa joven continuaba viendo a Rose, esperando que ella la reconociera.

—Helen ¿eres tú? —preguntó Rose casi gritándolo.

—¿Quién más? ¡Boba! —exclamó Helen. Ambas se levantaron de un brinco y se abrazaron como dos colegialas.

—¡Oh por Dios! Te ves maravillosa

—Helen adoptó la pose de una modelo de pasarela, en espera de más halagos.

— ¿Qué estás haciendo aquí? —preguntó Rose.

—No me perdería tu funeral por nada en el mundo. Aunque tú jamás te aparecieras en el mío —soltó Helen.

—No lo sabía. Lo siento mucho —dijo Rose.

—No lo sientas. Nada de esto es para nosotros, es para nuestros parientes.

—Aun así, es doloroso verlos afligidos.

—Lo sé, pero no hay nada que puedas hacer al respecto. Sólo debes aceptar el hecho de que es algo por lo que ellos deben pasar. Además, ellos lo superarán rápido.

—¿Eso crees? —preguntó Rose.

—Lo sé.

—La única persona quien podría llevar un luto más largo, es tu hija.

—Lo sé, es por eso que me está matando esto.

—Antes que nada, lo que acabas de decir ya pasó y no puede pasar dos veces—dijo Helen.

—Todo para ti es un chiste —dijo Rose con una sonrisa juguetona.

—Vamos, ¡anímate! Lo único que puedo asegurarte es que, cuando estés feliz allá arriba, nuestros seres queridos pueden sentirlo aquí abajo. Eso les ayuda en su proceso de sanación.

—Helen le dio algo de tiempo a Rose para que procesara esto; quería encontrar las palabras correctas para animarla—. Sabes, después de que conocí a Henry, supe con certeza lo mucho que te ama.

—Yo también lo amo —dijo Rose.

—No hay mayor felicidad que esa —dijo Helen mientras abrazaba a Rose.

Rose miró alrededor, observando los rostros sin nombre que la rodeaban. —Hay demasiada gente a quien no he visto en toda mi vida.

—La mayoría de ellos son amigos de Kevin y ex colegas —dijo Helen. Ambas miraron a Kevin—. ¿Qué le hiciste a mi marido? Es un desastre.

—Basta —dijo Rose.

Eligieron sillas un poco más lejanas de todos los demás y Helen dijo: —Me gustaría agradecerte por lo que has hecho por mi marido.

—¿De qué estás hablando? —preguntó Rose, sorprendida—. Fue Kevin quien...

Helen interrumpió. —Por favor. Permíteme terminar. Durante mi matrimonio yo lo sobreprotegí por completo; yo estaba segura de que eso era lo que él quería. Tú me ayudaste a recordar al Kevin que conocí y del que me enamoré. Sólo espero que cuando llegue conmigo, y tengo el presentimiento de que no esperaré mucho tiempo, él sea capaz de recordar el amor que nos ayudó a encontrarnos alguna vez.

—Créeme, lo hará. Y después habrá muchísima diversión —dijo Rose con total confianza.

—¿En verdad? —preguntó Helen, generalmente imposible de sorprender.

—Oh, sí —dijo Rose, poniendo los ojos en blanco.

—No, no lo hiciste...

—Sí, lo hicimos.

—¿Y? —preguntó Helen.

—No se puede explicar, debe ser experimentado.

—¿Te refieres a que es diferente de lo que conocemos?

—Oh, sí, completamente —dijo Rose.

—Ya sabes, estuve haciendo mis investigaciones aquí y casi todos a los que les preguntaba, decían que no puedes tener sexo sin un cuerpo.

—Creo que estaban buscando lo equivocado—dijo Rose.

—¿A qué te refieres? —preguntó Helen con curiosidad.

—Ellos estaban probablemente intentando tener sexo en lugar de hacer el amor —dijo Rose.

—¿Cuál es la diferencia?

—La diferencia es tremenda; a como lo veo yo, sólo hay una persona en todo el universo con quien puedes tener lo que yo tuve.

—Ya veo —dijo Helen.

—Espera, algo está sucediendo allá adelante —dijo Rose. Vieron a Kevin de pie junto al ataúd y tomando algo de su bolsillo—. ¿Qué está haciendo? —preguntó. Entonces él levantó la cubierta del ataúd y deslizó algo dentro—. ¿Qué era eso? —preguntó Rose.

—Era el anillo.

—¿Qué anillo? —dijo Rose.

—Mi pobre marido iba a proponerte matrimonio en Italia y te compró un anillo. No es de mi agrado, pero, aun así, lo hizo.

—Yo no tenía idea —dijo Rose.

—Lo sé, no te preocupes. ¿Pero qué es lo que hubieras contestado?

—¿A qué? —preguntó Rose.

—A su propuesta de matrimonio, tontita —contestó Helen.

Rose se adentró en sus pensamientos para contestar. —En verdad no lo sé.

—Si hubieras dicho que sí, yo te hubiera matado —dijo Helen con una sonrisa sarcástica en su rostro. Rose se entumeció. Una sola mirada al rostro de Rose fue suficiente para que Helen dijera—: ¿Estás loca? Esas cosas están más allá de nuestro control. Yo no sería capaz de lastimar ni a una mosca, aunque quisiera. Esos asuntos están totalmente en manos de los organizadores.

—Me espantaste —dijo Rose mientras observaba la figura de Helen desvaneciéndose frente a sus ojos, y agregó—: ¿Por qué te estoy perdiendo?

—¿Me estoy tornando brumosa y difusa? —preguntó Helen.

—Sí.

—¿Supongo que esta es tu primera visita a la Tierra?

—Sí lo es —confirmó Rose.

—Eso solo puede significar una cosa; es hora de ir a casa.

—Pero no sé cómo hacerlo —dijo Rose.

—Sólo cierra tus ojos, piensa en Henry y permite que suceda.

Helen se giró, tomó un último vistazo a su alrededor y sus ojos se encontraron con Emily y bebé Viv. Ella quería permanecer observándolas, aprovechando cada momento que tenía con ellas aquí en la Tierra. Miró a Helen y dijo: —¿Qué hay de ti?

—Me gustaría quedarme un poco más con mi esposo —dijo Helen mientras se despedía de una Rose atenuante.

De vuelta a casa

—Necesito acostumbrarme a este tipo de transporte —dijo Rose a medida que abría los ojos y veía a Henry justo frente a ella.
—¿Disfrutaste tu funeral? —preguntó Henry de forma sarcástica.
—No fue sobre disfrutar, fue sobre cerrar. Además, conocí a alguien ahí.
—¿A quién? —preguntó Henry, sorprendido.
—A tu Helen —dijo Rose, burlándose de él.
—Oh Dios. ¿No habrán estado chismeando sobre mí?
—No te preocupes, querido, teníamos cosas mucho más interesantes de las que hablar.
—¿Cómo estaba Emily? —preguntó Henry con un tono más serio.
Un enojo repentino y sobrecogedor llenó el alma de Rose. Enojo ante lo injusto que sucedían las cosas. —Lo que no entiendo es por qué nuestra muerte física tiene que ocasionar tanto dolor a nuestros seres queridos. ¿Por qué no pueden ellos comprender que no hay muerte para la mente ni el alma? Podría haber ahorrado mucha pena a la humanidad y a nosotros también.
—Puedo decirte lo que yo pienso al respecto —dijo Henry.
—Por favor, hazlo.
—Creo que la humanidad nunca debería saber que hay vida después de la muerte.
—¿Por qué? —preguntó Rose, irritada.
—Si este conocimiento estuviera disponible para los humanos, ellos perderían lo más importante de sus vidas.
—¿Qué?
—Perderían su miedo a la muerte.
—¿No crees que sería maravilloso vivir sin miedo a la muerte? El mundo entero estaría lleno de más felicidad.
—No, no lo creo; los miedos están ahí por una razón. Son nuestros guardianes. Guardianes que están previniendo a los humanos de lastimarse a sí mismos.

—No lo comprendo. Yo estaba hablando sobre el miedo a la muerte.

—Funciona del mismo modo. Si la humanidad pierde el miedo a la muerte, entonces, en momentos de dificultades o penas, la gente renunciaría instantáneamente a sus vidas. El conocimiento de una existencia más feliz, libre de dolor, después de la muerte, no les daría ninguna fuerza para luchar y, sobre todo, ninguna razón por la cual luchar.

—¿Realmente necesitamos esa lucha? —preguntó Rose.

—Entonces no elegiríamos visitar la Tierra, en primer lugar. Llegué a la conclusión de que somos alienígenas en ese planeta. Estamos simplemente utilizándolo para nuestras propias razones. Para mí, es nuestro patio de juegos, o ¿quizá debería decir patio de pruebas?

—Se calló un momento, se puso de pie y caminó hacia la ventana—. Mira alrededor tuyo, Rose, ¿no está todo hermoso y bien balanceado a tu alrededor? ¿No es este el paraíso con el que todos soñamos sobre la Tierra?

—Sí —dijo Rose.

—No hubiéramos tenido nada de esto si no fuera por los recuerdos que creamos en la Tierra. Todas estas realidades existen porque los traemos con nosotros. Incluso nuestra consciencia es resultado de múltiples visitas al mundo físico.

—¿Estás diciendo que, si no fuera por la Tierra, no hubiéramos sido nadie? —preguntó Rose, intentando seguir la misma línea de razonamiento de Henry.

—No. Lo que intento decir es que he visto cómo son creadas las almas, el proceso de educación por el que pasan, las cualidades más altas y más valoradas a las cuales se les ha presentado, pero ¿podrías en verdad saber quién eres, de no ser por las dificultades de la vida? Creo que esa es una de las razones por las que visitamos la Tierra.

—¿Cuáles razones? —preguntó Rose.

—Descubrirnos a nosotros mismos. Percatarnos de nuestras carencias y, con suerte, algún día intentar mejorar uno mismo.

—¿Entonces estás diciendo que todos estamos en el camino de la autopurificación?

—¡Sí!

—Pero ¿sabes cuál es la parte triste de esto?, que siempre nos esforzaremos por alcanzar la perfección, pero nunca lo lograremos.

—Vamos, estás pensándolo demasiado. ¿Por qué no puedes aceptar las cosas como son y vivir con ello?

—No lo sé, amor mío, quizá esa es la forma en que el Creador quiere que yo sea —dijo Henry mientras profundizaba más en sí mismo.

—No. No es correcto. Yo he estado aquí por sabrá Dios cuánto tiempo; nunca me enseñaste nada ni a nadie, por cierto. En lugar de animarme o llevarme fuera, te sientas ahí y te sumerges en debates filosóficos.

—Lo siento, mi amor —dijo Henry, tomando la mano de Rose—. Salgamos.

—Mi niño ha madurado —dijo Crotón, quien se vio atraído por el discurso filosófico de Henry.

* * *

El progreso de Henry comparado con otras almas que Crotón estaba cuidando, era sustancial. Henry se las arreglaba para absorber mucha información, analizarla y llegar a su propia conclusión acerca del significado de la vida. Lo que más le complació a Crotón fue cuán cerca estaba Henry de la verdad. De todas las almas que él conocía en estos reinos de transición, Henry se había convertido en la más avanzada.

«¿Quién sabe? ¿Quizá? —se dijo Crotón a sí mismo mientras regresaba a su realidad antigua, fría y carente de vida».

Henry llevó a Rose al mismo punto en Roma a donde Crotón lo llevó la primera vez, justo enfrente del coliseo.

—No —dijo Rose incrédula—. ¿Estamos en Italia?

Henry, profundamente satisfecho por el impacto de la sorpresa, sólo asintió con la cabeza. —Siempre fue nuestro sueño estar juntos en Italia. Ahora es nuestra realidad.

Llevó a Rose a todos los lugares a donde Crotón lo había llevado. Le platicó a Rose todas las historias que Crotón le había dicho acerca de Roma y sobre sí mismo. Rose estaba en el cielo; junto a ella estaba el hombre de sus sueños. Ella escuchó con admiración lo que fuera que Henry estuviera diciendo, no porque lo encontrara interesante, sino porque estaba al lado de un hombre sabio y culto, y era su hombre. De pronto, Rose se detuvo en medio del camino.

Notando su ademán, él preguntó: —¿Estás bien, mi amor? —Ella no respondió, parecía que estaba en algún otro lugar—. ¿Rose? —dijo Henry.

Como saliendo de un sueño, ella se giró hacia Henry y dijo: —¿Por qué tengo este presentimiento de que te conozco?

—¿Quizá porque soy tu esposo? —dijo Henry, confundido por su pregunta.

—No, antes de eso.

—Oh, antes...

—Sí. Parece como si te hubiera conocido y amado por siempre.

—Rose estaba sobrecogida por la emoción ante ese conocimiento.

—Quizá porque sí lo has hecho —dijo Henry a medida que limpiaba la lágrima que corría hacia abajo por la mejilla de Rose.

Se abrazaron cálidamente. Manteniendo el uno al otro lo más cerca posible, caminaron por las calles de Roma como adolescentes enamorados, esperando que esta felicidad recién encontrada durara para siempre. Pronto, sus pazos los condujeron hacia la Piazza del Navona.

—Me gustaría presentarte a un hombre muy especial —dijo Henry.

A medida que se acercaban a la cafetería, Henry le contó a Rose acerca de su amigo, Mario, del apoyo que le había brindado cuando Henry tuvo dificultades para dejarla ir, de los platillos que cocinó, las recetas que creó y muchas, muchas historias más.

—Me muero por conocer a ese hombre —dijo Rose.

Henry se emocionó mucho por encontrarse con su viejo amigo, pero fue alguien más quien se les acercó. —¿En dónde está Mario? —preguntó Henry.

—Me temo que no está disponible, ¿puedo ayudarlos?

—¿Y quién eres tú? —preguntó decepcionado Henry.

—Yo soy Renzo, el nuevo chef.

—Es un placer conocerte, pero ¿qué le sucedió a Mario? —preguntó Henry.

—Tú debes ser Henry —dijo Renzo.

—Sí, ¿cómo es que sabes mi nombre?

—Mario me mostró tu imagen y dijo que definitivamente nos visitarías.

—Eso es muy amable de su parte, pero ¿en dónde está? —persistió Henry.
—Eligió ir a la Tierra.
—¿Quieres decir que tomó otra vida?
—Sí.
—Eso es bastante extraño, él parecía bastante feliz de estar aquí —dijo Henry.
Renzo intentó evitar el tema de Mario y dijo: —¿Les gustaría tomar asiento?
—Tomemos un expreso —le ofreció Henry a Rose.
—Será un placer —dijo ella.
Renzo fue a la cocina y volvió inmediatamente con los cafés.
—¡Eso fue rápido! —dijo Rose, asombrada.
—Debo mantener los estándares de Mario. A pesar de que estoy reemplazándolo temporalmente—. Iba a volver a la cocina, pero se detuvo en mitad del camino y les preguntó—: ¿Les molestaría si me siento con ustedes?
—Por favor, hazlo —dijo Rose.
—Hay tanto amor alrededor de ustedes, que me hace querer estar cerca.
—Gracias —dijo Rose.
—¿Cuánto tiempo estará ausente Mario?
—No demasiado tiempo. Sólo una vida terrestre.
—¿Por qué lo hizo?
—A como yo lo veo, no importa cuán buenas sean las cosas, aún queremos cambiarlas. Esa es probablemente la razón por la que siempre estamos esforzándonos por alcanzar lo mejor en cada aspecto de nuestras vidas.
—En una ocasión escuché el dicho: el cambio es lo único permanente.
—Estoy totalmente de acuerdo. Esa es probablemente la razón detrás de la decisión de Mario.
—¿Fue él con su esposa? Creo que ellos fueron por nuevos y frescos recuerdos.
—Puede ser —dijo Renzo.
Entonces Rose intervino, recordando algo importante. —¿Existe aquí la ciudad Milano?
—Todo lo que existe sobre la Tierra, existe aquí —dijo Henry.

—¿Podrías llevarme ahí?

—No creo que podamos, amor mío —dijo Henry.

—¿Por qué? —preguntó Rose.

—Porque nunca hemos estado ahí. Y, de cualquier forma, ¿por qué quieres ir ahí?

—Me enteré recientemente de un teatro de ópera famoso.

—¿La Scala? —interrumpió Renzo.

—Sí, ¿sabes cómo llegar ahí?

—Claro, lo sé, yo solía vivir en Milano durante mi vida anterior —dijo Renzo.

—¿Podrías llevarme ahí por favor, Renzo? —pidió Rose, esperanzada ante su respuesta.

—Sería un placer —contestó Renzo con una cálida sonrisa.

—¿Por qué quieres ir ahí? ¿Y desde cuándo te volviste una amante de la ópera? —se unió Henry a la conversación.

—Te lo explicaré más tarde. —Girándose hacia Renzo, preguntó—: ¿Cuándo podemos ir?

—Justo ahora, claro, si a Henry no le importa —dijo Renzo.

—¿Cómo puedo negarme a esos ojos? —dijo Henry mientras besaba a Rose.

Todos se tomaron de las manos y se evaporaron en el aire.

Cio-Cio-San

Los tres estaban de pie en frente del teatro de ópera.
—Teatro alla Scala. Si no me equivoco, fue construido en el siglo XVIII en la Tierra y un poco antes aquí. La iglesia que ven a un lado del teatro ya no existe en la Tierra, fue demolida para construir el teatro.
—¿Cuál es el nombre de esa iglesia? —preguntó Rosc.
—Santa Maria alla Scala —contestó Renzo.
La iglesia se alzaba alta y poderosa, un pináculo que sobresalía de los edificios a su alrededor. Tenía pocas ventanas arqueadas que cubrían la pared frontal. En la cúspide de cada pilar se izaban banderas que enmarcaban la cima de la iglesia.
—Es una lástima que los humanos ya no puedan verla más.
—Gracias a Dios por etas realidades —agregó Henry.
—Discúlpenme, pero creo que tengo un cliente en la cafetería. ¿Estarán bien sin mí? —dijo Renzo, refiriéndose de pronto a sus compañeros.
—Sí, claro, gracias por el viaje y por tu compañía —dijo Rose.
—Siempre es un placer —dijo mientras desaparecía.
—Ahora, ya que estamos solos, ¿puedes decirme de qué se trata todo esto? —dijo Henry, aún en la oscuridad.
—Perdí mi vida a causa de esta ciudad. Quería ver si valía la pena.
—¿A qué te refieres?
—¿A dónde crees que iba con tanta prisa cuando sucedió el accidente?
—Según mis observaciones, al aeropuerto —respondió Henry.
—¿Por qué no me has preguntado a dónde iba con Kevin ese día?
—Supongo que estaba tan emocionado de que tú estuvieras aquí conmigo, que eso ya no me importaba más.
—¿Quieres saberlo o no? —preguntó Rose.
Henry decidió no contestar la pregunta directa de Rose. Necesitaba ganar algo de tiempo para comprender en dónde quedaba su lugar con el hecho de la existencia de Kevin en la vida de Rose.

Henry pensó que ya lo había superado, pero cada mención del nombre de Kevin le ocasionaba dolor.

«En la Tierra solía decir que el tiempo lo sana todo, pero ¿qué pasa cuando el tiempo no existe? ¿Sanará en algún momento ésta herida?» Por ahora, decidió dejarse llevar y ver hacia qué lado del río lo llevaba la corriente.

—No me contestaste —dijo Rose.

—¿Por qué no te doy mi respuesta después de nuestra visita a este teatro magnífico? De acuerdo a la cantidad de pies entrando, parece que algo sucederá.

—Rose lo miró de forma sospechosa y Henry dijo—: Sólo entremos. —Él la jaló escaleras arriba de forma juguetona. Dentro, descubrieron que el primer acto estaba por comenzar—. ¿Pero qué interpretarán? —preguntó Henry al anfitrión.

—Es «Madame Butterfly», de Giacomo Puccini.

—¿No es extraño? Si no me equivoco, es la misma obra que están representando en la Tierra.

—Es bastante posible. Después de todo, los actores de allá abajo siempre necesitan inspiración de acá arriba. Debo decirles, han tenido bastante suerte —dijo el anfitrión.

—¿Por qué lo dice? —preguntó Rose.

—El gran Enrico Caruso actuará esta noche.

—¿Quién es él? —preguntó Henry susurrando.

—Es un famoso tenor italiano. ¿En dónde debemos sentarnos? —preguntó Rose.

—En cualquier lugar que ustedes gusten —respondió el anfitrión.

Todo el interior del teatro estaba decorado en dos colores, rojo real y oro brillante. Sólo el cielo oval era blanco, con una magnífica araña de cristal colgando en el centro de él. De vez en cuando, ésta atraía la atención del público, con la expectativa de que comenzara a ceder su fuente de luz cálida. Cuando ese momento llegara, las cortinas rojas de terciopelo se despertarían como respuesta, y así, el espectáculo comenzaría.

—¿Tienes idea de la historia detrás de esta «Madame Butterfly»? —preguntó Henry.

—No mucha. Todo lo que sé es que es una historia de amor entre una joven japonesa, con el nombre de Cio-Cio-San, y un oficial de la marina estadounidense, de nombre Pinkerton.

—¿Y? preguntó Henry.

—Sólo me sé la mitad de la historia —contestó Rose.

—Eso ayudará —dijo Henry con una sonrisa.

—Okey, es bastante simple, el joven estadounidense se queda en casa de la chica, se enamoran y deciden casarse, justo después de que Cio-Cio-San se convierta al cristianismo. Poco después, el marino zarpa hacia América, dejando atrás a una joven esposa con la promesa de que regresará pronto. —Con esas palabras, el candelabro atenuó su luz y se alzó la cortina roja de terciopelo.

Henry nunca hubiera imaginado que pudiera sentarse durante tres actos de ópera; no sólo estuvo presente, sino que lo disfrutó. A medida que la historia se develaba, descubrieron que la joven se embarazó justo antes de que Pinkerton se marchara. Durante tres años, ella esperó a que regresara el marino para reunirse con su familia. Henry y Rose estaban tan impresionados por la actuación del reparto, que no podían quitar sus ojos del escenario. En el último acto, descubrieron que Pinkerton volvería con su nueva esposa estadounidense para llevarse a su hijo lejos de Cio-Cio-San. La pobre joven, que desconocía el hecho de que él estaba casado, se emocionó y pasó noches en vela esperando al amor de su vida y padre de su hijo. La última parte del acto fue lo más arduo, cuando la esposa estadounidense fue con Cio-Cio-San para quitarle al niño al cual ella se negó a renunciar, a menos que el padre fuera por él. La escena final llevó a todos hasta las lágrimas; vieron a un pequeño niño japonés en un kimono blanco, con una pequeña bandera estadounidense entre sus manos, de pie en medio del escenario, esperando por ver a su padre. Mientras Pinkerton encontraba el coraje suficiente para enfrentar a su primera esposa y salía al escenario, ella, con la katana corta del padre, rajó su propia garganta detrás del biombo shoji. Pinkerton se apresuró para ayudarla, pero ya era demasiado tarde. Una ovación de pie coronó las facetas de esa brillante actuación.

—¿No fue asombroso? —preguntó Rose, mientras se limpiaba las lágrimas del rostro.

—Sí, muy impresionante —dijo Henry.

—¿No es ese un ejemplo de amor verdadero? —dijo Rose a medida que salían del teatro.

—Rose, yo tuve que aprenderlo por las malas y puedo decirte que el amor verdadero se manifiesta a sí mismo mediante la capacidad de sacrificar tu propia vida por el objeto de tu amor.

—La pobre chica se hizo a un lado para reunir a los dos amores de su vida, su hijo y su esposo. ¿Podrías tú hacer eso por mí? —preguntó Rose.

—Ya lo he hecho —contestó Henry.

Ella se detuvo un segundo y recordó las palabras de Janet: «Henry ha escogido a ese hombre para ti». Entonces miró directo a los ojos de Henry y dijo: —Discúlpame por haberte ocasionado tanto dolor, yo no tenía idea.

—Ahora tienes la respuesta a la pregunta que hiciste más temprano.

—¿Qué pregunta? —preguntó Rose.

—¿Por qué no he preguntado hacia dónde te dirigías con Kevin? —contestó Henry.

—Fui insensible. Perdóname, por favor —dijo Rose.

—Está bien; tomemos un paseo.

Rondaron las calles de Milano, de una plaza a otra, admirando el arte de los maestros constructores en forma de arquitectura.

—Escuché que Milano es el centro de la moda —dijo Rose.

Henry recordó su conversación con Helen sobre los constantes eventos de moda en Milano. —¿Quieres visitar un espectáculo de moda? —preguntó Henry.

—No. Después de lo que acabamos de atestiguar, la moda es lo último en mi mente —dijo Rose.

—De hecho, se me ocurrió cuán limitados son nuestros placeres físicos, y cuán infinitos son los espirituales, aquellos que elevan nuestras consciencias, aquellos que pueden tocar las cuerdas más finas de nuestras almas, cuya presencia nos es completamente desconocida. ¿De cuántas cosas maravillosas y sorprendentes nos privamos en la Tierra por no ser aventureros, por no intentar cosas nuevas como lo hicimos ahora en la ópera? Lo que me preocupa es que perderemos nuestra admiración por este tipo de arte y actuación en presencia de la tecnología.

—¡Basta! —dijo Rose, pretendiendo estar molesta.

—Lo siento, simplemente me dejo llevar en ocasiones —dijo Henry como disculpa.

Sin notarlo, caminaron hacia una plaza enorme. Era tan grande que fue difícil imaginar que, en el centro de tan poblada ciudad, fuera posible destinar esta tierra masiva para crear una piazza.

—Me pregunto si es del mismo tamaño en la Tierra —preguntó Rose.

—Debería serlo —contestó Henry.

Una magnífica iglesia católica parecía la joya principal, coronando la cabeza de la piazza. —¡Amo esta ciudad! Hay tanto aire y luz. Sólo quiero cantar y bailar —dijo Rose, dando un par de giros como una bailarina de ballet sobre el escenario—. Me pregunto cuál será el nombre de esta piazza.

De pronto, Henry recordó a Crotón. Se encontraba en esta corriente de felicidad, nadando con Rose tan placenteramente y sin preocupaciones, que se había olvidado por completo de su mentor. Henry se había acostumbrado demasiado a las apariciones inesperadas de Crotón, tanto que de pronto sintió como si le faltara algo, o quizá alguien. Alguien que había sido apartado injustamente y reemplazado por completo por Rose.

—¿Por qué no le preguntamos a Crotón? —dijo Henry en un intento por incluir a Crotón.

Antes de que terminara su pregunta, Crotón apareció en un segundo y, mirando a su alrededor, dijo: —¿Qué diablos están haciendo por aquí?

—Fue idea de Rose ver Milano. Por cierto, ¿sabes el nombre de esta plaza? —preguntó Henry.

—Piazza del Duomo —dijo Crotón sin palabras, sin comprometerse con la cuestión de dónde estaba ni con quién.

—¿Algo va mal? —preguntó Henry.

Crotón no contestó. Henry miró confundido a Rose, ante la indiferencia de Crotón. Ella solamente alzó los hombros indicando que no tenía pista alguna sobre lo que estaba sucediendo. Henry nunca había visto a Crotón tan ensimismado en sí mismo, o, para ser exactos, tan fuera de lugar.

—¿Crotón? —preguntó Henry mientras tocaba el hombro de él.

Él miró a Henry y dijo: —Volvamos. Hay algo de lo que me gustaría hablarles.

En nada de tiempo, los tres estaban de vuelta en la realidad de Henry y Rose. Se sentaron alrededor de la mesita de café y estaban esperando que Crotón comenzara algún tipo de discurso. Crotón permaneció en silencio. Henry y Rose sintieron una pesadez aplastante en el aire, y la fuente de ello era Crotón.

Rose no podía permanecer más entre esa tensión, así que preguntó: —¿Hay algo mal con mi familia?

—No. Todos están bien —dijo Crotón.

—¿Entonces qué pasa? —preguntó Henry, comenzando a agotar su paciencia.

—Mi realidad está desapareciendo.

—¿Qué? —le dijo Henry, sorprendido—. Te recuerdo diciendo que tú no necesitabas tu propia realidad.

—No la necesitaba, hasta hace poco —contestó Crotón.

—¿Qué fue lo que cambió últimamente?

—Rose fue mi última tarea, y ya que está aquí, decidí volver a mi mundo.

—¿Y? —preguntó Henry.

—Al inicio todo estaba bien, pero entonces comencé a notar polvo sobre mis muebles.

—¿Polvo? —preguntó Henry, intentando descubrir por qué motivo estaba hablando sobre polvo.

Rose se puso de pie, caminó por la habitación y deslizó su dedo por arriba de los armarios. «No. Nada de polvo».

—¿Por qué no lo limpias con el poder de tu mente y te deshaces de él? —preguntó Henry.

—Lo hice. Pero volvió.

—¿Intentas decirme que tu realidad está fuera de tu control? —preguntó Henry.

—Eso es exactamente lo que estoy diciendo. Ahora cada vez que vuelvo, la casa se torna más y más vieja. Todo parece estar en el proceso de una lenta desintegración.

—¿Tienes alguna idea de lo que está sucediendo? —preguntó Rose, intentando comprender.

—Me temo que sí —dijo Crotón.

—¿Y? —preguntó Henry.

—Sólo puede significar una cosa: es tiempo de volver.

—¿A dónde? —preguntó Henry, incapaz de imaginar a Crotón en algún otro lado que no fuera ahí mismo.

—A la Tierra —contestó Crotón.

—Oh, vaya. ¿Nos dejarás a todos solos aquí? —preguntó Henry, aterrorizado ante la idea.

—¿Cuán egoísta puedes ser? —preguntó Rose, refiriéndose a Henry.

—Lo siento, eso no sonó bien —dijo Henry.

—Está bien. Estarán bien sin mí. Además, nuestra conexión también se está debilitando más y más. Si no fuera por tu pensamiento de mí, no hubiera sido capaz de localizarte por mí mismo en Milano.

Esas noticias hicieron que Henry se sintiera como un niño que está a punto de ser abandonado por sus padres.

—Antes de comprometerme a mí mismo a esta sentencia, hay una última cosa que debemos hacer.

—¿Qué es? —dijeron Rose y Henry de forma simultánea.

—Deben enfrentar a los jueces —dijo Crotón, mirándolos a ambos.

—¿Yo también debería estar en el juzgado? —dijo Henry, confundido por la razón por la cual él debería estar ahí también.

—Sí, pero en uno diferente.

—No te sigo —dijo Henry.

—Yo acompañaré a Rose a su audiencia sobre su última vida... —dijo Crotón.

—¿Qué hay de mí? —preguntó Henry, sonando asustado y confundido.

—Los jueces pidieron tu asistencia para tratar un asunto diferente.

—¿Qué asunto? —preguntó Henry.

—No me lo preguntes, es cosa tuya descubrirlo —dijo Crotón.

Crotón miró a Rose con una cálida sonrisa y dijo:

—¿Estás lista?

—¿Te refieres a ahora mismo? —preguntó Rose, temerosa ante lo que debería enfrentar.

—Sí. Ahora mismo —contestó Crotón.

Rose se puso de pie, caminó hacia el espejo en la pared, revisó su apariencia, arregló su cabello y dijo: —Ahora estoy lista.

—Mujeres —dijeron Crotón y Henry, mirándose el uno al otro.

Crotón tomó la mano de Rose y desaparecieron. Todo sucedió tan rápido que Henry no tuvo oportunidad de preguntarle a Crotón lo que él debía hacer.

—¡Ups! —dijo Henry mientras se sentaba en el sillón, se reclinaba y cerraba sus ojos.

Reunión

«Esto no está bien. ¿Qué se supone que haga ahora?» Henry pensó que estaba aún recostado en el mismo lugar con sus ojos cerrados. Sin embargo, cuando abrió sus ojos, se encontró en una habitación completamente diferente, de pie frente a una mesa blanca de mármol con dos sillas de mármol enfrentándose en los extremos opuestos de la mesa. La habitación era bastante espaciosa y no había ningún otro mueble alrededor, ni ningún otro elemento de decoración. Sólo cuatro paredes y un techo alto de cristal en forma de pirámide. Lo que más sorprendió a Henry fue la ausencia de preocupación en su mente. Ausencia de lo desconocido que tendría que enfrentar. Esta comodidad extraña y energía relajante, lo colmaron de pies a cabeza. La fuente invisible de esa energía venía desde más arriba de la pirámide de cristal. Estaba haciendo bastante placentera la presencia de Henry en la habitación. La mesa y sillas estaban ubicadas justo en el centro de la habitación, debajo de la pirámide. De pronto, la pared frente a Henry se separó y, a través de la abertura en la pared, apareció frente a él un rostro familiar de la audiencia, envuelto en un manto blanco.

—Hola, Henry —dijo el juez mientras le hacía señas para que se sentara.

Todo tipo de pensamientos por la razón de esta reunión, se precipitaron en la mente de Henry. Dos pensamientos llegaron primero, apartando al resto. «¿Esto es sobre el pasado, o el futuro?»

—Futuro —contestó el juez.

—Por el sabor del pasado, mi boca sigue siendo amarga. Espero que el futuro contenga algo de dulzura —dijo Henry.

El juez miró a Henry y dijo: —Crotón tenía razón. Haz vuelto.

—¿A qué te refieres? —preguntó Henry.

—Al pasar por vidas físicas, las almas recolectan todo tipo de chatarra que afecta fuertemente su personalidad. Ese peso muerto los ancla a lo físico y oculta lo espiritual muy en el fondo. Sólo estando aquí lo suficiente, son capaces de sacudirse ese peso de encima.

—Ya veo —dijo Henry.

Descartando la extraña apariencia del juez, Henry no estaba incómodo. Había una energía cálida y acogedora irradiando desde él. La mejor palabra para describir esa energía habría sido «amabilidad».

—El motivo de nuestra reunión es discutir tu futuro y ver a dónde quieres llegar desde aquí.

—¿Cuáles son mis opciones? —preguntó Henry.

—No son demasiadas, pero sí varias.

—Me gustaría saber un poco más que eso, por favor.

—Nos gustaría ofrecerte el volverte un guía espiritual —dijo el juez a medida que observaba los ojos de Henry para captar su primera reacción.

—¿Guía espiritual? —preguntó Henry, incapaz de ocultar su sorpresa—. Tenía la impresión de que yo aún necesitaba guía. ¿Qué sé yo de ser un guía espiritual?

—Eso te llega. Es bastante similar al instinto materno. Esos sentimientos están profundamente enraizados en nuestras almas. Florecerán con el primer toque de primavera, que será el nacimiento de un niño en el mundo físico.

—No lo sé. Me siento fuera de alcance. Hay tantas preguntas por hacer. Pero lo más importante, ¿qué pasará si fallo?

—No lo harás —dijo el juez con confianza y fuerza.

Henry permaneció quieto, completamente consumido por sus pensamientos. Había tantas preguntas y dudas en su mente, pero la curiosidad comenzó a tomar el control. —¿Conoceré a esta alma?

—Ya lo conoces —dijo el juez.

—¿Quién es?

—Crotón.

—Oh, cielos —Henry estaba falto de palabras y palideció—. ¿Quieren que guíe a mi propio guía espiritual?

—Sí. Él lo hizo por ti durante muchas vidas, es tiempo de devolverle el favor.

—¿Qué piensa Crotón sobre esto?

—Fue solicitud suya —respondió el juez.

—Entonces solo hay una cosa por decir, sería un honor para mí.

—Bien —dijo el juez, a medida que salía por la abertura en la pared.

Henry volvió a su realidad, completamente confundido y perdido. «¿Yo? ¿Un guía espiritual? ¿Cómo pudo semejante cosa cruzar por la mente de Crotón? No sé nada sobre eso. Lo hubiera comprendido si fuera para un alma joven, pero… ¿Crotón?»

Henry caminó arriba y abajo por la habitación, y repitió las mismas preguntas para sí, una y otra vez. Estaba llegando a la comprensión de la magnitud de la tarea para la que se había comprometido, y se estaba dando cuenta de que no había forma de echarse para atrás. Honrando la petición de Crotón, desencadenó un mecanismo enorme de planeación de la vida futura de Crotón. Él mismo sería una de las partes más importantes de ese mecanismo. Salió de la casa y caminó directo hacia el borde del agua. Había una suave brisa y el agua, con cada ola gentil, probaba cuidadosamente el sabor de la blanca y suave arena. Los torrentes de viento cálido susurraban sobre las palmeras majestuosas; eso era lo único que perturbaba la serenidad en el mundo de Henry.

«¿Dejar todo esto y seguir a Crotón? ¿Qué hay de Rose? Ella acaba de llegar aquí, no tuvimos oportunidad para explorar estas realidades. —El último pensamiento que visitó a Henry fue—: Rose me matará».

Un segundo después, Rose apareció en el porche delantero de su casa. Se aproximó cuidadosamente a Henry desde detrás y le dio un abrazo cálido.

—Has vuelto —dijo Henry.

—Sí, mi amor —contestó Rose.

—¿Estás bien? —preguntó Henry, aún de frente hacia el mar.

—Lo estaré —contestó. Se sentaron en la arena, uno al lado del otro, a medida que observaban la joven puesta de sol—. ¿Hay algo que te esté molestando? —preguntó Rose, sin quitar sus ojos del horizonte.

—Sí —contestó Henry.

—¿Quieres hablar sobre eso?

—Me he comprometido hacia lo desconocido.

—Yo también —dijo Rose. Henry la miró confundido—. No iba a dejarte solo en esto. —Henry la seguía mirando sin entender a qué se refería—. Estoy hablando sobre guiar a Crotón —dijo Rose.

—¿Cómo es que sabes sobre eso?

—Él pidió también mi participación.

El rostro de Henry se iluminó y algunas de sus dudas se marchitaron inmediatamente, sabiendo que Rose estaría a su lado.

—Gracias, mi amor.

La misma voz familiar interrumpió. —¿Pasaremos una eternidad sobre esta arena húmeda o entraremos de vuelta a la casa para discutir sobre negocios?

Henry lo miró y dijo: —¿Estás seguro de que quieres confiarme tu vida sobre la Tierra?

—No a ti. A ti no te lo confiaría. Pero confío en ustedes dos juntos.

—No sabía que podemos tener más de un guía —dijo Rose.

—Oh, puedes tener incluso más —dijo Crotón.

Los tres caminaron lentamente hacia la casa. Todos se perdieron en sus propios pensamientos, esperando ahí dentro encontrar una solución a este acertijo que les había lanzado la vida. Se acomodaron en el balcón en la habitación de Rose y prepararon dos copas de vino y una taza de café para Rose.

Después de un sorbo de vino, Crotón dijo: —Así que ¿qué piensan?

—No creo que le hayas dedicado mucho pensar a esto —dijo Henry.

—Oh, sí que lo hice. Créeme.

—Para todos esos años que has estado aquí, ¿no tienes a alguien más cercano que nosotros? —preguntó Rose.

—Sí. Pero para la tarea que enfrentaré en la Tierra, ellos no serán de mucha ayuda.

—¿Por qué no? —preguntó Rose.

—Ninguno de ellos ha experimentado el amor verdadero. Incluso quienes sí lo han hecho, no lograron sostenerlo y llevarlo hasta las realidades espirituales —dijo Crotón.

—Sigo sin comprenderlo, ¿por qué nosotros? —preguntó Henry.

—Esta vida que estoy por tomar, tendrá un único objetivo: encontrar la otra mitad de mi alma.

—¿Crees que una vida será suficiente para encontrarla? —preguntó Henry.

—No lo sé. Supongo que uno debe intentarlo para poder verlo.

—Pensé que estabas bastante cómodo estando solo —dijo Rose.

—Yo también lo pensé, pero estaba equivocado. Desde que descubrí el polvo en mi casa, le dediqué mucho pensar al propósito de nuestra existencia, particularmente al propósito de tener energías masculinas y femeninas.

—¿Y a qué conclusión llegaste? —Henry estaba intrigado.

—Bien, al estar separados del Creador y aun así ser una parte inseparable de su energía, siempre intentaremos parecernos a Él. Para crear una energía femenina, una parte del creador debe ser femenina, y para crear una energía masculina, una parte de él debe ser masculina. Así que, para que Él pueda estar completo, esos dos tipos de energías, una vez que se separan, deben encontrarse la una a la otra.

—¿Te refieres a convertirse en una mini versión del Creador?

—Sí —dijo Crotón emocionado—. Todo este tiempo en que estuve aquí, estuve ocupado ayudando a otros y realmente nunca tuve tiempo para mí mismo. Ahora todo me es claro.

—Pero, aún no lo comprendo, ¿por qué nos necesitas a ambos? —preguntó Henry.

—La influencia de un guía espiritual entre los humanos es inmensa. A pesar de que los humanos no estén conscientes de eso, ninguno de ustedes está completamente solo. —Señaló a Rose y Henry mientras hablaba—. Sólo estando juntos son uno solo. Una energía fuerte y pura en la más alta expresión en nombre del amor. Perdónenme, pero yo también quiero encontrar eso en mi vida. Y ustedes son mi único boleto a eso.

—Haremos lo mejor que podamos, no dudes de nosotros —dijo Rose.

—Gracias. Además, eso viene con muchos beneficios —señaló Crotón.

—¿Qué beneficios? —preguntó Henry.

—Oh, ahora sí estás interesado —rio fuertemente Crotón.

—Un pequeño aspecto positivo no vendrá mal —dijo Henry.

—El aspecto positivo no es tan pequeño. Tendrán la oportunidad de transportarse dentro y fuera del mundo físico sin limitaciones.

—¿Eso significa que puedo ver a mi familia cuando yo quiera? —saltó Rose emocionada.

—No sólo cuando quieras, si no también cuando ellos quieran. O cuando más te necesiten. Pero se debe tomar en cuenta el consentimiento de sus guías espirituales.

—¿Qué más? —preguntó Henry.

—Tendrán la oportunidad de visitar y estudiar todos los reinos entre el físico y en el que estamos ahora mismo.
—¿Qué hay de los reinos superiores? —indagó Henry.
—Sí pueden. Pero con la guía de almas con niveles más avanzados —dijo Crotón—. Y ahora viene lo emocionante.
—¿Qué es? —preguntaron al mismo tiempo Rose y Henry.
—Tendrán la oportunidad de visitar otros mundos físicos y encontrarse con sus habitantes.
—¿Estás hablando sobre visitar otros planetas? —preguntó Henry.
—¡Sí! —dijo Crotón con un brillo de emoción en sus ojos.
—Eso es genial —dijo Henry.
—Pero, la guía del alma de la cual serán responsables, debe ser su principal responsabilidad; en otras palabras, no se olviden de mí.
—Eso tenlo por seguro—dijo Rose.

Poco después, Henry miró a Crotón y dijo: —¿Te das cuenta de que una vida puede que no sea suficiente para encontrar el amor verdadero?
—Desafortunadamente, lo sé. Pero no se le puede impedir a alguien que tenga esperanzas.

¿A dónde vamos después de esto? —preguntó Henry después de un minuto de silencio.
—Debo pasar algo de tiempo en la Cámara de preparación. ¿Recuerdas cuando conociste por primera vez a tu nieta, Viv?
—Oh, sí, lo recuerdo. ¿Pero qué hay de nosotros? Probablemente también necesitemos algo de entrenamiento.
—Sólo un poco de guía de mi viejo amigo de nombre Tales. Ya he arreglado su reunión con él.
—Te veré en la Cámara de preparación —dijo Crotón levantándose. Luego se fue.
—¿Dijo Tales? —preguntó Henry mientras miraba a Rose.
—Creo —contestó Rose.
—Debe haber sido un pez gordo —dijo Henry alzando las cejas.
—No realmente —anunció una voz.
—Tú debes ser Tales —dijo Henry.
—Sí, lo soy —contestó la nueva voz.
—¿Por qué no podemos verlo? —susurró Rose para Henry.

En segundos, el brillo suave de una silueta humana tomó la forma de un antiguo filósofo griego. Mientras esto tomaba lugar, Henry y Rose se congelaron en sus sillas, temerosos de moverse o estropear la experiencia. Ambos sintieron destellos de energía suave y compasiva pasando a través del centro de sus almas.

—Hola —dijo Tales.

—Hola —contestaron Henry y Rose.

—¿Puedo unirme a su fiesta? —preguntó Tales con una sonrisa amigable sobre su rostro.

—Sí, por favor, toma asiento —ofreció Rose.

—¿Están emocionados? —preguntó Tales a medida que se sentaba en el sillón.

—Desconcertados y confusos sería una mejor elección de palabras —dijo Henry.

—¿A qué le temes? —preguntó Tales.

—Al fracaso.

—Deberías ser el último en preocuparse.

—¿Por qué? —preguntó Henry.

—Al principio de la vida física de Crotón, será Rose quien esté más involucrada. Estoy hablando sobre criar a un niño. No habrá mucha guía como tal, de tu parte —dijo Tales, señalando a Henry—. Tú te involucrarás poco después.

—Lo que más me preocupa es que, una vez que el niño crece, se convertirá en alguien. Y de acuerdo a la edad de su alma, no será únicamente una persona ordinaria como yo lo fui. Probablemente, los organizadores elegirán para él una vida con el potencial de convertirse en político o algún tipo de líder.

—No. Elegimos para él una vida ordinaria, en una familia ordinaria, en una ciudad ordinaria —respondió Tales.

—¿Tú estás involucrado en la planeación de la vida futura de Crotón? —preguntó Rose, de pronto percatándose de quién estaba realmente frente a ella.

—Sí.

—¿Eso te convierte en un organizador?

—Es correcto —contestó Tales.

—¿Por qué ordinaria? —preguntó Henry, decepcionado.

—Es un alma bastante vieja. En sus vidas pasadas, él lo tuvo todo, fama, fortuna, riquezas, posición, lo que se te ocurra; excepto una cosa...

Henry interrumpió diciendo: —Amor.

—Correcto —contestó Tales.

—Quizá porque no lo necesitaba en ese momento.

—Tienes toda la razón, Henry. El amor sólo hubiera complicado su vida y nunca le hubiera permitido convertirse en la persona quien es ahora. Lo necesitábamos en estas realidades transicionales exactamente como era, pero ahora es tiempo de seguir adelante.

—¿Qué pasará si no encuentra a la única? —preguntó Rose preocupada.

Déjamelo a mí. Yo le encontraré a la pareja perfecta.

—¿Nosotros la conocemos? —preguntó Rose.

—No, no la conocen. Ella ha vuelto de una vida de matrimonio muy insatisfecha y frustrada. Tenía tanto amor por dar, pero fue menospreciada por su esposo. Creo que será genial para Crotón. Además, sus almas están vibrando en un rango bastante similar.

—Parece que tienes todo bajo control —dijo Henry.

—Oh, soy muy positivo sobre esto. También, deben saber que yo sólo estaré a un pensamiento de distancia.

—Gracias, eso nos dará algo de paz mental —afirmó Rose.

—¿Qué es lo siguiente? —preguntó Henry.

—Lo siguiente es la Sala de preparación —dijo Tales, y diciéndoles adiós, dejó la realidad de Henry y Rose.

Cámara de preparación

Henry, ya habiendo sido expuesto a la Cámara de preparación, no tuvo problemas para llevarlos ahí. Para impresionar a Rose, mantuvo los procedimientos que Crotón utilizó en algún momento para presentarle este lugar a él. Una vez que entraron, Henry caminó audazmente hacia la cafetería, esperando que, desde el centro de esa inmensa oficina, pudieran encontrar fácilmente a Crotón. Pero él no estaba por ningún lado.

—¿Cómo vamos a encontrarlo en esta multitud de almas? —preguntó Rose.

—Sentémonos y tomemos algo. Estoy seguro de que él está consciente de nuestra presencia —dijo Henry. Un minuto más tarde, un joven, que parecía tener quince años, se detuvo frente a su mesa.

—¿Puedo ayudarte? —preguntó Henry.

—Sí, sí pueden —contestó el niño con la voz de Crotón.

—¿Crotón? —preguntó Henry, saltando de su silla.

Frente a él, estaba de pie un adolescente en una túnica blanca con ribetes dorados, sandalias de cuero, piel bastante bronceada y ojos oscuros, que hubieran podido pertenecer sólo a un alma en todo el universo.

—No se confundan por mi apariencia —dijo Crotón, bajando la mirada hacia la mesa.

A Rose le era difícil revelar a este joven frente a ella con la huella que Crotón había implantado en su mente. —¿Por qué luces así? —preguntó Rose.

—Mira alrededor, todos parecen estudiantes de preparatoria, yo debía mezclarme.

—¿Cómo va la preparación? —preguntó Henry.

—Todo va bien. Sólo que no me había percatado de lo mucho que debes saber hoy en día para ser capaz de seguirle el ritmo a los avances de la humanidad.

—En nuestros años cuarenta, nosotros ya estábamos desactualizados. —confirmó Rose.

—¿Se te ha hecho difícil? —preguntó Henry.

—No realmente, además del hecho de que tenemos maestros maravillosos, las almas somos buenos aprendices.

—¿A qué te refieres? —preguntó Henry.

—¿Puedes recordar fácilmente una situación de tu existencia, al más mínimo detalle, desde que llegaste a estas realidades?

—Sí, sí puedo —contestó Henry.

—Porque lo que eres es una gran mente, o memoria. Mientras que, en el cuerpo físico, debemos utilizar un cerebro humano con esas tremendas limitaciones.

—De hecho, tienes razón. A medida que envejecía, me era más y más difícil recordar o aprender algo nuevo. Era como si para almacenar nuevos y frescos recuerdos, debiera deshacerme de los viejos.

—Es cierto —acordó Rose.

—Entonces sólo sería razonable preguntar: ¿por qué no están aumentando la capacidad cerebral humana los diseñadores del cuerpo humano? —preguntó Henry.

—Ya tenemos bastantes problemas con la capacidad existente —dijo Crotón.

—¿Qué problemas? —preguntó Rose.

—Mira el progreso técnico que los humanos han hecho durante los pasados doscientos años. Están intentando alcanzar no sólo los planetas remotos de su sistema solar, sino también están ya soñando con ocupar algunos otros.

—¿Qué hay de malo en eso? —preguntó Rose.

—El propósito de nuestro descenso a la Tierra es aprender de nosotros mismo y de otros. Aprender a coexistir con otras almas, a pesar de sus diferencias físicas o mentales. En pocas palabras, estamos aprendiendo a ser considerados. De la forma en que yo lo veo, ese progreso no está ayudando con esto.

—Tienes razón —dijo Rose, recordando cuando Emily era más pequeña—. Estas nuevas tecnologías evitan que la gente interactúe con los demás.

—Sí —confirmó Crotón—. La única manera de averiguar quiénes somos realmente o de qué estamos hechos, es a través del contacto con otros humanos. Al final, no importa lo que yo piense de mí mismo, lo importante es lo que otros piensan acerca de mí. Y eso es quien soy en realidad.

—Nunca había pensado de esa manera —dijo Henry.

—Si lo piensas, ¿qué es lo que más nos molesta cuando estamos por dejar el cuerpo físico?

—¿Qué? —preguntó Henry.

—No pensamos sobre nuestros logros, ecuaciones matemáticas inventadas, o algún aparato diseñado inteligentemente. Todo en lo que pensamos es en las personas a quienes nos las arreglamos para amar o lastimar durante toda la duración de nuestras vidas. Y eso es lo que importa. —De pronto, Crotón se levantó y dijo—: Creo que mi puerta se ha iluminado.

—¿Qué significa eso? —preguntó Rose.

—Significa que es hora de entrar —contestó Henry.

Se pusieron de pie y se dirigieron hacia esa puerta, la puerta que contenía detrás de sí el camino hacia el futuro de Crotón. El futuro los uniría por la duración de una vida humana. Para ellos, ya se había vuelto sólo un espacio entre el nacimiento y la muerte, lleno de eventos. Sin embargo, para Crotón, era una sentencia hacia la tierra de la pena y la felicidad. La tierra del dolor y el placer. La tierra de nosotros y los demás. En donde todos los tipos y niveles de almas debían coexistir en un espacio limitado, en un tiempo limitado, con conocimiento limitado. Crotón alcanzó la manija dorada y abrió la puerta.

—Por favor, pasa —dijo una voz familiar.

—¿Tales? —preguntó Henry sorprendido.

Quería preguntarle lo que estaba haciendo ahí, pero entonces recordó que eran los organizadores quienes les presentarían su tarea. Caminaron hacia una habitación cuadrada luminosa con nada más que cuatro paredes.

—Okey. Comencemos —dijo Crotón.

—¿Qué está sucediendo? —susurró Rose girándose hacia Henry.

—Elegiremos a una familia apta para que Crotón llegue a ella.

Lo siguiente en suceder fueron las luces atenuándose y una de las paredes se volvió una pantalla de vidrio, o para ser exactos, una ventana a la vida de una pareja, desconocidos para ellos.

—Son demasiado jóvenes —dijo Crotón.

—Sólo tienen veinte y son novios de su bachillerato. Hace un mes se casaron con la bendición de sus padres —señaló Tales.
—Supongo que es amor verdadero —dijo Rose.
—Sí, lo es, y creo que serán ideales para ti, Crotón —dijo Tales.
Crotón los observó atentamente, como si temiera perderse algo importante. Después de algún tiempo de observación silenciosa de las actividades diarias de la pareja, Crotón dijo: —Me gustaría entrar.
—Adelante —consintió Tales.
El acto siguiente de Crotón dejó a Henry y a Rose completamente asombrados. Él simplemente entró a la escena. Entró a la vida de esta joven pareja. Caminó por la casa, pasó algo de tiempo en la sala de estar. Revisó las habitaciones y, de pronto, dirigió sus pasos hacia el joven. Crotón se paró justo frente a él y lo miró directo a los ojos. Después hizo lo mismo con la joven, para finalmente regresar a la habitación. Henry y Rose temían mover un solo músculo.
—¿Y? —preguntó Tales.
—Me agradan. Puedo ver cuánto se aman el uno al otro. De hecho, se podía sentir en el aire.
—¿Por qué los miraste directo a los ojos de esa forma? —preguntó Rose.
—¿No has escuchado que los ojos son las ventanas del alma? —preguntó Crotón.
—Sí lo he escuchado —dijo Rose.
—Así que, tenía que revisar.
—Aún no puedo creer lo que estoy presenciando. ¿Esta es la forma en que siempre se ha hecho? —preguntó Rose.
—Sí —dijo Tales.
Entonces, Crotón dijo refiriéndose a Tales: —Okey. Muéstrame la segunda opción.
—No hay segunda opción —contestó Tales.
—¿De qué estás hablando? He pasado por esto incontables veces y siempre ha habido una segunda opción, por no decir una tercera —dijo Crotón.
—No para ti —dijo Crotón.
—¿Por qué? —preguntó Crotón, decepcionado.
—Debes confiar en mí. Esta es ideal para ti. Ellos tienen tanto amor por dar a su recién nacido, que sería suficiente para derretir un corazón hecho de piedra.

Crotón sonrió en satisfacción por las palabras de Tales, y dijo: —Okey.

—¿Puedo tomarlo como un sí, para que esta encantadora pareja se convierta en tus padres? —preguntó Tales.

Después de cierta vacilación necesaria para que Crotón se convenciera, él supo que no habría vuelta atrás a partir de este punto y dijo: —Sí.

En el momento en que Crotón dio su aprobación, desapareció la pantalla y la habitación se sumergió en completa oscuridad. Crotón y Tales estaban familiarizados con el proceso y retrocedieron desde el centro de la habitación. Rose y Henry imitaron sus acciones. De pronto, en el centro apareció un árbol tridimensional hecho de luz brillante.

—¿Qué es esto? —le susurró Rose a Henry, asombrada e intrigada por todo lo que había visto hasta ahora.

—Es el árbol de vida de Crotón —contestó Henry.

Tenía innumerables ramas, algunas gruesas, otras delgadas, algunas cortas, otras largas. Pero lo que más le asombró a Henry fue el hecho de que el árbol estaba vivo. Estaba cambiando su forma, longitud de ramas, agregando y quitando algunas de ellas.

—Qué le está sucediendo a este árbol? Es tan inestable —preguntó Henry.

—Está reaccionando a los pensamientos de Crotón —contestó Tales.

—¿Ya? —indagó Henry.

—Este árbol estará cerca y tendrá vida hasta el último aliento de Crotón como humano —dijo Tales.

—Acabo de notar que algunas ramas son realmente cortas —dijo Rose.

—Desafortunadamente, sí. Sólo podemos esperar que él no se dirija en esa dirección. O, debería decir, Henry y tú serán capaces de evitar que tome ese camino —dijo Tales. Entonces, dirigiéndose a Crotón, preguntó—: ¿Te gustaría viajar a través de algunas ramas y ver tu futuro probable?

—No. De cualquier forma, no lo recordaré —contestó Crotón con total seguridad.

Entonces, mirando a Henry y Rose, Tales dijo: —Este árbol siempre estará disponible para ustedes, un simple pensamiento sobre él será suficiente para obtener acceso. Les ayudará a ver los eventos en el futuro cercano de la vida de Crotón y reaccionar a ellos en caso de ser necesario.

—Entendido —dijo Henry.

—Ahora hay una cosa más por hacer —dijo Tales.

—¿Qué? —preguntó Rose, aún sin tener idea de lo que estaba sucediendo.

—Conocer a la chica —contestó Tales.

El árbol se desvaneció inmediatamente y la luz apareció. Salieron de la sala de destinos y se dirigieron hacia la puerta iluminada que daba a la sala de encuentros. Henry y Rose, desconociendo completamente el procedimiento, estaban ansiosos no sólo por ver a la chica, sino por la sala en sí. A medida que caminaban, Rose le preguntó a Henry: —¿Por qué yo no recuerdo nada de esto? Es obvio que hemos pasado por esto muchas veces.

—Rose, yo tuve que aprenderlo a las malas. Créeme cuando te digo que es mejor olvidar algunas cosas.

—Okey —dijo Rose, sin saber con certeza de qué le estaba hablando.

Crotón colocó su mano sobre la manija dorada y se detuvo. Se giró hacia Rose y dijo: —Algunos recuerdos placenteros pueden desencadenar muchos otros desagradables. Henry tiene razón, deja el pasado en el pasado.

Después empujó la puerta y todos entraron. No era para lo que estaban preparados Henry y Rose. En lugar de una habitación, aparecieron en un pasillo inmenso con miles de almas. Le recordó a Henry a una estación de tren, excepto por que no había maletas. Las almas entraban y salían del pasillo a través de múltiples salidas y entradas. Todo el lugar era muy vibrante, colorido y vivo. Ya no eran almas, eran personas. Personas con todo tipo de ropas, diferentes razas y nacionalidades. Era una celebración de la diversidad humana. En medio de la celebración, Henry y Rose perdieron a Crotón. No estaba por ningún lado.

—No se preocupen, ustedes no serán capaces de encontrarlo aquí, él nos encontrará —dijo Tales, notando su confusión.

Los tres salieron de la multitud, esperando una mejor oportunidad por ver a Crotón. De pronto, desde la multitud, tres personas salieron y comenzaron a acercarse a Henry, Rose y Tales. Era un joven con una hermosa jovencita en sus años veinte, acompañada por una mujer un poco más vieja. Henry y Rose miraron a Tales con confusión y, con la reacción que vieron en su rostro, se percataron de que todo estaba tal y como debía ser. Cuando los tres se detuvieron, el joven presentó a sus compañeras. —Por favor, conozcan a mi futura esposa Gaya y a su guía espiritual.

Sólo por el tono de su voz fue que Henry y Rose reconocieron a Crotón.

—¿De dónde salió esa nueva apariencia? —preguntó Rose, después de una corta presentación.

—Es así como seré en la Tierra cuando esté por conocer a mi futura esposa —dijo Crotón.

—El parecido con tu futuro padre es asombroso —dijo Rose mientras recordaba la escena de la joven pareja.

Entonces Tales habló a todos los guías: —Creo que deberíamos darles algo de privacidad a estos jóvenes para que se conozcan. Los esperaremos afuera.

Los tres regresaron a la cafetería en que habían estado antes y esperaron el regreso de Crotón.

Entonces Henry le preguntó a Tales: —Algunas ramas del árbol de Crotón eran demasiado cortas. ¿Hay algo por lo que deberíamos preocuparnos?

—Tuvo la oportunidad de estudiar esas ramas, pero eligió no hacerlo —contestó Tales.

—Me parece bastante extraño —dijo Henry.

Antes de terminar su oración, Crotón apareció en la sala con todo su poder y se acercó a la mesa. Tales se puso de pie y dijo que su trabajo estaba hecho, y se giró hacia Crotón.

Ambos se estrecharon las manos y, de cierto modo antiguo romano, tomaron el brazo del otro por debajo del codo y se despidieron. Tales miró a Henry y Rose y, con una cálida sonrisa, les deseó buena suerte y se despidió por ahora.

—¿Qué te pareció Gaya? —preguntó Rose a Crotón, cuando él se sentó a la mesa.

—No puedo dejar de pensar en ella.

—¿Te agrada? —preguntó Rose.

Crotón simplemente cerró sus ojos en una respuesta positiva.

Henry intervino para cambiar de tema. —¿Notaste el número de ramas cortas en tu árbol de vida?

—Sí, lo hice —contestó Crotón.

—¿Por qué elegiste no echarle una mirada al futuro?

—¿Qué es lo que cambiaría? —preguntó Crotón.

—Si llevas ese recuerdo contigo en tu subconsciente a la Tierra, podría ayudarte para evitar una muerte prematura —dijo Henry.

—En ocasiones me asustas cuando pienso como un humano —dijo Crotón.

—¿Por qué? —preguntó Henry.

—Eso sería lo último que me gustaría tener en mi subconsciente, una imagen de mi posible muerte.

—No lo estoy entendiendo —dijo Henry.

—Ya sabes cuán fuerte es el miedo a la muerte cuando eres humano —dijo Crotón.

—Sí, lo sé —dijo Henry.

—Entonces debes saber que algún extraño accidente puede desencadenar que el humano tenga acceso a su memoria subconsciente.

—Sí, lo he escuchado —dijo Henry.

—Bien, yo estoy camino a encontrar al amor de mi vida. ¿Qué pasaría si recuerdo que moriré siendo joven? Eso desarrollaría un miedo en mi corazón.

—¿Y qué? —preguntó Henry.

—El amor y el miedo a la muerte no pueden coexistir. Esos dos sentimientos se contradicen el uno al otro. Las personas enamoradas son las más valientes de todas. Viven como si no hubiera un mañana. Viven el aquí y el ahora. El pasado y el futuro no tienen importancia para ellos. —Se detuvo un momento y después dijo—: Estoy por tener la experiencia más loca de toda mi existencia. No quieren que vaya con un miedo en mi corazón, ¿o sí?

—No, no lo quiero —dijo Henry.

—Ahora saben por qué elegí no ver mi futuro. Tomaré las cosas como vengan. —Crotón no dejaba de maravillar a Henry con la profundidad de su sabiduría. Incluso ahora, cuando estaba por perder por completo su memoria y ser transformado en un infante indefenso, estaba impecable.

—¿No tienes nada de miedo? —preguntó Henry.

—¿Miedo de qué?

—De ponerte a ti mismo, a tu alma, en manos de esos jóvenes. ¿Qué saben ellos sobre criar a un hijo?

—Te preocupas demasiado. He estado haciendo esto por miles de años. Además, los tendré a ti y a Rose en este lado del universo. ¿A qué debo temerle? —Entonces se puso de pie y dijo—: Ya es hora.

Henry y Rose se levantaron de sus asientos y siguieron a Crotón. Él caminó con confianza hacia una de las puertas y permaneció de pie frente a ella. La puerta no era diferente de las otras; la manija dorada estaba hecha de forma que se asemejara al planeta Tierra. Entonces se giró para estar de frente a Henry y Rose y dijo: —Es aquí. Aquí es hasta donde pueden llegar ustedes.

Rose dio un paso al frente y abrazó a Crotón. Ella tenía sentimientos encontrados; parecía como si abrazara a Crotón y a un hijo recién nacido, al mismo tiempo. La combinación de esos sentimientos la sobrecogió.

—Gracias por todo lo que has hecho por nosotros —dijo Henry, estrechando la mano de Crotón.

—Los veré del otro lado —dijo Crotón.

Empujó la puerta con firmeza y entró. —¿Ahora qué? —preguntó Rose, girándose hacia Henry.

—Ahora podemos irnos a casa y esperar a que nazca nuestro niño.

Crotón cerró la puerta detrás de sí y apareció en el comienzo de un largo pasillo que conducía hacia la Sala de transición. Sabía que la longitud del corredor era variable y que dependía del individuo. Era un espacio que se les brindaba a las almas para encontrar ese cierre en el estrecho final de su vida espiritual. A medida que lo atravesaba, pensó en la pareja que vio en la Sala de destinos. Tenía un buen presentimiento sobre ellos y no dudaba de su habilidad para ser buenos padres. Pensó en Gaya, quien ya le estaba ayudando en esta misión, simplemente existiendo.

«Todo estará bien», se dijo Crotón a sí mismo, a medida que entraba hacia una habitación de forma cilíndrica.

Lo primero que llamó su atención fue un podio pequeño y circular en el centro de la habitación. Era más alto que el nivel del piso. Todo el interior era blanco y estaba hecho de un material desconocido para Crotón. En un primer vistazo, parecía ser de una sustancia suave y acolchada, con un brillo de luz interno. Los primeros pasos de Crotón no dejaron huellas sobre el piso. Caminó directo hacia el podio y se subió. La habitación estaba completamente vacía; estaba sólo él, de pie en la parte inferior del tubo blanco. La habitación tenía unos diez metros de ancho y podría haber medido de alto lo mismo que un edificio de tres pisos. No había techo y más allá enfrentaba una oscuridad total.

—Aquí vamos —dijo Crotón, notando la desaparición gradual de luz. La habitación comenzó su inmersión hacia la oscuridad total. El cielo, revelándose lentamente, estaba salpicado de estrellas brillantes sobre él.

—Dios sabe que las he extrañado —dijo Crotón mientras las miraba.

Al ser un pequeño niño en Roma, solía estudiar las maravillas de las constelaciones cada noche. Esta luz de estrellas impresionante, hipnotizante y, al mismo tiempo llamativa, era su compañera irremplazable en el disfraz de la noche. Crotón las hubiera creado en la realidad espiritual, pero nunca hubieran sido como las de la Tierra. Lentamente, comenzó a distinguir las bien conocidas constelaciones. Una, Leo, era más brillante para él que las demás.

«Eso me hará un nacido en agosto».

De pronto, notó a tres figuras femeninas en torno a él. Permanecían en una formación triangular a su alrededor. Le recordaron a las tres diosas griegas. Llevaban vestidos largos con los hombros expuestos. Hermosas y casi perfectas a su manera, tenían rostros pálidos con cabello largo, apartado y recogido detrás con un listón dorado. Ellas lo miraron con los ojos llenos de amor.

—En compañía de semejantes mujeres hermosas, ningún infierno puede encontrar lugar en mi corazón.

Ellas se presentaron a él con una sonrisa gentil y le dijeron:

—¿Estás listo?

—Lo estoy —dijo Crotón cerrando sus ojos.

Cuando los abrió, estaba volando a través de un canal hecho de una sustancia nubosa. La velocidad de su movimiento iba acelerando tan rápido que tuvo que cerrar de nuevo sus ojos. Entonces, de repente, todo quedó totalmente quieto. Abrió sus ojos con cuidado hacia una oscuridad total y silencio absoluto. Un segundo después, escuchó una voz femenina muy distante pero bastante placentera.

—Ven, ven rápido, amor. Dame tu mano. ¿Sentiste eso?

—¿Qué?
—¡La primera patada de tu hijo!

Epílogo

El mismo año en que terminé este libro, mi esposa y yo viajamos de vuelta hacia Armenia, mi país natal. No había estado ahí por veinte años. Pasamos dos encantadoras semanas ahí, reuniéndonos con nuestros amigos del colegio, Davit y Sabina, quienes se volvieron pareja. Antes de nuestro regreso a Sudáfrica, nos dieron un regalo, dos servilleteros antiguos de plata. Fue después, en Johannesburgo, que mi esposa, Grace, descubrió que cada uno tenía una inscripción sobre él. Sólo podrán imaginarse cuán grande fue nuestra sorpresa al descubrir que en uno estaba grabado el nombre «Rose» y, en el otro, «Henry». No pudo haber sido una mejor prueba para nosotros de que esas dos personas en realidad vivieron en este planeta y me permitieron ser parte de su historia de amor. Un par de días más tarde, tuve un fuerte presentimiento de que debíamos enterrar esos servilleteros y, así, enterrar la última evidencia del viaje que tuvieron ellos alguna vez a este mundo físico. Aún se encuentran enterrados en nuestro jardín trasero, uno al lado del otro, donde pertenecen.

Acerca del autor

Artur Tadevosyan
Director de empresa, autor y orador motivacional

Soy director de una empresa con 30 empleados y tengo un máster politécnico de Armenia.

He sido propietario de mi empresa desde hace 25 años, gestionando y capacitando a personas de todo tipo. Viví los primeros años de mi vida en la Unión Soviética de Armenia, con mi esposa y dos hijas. Vivimos ahí en una época de dificultades y pobreza extrema, ocasionada por el colapso del comunismo en la Unión Soviética. Mi viaje nos llevó a mi familia y a mí, de forma inesperada, a Johannesburgo, Sudáfrica, a una tierra con un idioma que yo no podía hablar, y a una sociedad que me era completamente nueva.

Esas circunstancias difíciles y desafiantes fueron una parte colosal de lo que me llevó al despertar de mi viaje espiritual y a ayudar a otros a través de las pruebas y tribulaciones que enfrentamos en la vida diaria.

Mi vida de aprendizaje autodidáctico en Filosofía y Religión, me brindó una mayor comprensión de la vida, la humanidad y del propósito de nuestras almas. Llevándome a escribir mi primer libro, Crotón, el cual llegó a mí a través de canalización consciente.

Other Books by Ozark Mountain Publishing, Inc.

Dolores Cannon
A Soul Remembers Hiroshima
Between Death and Life
Conversations with Nostradamus, Volume I, II, III
The Convoluted Universe -Book One, Two, Three, Four, Five
The Custodians
Five Lives Remembered
Jesus and the Essenes
Keepers of the Garden
Legacy from the Stars
The Legend of Starcrash
The Search for Hidden Sacred Knowledge
They Walked with Jesus
The Three Waves of Volunteers and the New Earth
A Vey Special Friend
Aron Abrahamsen
Holiday in Heaven
James Ream Adams
Little Steps
Justine Alessi & M. E. McMillan
Rebirth of the Oracle
Kathryn Andries
Time: The Second Secret
Cat Baldwin
Divine Gifts of Healing
The Forgiveness Workshop
Penny Barron
The Oracle of UR
P.E. Berg & Amanda Hemmingsen
The Birthmark Scar
Dan Bird
Finding Your Way in the Spiritual Age
Waking Up in the Spiritual Age
Julia Cannon
Soul Speak – The Language of Your Body
Ronald Chapman
Seeing True

Jack Churchward
Lifting the Veil on the Lost Continent of Mu
The Stone Tablets of Mu
Patrick De Haan
The Alien Handbook
Paulinne Delcour-Min
Spiritual Gold
Holly Ice
Divine Fire
Joanne DiMaggio
Edgar Cayce and the Unfulfilled Destiny of Thomas Jefferson Reborn
Anthony DeNino
The Power of Giving and Gratitude
Carolyn Greer Daly
Opening to Fullness of Spirit
Anita Holmes
Twidders
Aaron Hoopes
Reconnecting to the Earth
Patricia Irvine
In Light and In Shade
Kevin Killen
Ghosts and Me
Donna Lynn
From Fear to Love
Curt Melliger
Heaven Here on Earth
Where the Weeds Grow
Henry Michaelson
And Jesus Said – A Conversation
Andy Myers
Not Your Average Angel Book
Guy Needler
Avoiding Karma
Beyond the Source – Book 1, Book 2
The History of God
The Origin Speaks

For more information about any of the above titles, soon to be released titles, or other items in our catalog, write, phone or visit our website:
PO Box 754, Huntsville, AR 72740|479-738-2348/800-935-0045|www.ozarkmt.com

Other Books by Ozark Mountain Publishing, Inc.

The Anne Dialogues
The Curators
Psycho Spiritual Healing
James Nussbaumer
And Then I Knew My Abundance
The Master of Everything
Mastering Your Own Spiritual Freedom
Living Your Dram, Not Someone Else's
Sherry O'Brian
Peaks and Valley's
Gabrielle Orr
Akashic Records: One True Love
Let Miracles Happen
Nikki Pattillo
Children of the Stars
A Golden Compass
Victoria Pendragon
Sleep Magic
The Sleeping Phoenix
Being In A Body
Alexander Quinn
Starseeds What's It All About
Charmian Redwood
A New Earth Rising
Coming Home to Lemuria
Richard Rowe
Imagining the Unimaginable
Exploring the Divine Library
Garnet Schulhauser
Dancing on a Stamp
Dancing Forever with Spirit
Dance of Heavenly Bliss
Dance of Eternal Rapture
Dancing with Angels in Heaven
Manuella Stoerzer
Headless Chicken
Annie Stillwater Gray
Education of a Guardian Angel
The Dawn Book
Work of a Guardian Angel
Joys of a Guardian Angel
Blair Styra
Don't Change the Channel
Who Catharted
Natalie Sudman
Application of Impossible Things
L.R. Sumpter
Judy's Story
The Old is New
We Are the Creators
Artur Tradevosyan
Croton
Croton II
Jim Thomas
Tales from the Trance
Jolene and Jason Tierney
A Quest of Transcendence
Paul Travers
Dancing with the Mountains
Nicholas Vesey
Living the Life-Force
Dennis Wheatley/ Maria Wheatley
The Essential Dowsing Guide
Maria Wheatley
Druidic Soul Star Astrology
Sherry Wilde
The Forgotten Promise
Lyn Willmott
A Small Book of Comfort
Beyond all Boundaries Book 1
Beyond all Boundaries Book 2
Beyond all Boundaries Book 3
Stuart Wilson & Joanna Prentis
Atlantis and the New Consciousness
Beyond Limitations
The Essenes -Children of the Light
The Magdalene Version
Power of the Magdalene
Sally Wolf
Life of a Military Psychologist

For more information about any of the above titles, soon to be released titles, or other items in our catalog, write, phone or visit our website:
PO Box 754, Huntsville, AR 72740|479-738-2348/800-935-0045|www.ozarkmt.com